Hermann Harry Schmitz

30 Katastrophengeschichten

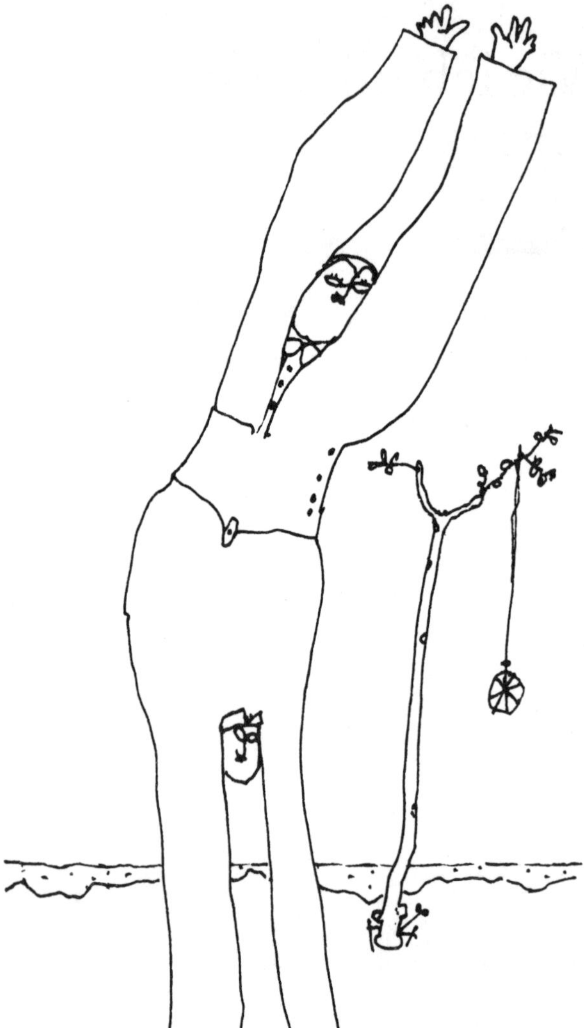

Wie ich mich entschloß, auf Händen zu gehen

30 Katastrophengeschichten
von Hermann Harry Schmitz

Eulenspiegel Verlag

Herausgegeben
von Alice und Karl Heinz Berger

Illustriert von Horst Hussel

ISBN 3-359-00210-5

3. Auflage (fotomechanischer Nachdruck)

Umschlag- und Einbandentwurf: Horst Hussel
Buchgestaltung: Elke Warnstädt
Druck und Bindung: Offizin Andersen Nexö Leipzig

Wo ist die Amme?

Der Säugling

Gott, das war schon eine maßlose Aufregung und ein unglaubliches Durcheinander bei Beckers! Es wurde das erste Baby erwartet. Schon seit Wochen harrte man gespannt darauf; es hätte längst dasein müssen.

Tante Tine aus dem Westfälischen, Tante Meta aus Düren, Tante Hucklenbroich aus Gladbach, Barbara Tröpfeli, eine unendlich ferne Verwandte aus dem Breisgau, Mutze Mandel, die Patin von Frau Becker, sie alle hatte es auf das Gerücht von dem bei Beckers zu erwartenden Ereignis nicht länger in ihrer Heimat gehalten, und sie hatten sich eine nach der anderen bei Beckers zum Logierbesuch eingefunden. Sie führten ein für einen längeren Aufenthalt vorgesehenes umfangreiches Gepäck mit sich. Außerdem hatte eine jede, mit Ausnahme von Mutze Mandel, eine monumentale Amme aus ihrer Gegend bei sich.

Herr Becker war im allgemeinen ein Mann von einer gewissen Energie. Er konnte heroisch werden, wenn der Bäkkerjunge zu spät mit den Brötchen kam oder der Kohlenmann sich die Füße nicht abgeputzt hatte.

Aber mit jeder Tante, die bei ihm einzog, schwand sein Mannesmut mehr und mehr.

Tante Tine mit fünf großen Koffern und einer Amme hatte er als ersten Besuch harmlos, ohne Ahnung der folgenden Serie, süßsauer lächelnd, aber höflich entgegengenommen. Er erkannte den guten Willen der Tante an. Edle Beweggründe, ein schönes Menschenmitleid, ein blutsverwandtschaftliches Mitempfinden mochten sie veranlaßt haben herbeizueilen.

Tante Meta mit acht Koffern und wieder einer Amme

bekam schon einen weniger milden Empfang. Aber richtig grob und deutlich wagte Herr Becker noch nicht zu werden. Tante Meta war nämlich wohlhabend, und Beckers kamen als Erben in Frage.

Als Tante Hucklenbroich aber eines Tages mit einer Burg von Koffern und Körben und einer kolossalen Amme vor seinem Hause stand, war es mit seiner Selbstbeherrschung aus, und er ließ sich zu einigen häßlichen Bemerkungen hinreißen.

Da kam er aber schlecht an bei Tante Hucklenbroich.

Ob er wohl meine, man verlasse sein liebes Gladbach, sein gemütliches Gladbach und mache die anstrengende Reise zum Vergnügen oder gar seinetwegen? Da irre er sich aber gewaltig! Nur ihre Pflicht als Verwandte, als Tante habe sie dazu getrieben. Ja, ja. Wer solle sonst der armen, unwissenden Mutter beistehen und sie beraten! Und woher bekäme er hier in der Stadt eine solche Amme, wie sie eine mitgebracht? Hä. Sie bleibe hier und weiche nicht, da könne er machen, was er wolle. Außerdem habe sie dasselbe Recht hier im Hause wie die beiden anderen Tanten. Und übrigens seien bei so was nie Hände genug.

So hatte den zukünftigen Vater die Tante Hucklenbroich angefahren und drohend und bestimmt mit ihrem Schirm – mit einem Storchenkopf aus Elfenbein als Griff – auf den Boden gestoßen.

Herr Becker war ganz klein geworden und hatte nur noch verzweifelt zu stöhnen gewagt. »Aber die Ammen – die Ammen! Wir haben ja auch schon eine engagiert, die bei uns wohnt!«

»Und wenn es nun Zwillinge werden? Oder gar Drillinge, hä? Was dann?« So hatte ihn Tante Hucklenbroich überlegen angeschrien. Und ihre Amme sei eine Kapitalsamme, und sie bestehe darauf, daß sie verwandt würde. Gegen ihre Amme kämen die anderen Tanten nicht an.

Der Säugling

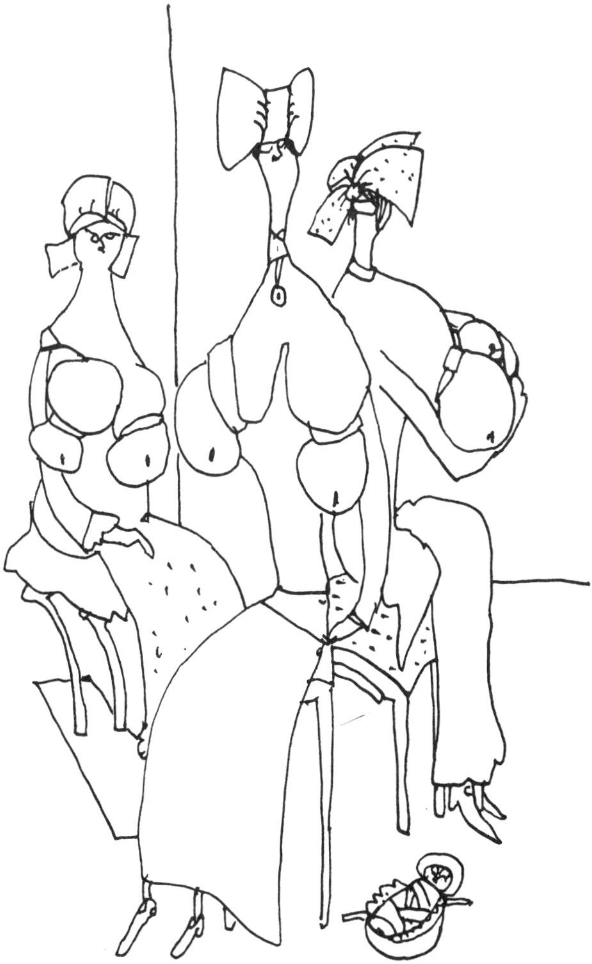

Herr Becker resignierte kleinlaut, und als Barbara Tröpfeli mit einer Unmasse von Koffern und mit einer Amme, die aussah wie eine Festung, eines Tages erschien, sagte er kein Wort. Apathisch stierte er den Besuch, die Koffer und die Amme an wie ein unabänderliches, starres Prinzip.

Mutze Mandel kam nur mit vier Koffern und ohne Amme. Wie ein Irrer sah ihr Herr Becker entgegen und murmelte fragend: »Und die Amme, wo ist die Amme?«

Er schlief, ohne zu mucksen, auf dem Fensterbrett in der Küche. Alle Betten, Sofas und Chaiselongues waren in Anspruch genommen. Er schickte sich darein. Gott, so eine Geburt war eben ein außergewöhnliches Ereignis, das seine Schatten vorauswarf. Er war ein Neuling, das mußte vielleicht alles so sein.

Frau Becker war ruhig und gelassen und handelte nach allen Ratschlägen – sie mochten einander noch so entgegengesetzt sein –, die ihr die Tanten und sonstige Leute gaben.

Beckers hatten, bevor die Tanten über sie kamen, bereits alles, was nur eben für das kommende Ereignis nötig war, auf das reichlichste und sorgfältigste vorbereitet. Man hatte, wie gesagt, schon eine Amme ins Haus genommen, hatte Stöße von Tüchern, Bändern und anderem Zeug gerüstet, einen Kinderwagen, eine Wiege, eine Badewanne und eine Kinderwaage und alle möglichen anderen – nach Aussage der Leute in den Geschäften unbedingt nötigen – Gegenstände gekauft. Von allen Seiten hatte man sie haufenweise mit gehäkelten Jäckchen, Mützchen und dergleichen in liebevoller Weise bedacht. Man hielt sich für alle Fälle gerüstet.

Die Tatsache des Massentantenbesuchs allein war schon äußerst schlimm, aber furchtbar wurde es, als sie anfingen, sich zu betätigen. Die Anschaffungen von Beckers wurden nach eingehender Prüfung in Grund und Boden verworfen. Da hieß es eingreifen. Jede Tante hatte dabei auch wieder ihre eigene Ansicht, die denen der anderen ganz entgegengesetzt war.

Tante Tine bestand auf neuer Wäsche, da die Beckersche ganz und gar unhygienisch sei. Nur in der Gesundheitswäsche »Prinzessin Alice« aus Pflanzenfasern liege das Heil und die Gesundheit eines Säuglings. Ballenweise schleppte sie diese Wäsche ins Haus.

Tante Meta erklärte den Kinderwagen für altmodisch und unpraktisch. Sie beschaffte einen raffinierten Patentkinderwagen, der durch entsprechende Handgriffe nach der Gebrauchsanweisung in eine Wiege, eine Schaukel, ein Karussell, einen Rundlauf, einen Schlitten und in die unmöglichsten Dinge verwandelt werden konnte.

Tante Hucklenbroich war für Wolle. Nur in Kamelhaarwolle würde das Kind gedeihen können. Sie ließ eine ganze derartige Wäscheausrüstung kommen.

Barbara Tröpfeli rannte aufgeregt umher und konnte sich nicht beruhigen. Die Ammen müßten Doppelkraftmalzbier »Goliath« trinken. In großen Mengen, davon hinge viel ab. Dieses Bier wäre die Basis eines Heldengeschlechts. Fünftausend Flaschen dieses gepriesenen Bieres wurden Beckers in den Keller gelegt.

Herr Becker sah idiotisch und ergeben dem Tun der hilfreichen Tanten zu und bezahlte eine Rechnung nach der anderen. Die Summe, die er für die Aussteuer, wenn es ein Mädchen würde, für das Studium, wenn ein Junge käme, zurückgelegt hatte, hatten die Anschaffungen der Tanten völlig verschlungen. Aber Gott ja, hier durfte man nicht knausern, da es sich doch um das Wohl und Wehe seiner Nachkommenschaft handelte. Alles, was getan wurde, diente doch nur diesem Zweck.

Mutze Mandel, eine begeisterte, fanatische Anhängerin

von künstlicher Kinderernährung, ließ die kompliziertesten Sterilisierapparate mit Batterien von Flaschen ins Haus schaffen. Sie propagierte von früh bis spät ihre Theorie. Herr Becker hatte nichts gegen die Sterilisierapparate einzuwenden und bezahlte die erhebliche Rechnung ohne Murren, ungeachtet der fünf Ammen. Man konnte nicht wissen!

Oft saß er stundenlang vor allen den fremden Dingen und sann über deren Zweck und Bestimmung nach. Aber er fand den Sinn nicht. Er tröstete sich mit dem Gedanken, daß so eine Geburt und das Drum und Dran schließlich für ihn, der das zum erstenmal mitmachte, ein notwendiges Mysterium sein mußte.

Nur das Doppelkraftmalzbier »Goliath« schien ihm verständlich. In ungeahnten Quantitäten tranken es die Ammen in sich hinein. Man sah in der Tat einen eklatanten Erfolg.

Die junge Mutter glaubte in ihrem Zustande zuversichtlich, daß alles notwendig und gut war, was um sie geschah.

Woche auf Woche verging, aber das Baby kam nicht.

Das Malzbier nahm rapide ab – die Ammen erschrecklich zu. Sie gingen zu fünft nicht mehr in ein Zimmer. Herr Becker mußte im Hause die zweite Etage mieten und jeder Amme ein Zimmer für sich geben. Er ließ für jede Amme ein vierschläfriges Bett herstellen.

Die Ammen aber tranken unentwegt das Doppelkraftmalzbier »Goliath«.

Das Baby blieb aus. Man erinnerte sich anderer Fälle aus der Bekanntschaft, wo es auch so lange gedauert hatte. Bei Bösheims gegenüber – Gott, die hatten damals jede Hoffnung aufgegeben. Das war das Gespräch von früh bis spät.

Es wurden weitere fünftausend Flaschen Kraftbier »Goliath« eingelegt. Die Ammen füllten ihre Zimmer völlig aus. Sie glichen Riesenplumeaus oder auch vorsintflutlichen Tieren. Wochen vergingen. Man wußte schon fast nicht mehr, um was es sich handelte, und hatte das Baby schier vergessen. Da plötzlich eines Morgens um fünf Uhr war das Ereignis eingetreten. Jetzt konnte man es sich kaum erklären. So unerwartet! Gestern waren Beckers noch im Stadtgarten. Kalbfleisch mit Kartoffelsalat hatte Frau Becker gegessen. Und jetzt war ein Junge da.

Das Kind wurde natürlich für so schön und kräftig befunden, wie man noch keines bisher gesehen hatte. Herr Becker ging mit enorm herausgedrückter Brust stolz durch das Haus.

Der Junge wanderte von Hand zu Hand. Die Tanten rissen sich um ihn. Eine jede hatte die krampfhafte Sucht, etwas mit dem Baby anzustellen. Es war ein seltsames Stimmendurcheinander, ähnlich einer wilden Unterhaltung von Papuanegern oder dem Lautgewirr in einer Irrenanstalt.

»Pi, pi, pi, tleine Jung, tleine Jünke! Tö, tö, tö, püh, püh, püh, hatu Wewecke? Tleine Terlche, tleine Terlche, kis, kis, kis!« klang es wirr durcheinander.

Tante Meta hatte das Kind auf dem Arm und fragte es fortgesetzt: »Wo ist et liebe Kerlche, wo ist der kleine Jung?«

Diese sinnige Frage wurde von dem Baby nur mit einem mörderischen Geschrei beantwortet.

Frau Becker hatte die fieberhafte Sorge aller jungen Mütter, horchte begierig und vertrauensvoll allen Vorschlägen und ließ die Tanten in allem gewähren.

»Gewickelt, feste gewickelt muß das Kind werden«, wurde vorgeschlagen. Der Junge wurde gewickelt mit einer Begeisterung, daß er ein gutes Stück länger wurde. Das Kind brüllte.

»Was, wickeln? Um Gottes willen!« hieß es von anderer Seite. »Das Kind muß frische Luft haben, muß strampeln können.« Das Baby wurde bei null Grad auf die Bleiche gelegt. Das Kind brüllte.

»In die Wiege muß das Kind, es muß geschaukelt werden«, ein neuer Vorschlag. Man schaukelte das Baby mit Vehemenz, daß es im hohen Bogen hinausflog. Es brüllte.

»Es muß in den Kinderwagen und hin und her gefahren werden«, schrie eine Stimme überzeugt.

Das Kind wurde in den Kinderwagen geschleudert und wie irrsinnig durch die Wohnung gejagt.

Der Fanatismus der eifrigen Tanten, die alle hartnäckig auf ihren Theorien bestanden, wurde unheimlich und wuchs zu einer Bessenheit aus.

»In Wolle muß der Knabe gebettet werden«, tobte Tante Hucklenbroich. Sie warf die Pflanzenfasergewebe von Tante Tine beiseite.

Tante Tine riß dann den Jungen wieder aus den Umhüllungen der Hucklenbroichschen Kamelhaarwäsche und legte ihn zurück in ihre Idealwäsche »Prinzessin Alice«.

Das Baby brüllte mörderlich.

»Das Kind wird Hunger haben«, meinte der Briefträger Pempelfort. Auf die Idee war noch niemand gekommen.

Man schrie nach den Ammen.

Mit den Ammen war aber nichts mehr anzufangen, sie konnten wegen ihrer Fülle nicht aus ihren Zimmern heraus. Außerdem waren drei schon geplatzt, und die beiden anderen gingen demselben Ende entgegen. In der Not griff man zu dem Sterilisierapparat der Mutze Mandel.

Die Entdeckung des Radiums war ein Kinderspiel gegen die Bemühungen der mit Vater Becker vereinigten Tanten, den Sterilisierapparat in Szene zu setzen. Gläser mit Maßstrichen und gebogenen Glasröhren hatte man schon reichlich kaputt gemacht, sich auch bereits genügend die Finger verbrannt. Das Kindchen schrie nach Atzung. Es war bereits blau im Gesicht. Die Nachbarn beschwerten sich. Ein

Polizist kam von der Straße herein im Glauben, es würde jemand ermordet.

Man wußte nicht, was in die Flasche kam. Das vor allem wußte man nicht.

»Milch«, schlug der Polizist vor.

»Richtig, natürlich Milch«, rief man froh und erlöst durcheinander.

Das Baby lag fast in den letzten Zügen, als man endlich die erste Pulle Milch bereitet hatte. Der Kleine sog die Milch mit Behagen. Mutze Mandel triumphierte. Der Sterilisierapparat ward anerkannt.

Das Baby schlief nach seiner Pulle ein. Der Polizist ging weg. Man müßte das Kind mal wiegen – Tante Tine kam auf die Idee. Das Kind wurde auf die Waage gelegt, wurde wach und begann natürlich wieder zu schreien. Man legte es wieder in die Wiege, da man aus der Waage doch nicht klug wurde.

Dann kam man in den nächsten Tagen endlich zum Verständnis der Waage. Man wog den Knaben vor und nach jeder Flasche und konstatierte triumphierend, daß er nachher immer schwerer war. Das war ein gutes Zeichen. Er gedieh, hurra!

Aber eines Tages bemerkte man, daß das Baby am nächsten Tage vor der Flasche gerade soviel wog wie am Tage vorher vor der Flasche. Das war äußerst seltsam. Da man keinen Mathematiker zur Hand hatte, blieb diese Erscheinung unerklärt.

Dann empfahl eines Tages die Bügelfrau das Idealrapidsäuglingskraftwachsnährpulver »Koloß«.

Man gab dem Kind abends eine tüchtige Dosis; und bereits am nächsten Morgen fand man das Baby aufgeschossen zur Größe eines zehnjährigen Jungen, mit den Beinen und den Armen aus der Wiege baumelnd vor. Entsetzen packte die Tanten und die Eltern.

Und das Kind wuchs sichtbar. Die Wiege brach zusammen. Die Tanten flüchteten in die Heimat. Die Eltern ergaben sich dem Malzbier.

Niemand wagte mehr, nach dem Kinde zu schauen.

Der Junge hatte in wenigen Tagen die Größe eines ausgewachsenen Mannes mit dem Intellekt eines Säuglings.

Er ging ins Leben hinaus, geriet in die Diplomatenkarriere und brachte es in kürzester Zeit zu einer leitenden, hohen Staatsstellung.

Niemals ist das Land so auffallend gediehen wie unter dem Regime des jungen Becker.

Die Taufe

Blonde Frauen bekommen furchtbar leicht Kinder. Blonde Frauen sind ganz besonders veranlagt, gute Mütter und Juwelen von Hausfrauen zu werden.

Mein Freund Theobald Seheim mußte einen solchen Typ deutscher Fruchtbarkeit heiraten. Es ging nicht mehr anders: das Mädchen gehörte der Gesellschaft an, und der Bruder war Reserveleutnant. Theobald hatte auch seinen Roman in der Gesellschaft haben wollen; er war dabei hereingefallen.

Wenn irgend etwas Außergewöhnliches an ihn herantrat, verlor Theobald stets völlig den Kopf. Ich war einmal sehr befreundet mit ihm und hatte ihm während der kritischen Zeit getreulich zur Seite gestanden. Außerdem war ich ihm noch dreihundertzwanzig Mark schuldig.

Nach seiner Verheiratung sahen wir uns selten, er hielt sich unseren Kreisen fern. Zweimal war ich bei ihm zu Tisch, das letztemal vor etwa zwei Monaten. Die blonde Frau ging mir mit ihrem aufdringlichen Embonpoint auf die Nerven. Sie verließ das Zimmer nicht einen Augenblick. Theobald hatte sich in den sechs Monaten seiner Ehe verblüffend geändert. Er war äußerst moralisch geworden und begann, je mehr ich seinem wirklich nicht schlechten Mosel zusprach, mir mein ungeregeltes, verwerfliches, drohnenhaftes Junggesellendasein im Gegensatz zu seiner nützlichen, staatserhaltenden Häuslichkeit vorzuhalten. Einteilen müsse man sich sein Leben, dozierte er, alles zur Zeit und vor allem mit Maß. Um die Liebe sei es etwas Heiliges, erklärte er gemessen. Gerade sittlicher Ernst fehle heutzutage den jungen Leuten. Frau Seheim hängte sich polypenhaft an ihren Gemahl und drückte ihm ihre Lippen ins Gesicht. Ich steckte mir beschämt eine neue Importe an und hauchte tief aufseufzend: »Ja, ja!« Als er dann auf die materiellen Vorzüge einer Ehe hinwies, in höchster Entrüstung von dem In-den-Tag-Leben der meisten Junggesellen, dem sinnlosen Geldverprassen und die notwendigen Folgen eines solchen verwerflichen Lebens, dem unsinnigen Schuldenmachen sprach, wurde es mir nun doch ungemütlich; ich verabschiedete mich, zumal Theobald keine Anstalten machte, eine neue Flasche anzubrechen, mit einer gewissen Kühle und mied von diesem Tage ab die Seheimsche Häuslichkeit.

Ich hatte während der letzten Tage schauderhaft gesumpft, zwei Tage und zwei Nächte meine engsten Lackstiefel nicht von den Füßen gehabt. Die vergangene Nacht hatte sich bis heute mittag ausgedehnt. Nun saß ich als absolute Leiche auf meiner Bude und pflückte mir ächzend und stöhnend meine Gewandung vom Leibe.

Schlafen, schlafen, schlafen war mein einziger Wunsch. Es war Dienstag. Ich hatte meiner Wirtin strengste Order gegeben, mich vor Freitag nachmittag nicht zu wecken.

Behaglich dehnte ich mich in den Federn und streckte grunzend das zerschlagene Gebein. Ich schloß die Augen und sank sanft dem Nirwana in die Arme.

Trrring ... trriing ... trrrrrrrrriiiing ...

Ich warf mich stöhnend auf die andere Seite.

Trrrrrrrrrriing ... trrrrrrrrriiiiiiing ... trrrrrrrrriiiiiiing ... trrring.

Ich fuhr im Bett auf; idiotisch versuchte ich, mir im Halbdusel darüber klarzuwerden, woher das furchtbare Geräusch komme.

Trrrrrrrrrrrrrrrrrrrrrrrrrriiiing ... trrrrrrrrrriiing ... trrrrrrrrring ...

Die Korridorklingel –

- Die Taufe

Trrrrrrrrrrrrrrrrrrrrrrrrrrrriing ... trrrrrrrrrrriiiiiing ... rrrrrrrrring ...

Warum öffnet die Wirtin nicht? Wirtinnen öffnen immer nur dann, wenn man aus bestimmten Gründen damit gerechnet hat, einen Besuch selbst an der Tür in Empfang zu nehmen.

Mein armer Kopf!

Ich hielt mir die Ohren zu. Vergebens!

Trrrrrrrrrrring ...

Da will nicht, da muß jemand herein.

Trrrrrrrrrrrrrrrrriiiiiiiing ... trrrrrrrrring ... trring ... trring ...

Endlich. Irgendeine Tür in der Wohnung wurde rabiat aufgerissen, und eine schwere Masse schlurfte energisch durch den Korridor.

Aufatmend ließ ich mich in die Kissen zurücksinken. Ich war zu gebrechlich, um mich noch weiter für den Fall zu interessieren.

Ein entsetzlicher Lärm auf dem Korridor störte mich, kaum eingeduselt, wieder auf. Lautes Stimmengewirr, aus dem ich das schrille Organ meiner Wirtin heraushörte, die gegen eine Männerstimme anging. Die streitenden Parteien schoben sich näher und machten vor meiner Türe halt.

Ich richtete mich wütend auf und hörte, wie meine Wirtin fortgesetzt beteuerte, ich wäre verreist und würde in den nächsten Wochen kaum wiederkommen; man könne im übrigen gegenwärtig überhaupt nicht in das Zimmer, es sei frisch gestrichen. Dann kamen Argumente, die lediglich aus Schimpfworten bestanden.

Die Beharrlichkeit des Fremden draußen, zu mir zu gelangen, machte mir ernstlich Sorge. Ich suchte mir darüber klarzuwerden, wo ich die Stimme schon gehört hatte. Ich konnte mich nicht besinnen. Ohne Zweifel irgendein feindseliger, gieriger Manichäer. Ich baute auf das Maulwerk meiner Wirtin.

Verzweifeltes, ohnmächtiges Schlurfen und Stampfen; ein Drängen und Stoßen an der Tür. Eine energische Hand legte sich auf die Klinke, und rüttelnd heischte eine gebieterische Stimme, die ich jetzt als die Theobald Seheims erkannte, Einlaß.

Ich kroch unter die Decke. »Ich weiß, daß du da bist«, tönte es vor der Tür. Zögernd begann Theobald mit seinen amerikanisch Doppeltbesohlten den Anfang von Salomes Schleiertanz an meiner Tür zu produzieren. Mein armer Kopf. Die verdammten dreihundertzwanzig Mark.

Ich faßte einen Entschluß. Ich schleppte mich zur Tür und winselte durch das Schlüsselloch, ich sei todkrank, es müsse die Lepra sein oder die Pest. Es sei unbedingt ansteckend; ich würde unter keinen Umständen öffnen; er habe aber als verheirateter Mann Pflichten seiner Frau gegenüber. Er solle mir schreiben, übrigens bekäme er sein Geld.

Er trampelte unverdrossen weiter. Ich hielt mir die Ohren zu. Er änderte seine Taktik und rief durch die Türritze, er hätte mir eine für mich höchst wichtige Mitteilung zu machen. Ich solle nur um Gottes willen öffnen. Wegen der alten Geldsache komme er nicht; das eile nicht. Es wäre nichts Unangenehmes, darauf gäbe er mir sein Ehrenwort.

Ich war einigermaßen beruhigt und öffnete also.

»Anziehen, sofort anziehen«, waren seine ersten Worte.

»Ja, aber . . .«

»Anziehen, schleunigst, ich erkläre dir alles. Schnell, schnell.«

»Unmöglich«, ächzte ich, »ich bin gerade im ersten Schlaf.«

»Anziehen, anziehen, sofort, soooofoooooort!« brüllte er wutschnaubend. Er sprang von einem Bein aufs andere, griff nach einem rostigen Beil aus der Schlacht bei Moorgarten, das ich als wertvolle Antiquität an der Wand hängen hatte, und rückte mir zu Leibe.

»Anziehen, anziehen, anziiiiehen!«

Er ist irrsinnig, das wurde mir klar. Man muß ihm den Willen tun.

Ich brachte einen Tisch zwischen mich und Theobald und schwang mich mit einem gräßlichen Fluch in meine Hose.

»Schnell, schnell«, hetzte Theobald.

Ich hatte die Hose falsch herum angezogen. Ich riß sie wieder herunter, trat in die Waschschüssel, rannte gegen die offene Kleiderschranktür. Ein Topf mit Preiselbeeren, den meine Wirtin auf meinem Kleiderschrank aufzubewahren pflegte, fiel herab.

»Hier, dein Rock – deine Schuhe – deine Weste – schnell, schnell!«

Meine Füße waren angeschwollen, die kaum erkalteten Lackschuhe zu eng geworden. Ich zerrte und zerrte, der Hosenträger platzte.

»Töte mich, Theobald«, heulte ich, »oder sage mir wenigstens, was du mit mir vorhast.«

Die gymnastischen Anstrengungen, in die Schuhe zu schlüpfen, waren endlich von Erfolg gekrönt. Ich konnte nur auf den Fußspitzen auftreten. Es war fürchterlich. Das Blut stieg mir zu Kopf. Wasser lief mir im Mund zusammen. Es wurde mir schlecht. Die letzte Pulle Moêt, der Ausklang einer gewaltigen Serie dieses leichtsinnigen Saftes, kam an den Tag. Tränend, schluchzend, pustend ächzte ich: »Töte mich, Theobald.«

Ich sank in einen Sessel, auf welchem mein steifer Hut lag. Unerbittlich hielt mir Theobald meinen Rock hin.

»Anziehen, anziehen! Es muß sein! Es muß sein!«

Ganz willenlos ließ ich Theobald meine Garderobe vervollständigen. Er stülpte mir den eingesessenen Filz auf, nahm mich unter den Arm und schleppte mich die Treppe hinab auf die Straße, wo eine Droschke wartete.

Ein naßkalter Novembertag.

Theobald und der Kutscher bauten mich im Rücksitz auf. Ich vergrub meinen todwunden Kopf in die Ecke und schlief ein. Ein kalter Luftzug weckte mich auf. Das Fenster war heruntergefallen. Theobald zog es wieder zu und drückte mir das Ende des Fensterriemens in die Hand. Ich lehnte mich zurück, und die Augen fielen mir zu.

Der Riemen entglitt meiner Hand. Das Fenster sauste klirrend nieder. Ich erschrak. »Es muß sein«, tönte mir Theobalds letztes Wort in den Ohren. Ich döste und versuchte, mir darüber klarzuwerden, warum ich in einer Droschke sitze und nicht in meinem Bett liege; warum Theobald mir gegenübersitze in einem schwarzen Anzug und mich anstarre. »Warum dies alles?« – »Es muß sein«, tönte es in mir. – »Was muß sein, elender Bursche?« brüllte ich plötzlich los. Ich packte Theobald an den Schultern und schüttelte ihn, geriet dabei mit dem Ellenbogen in die andere Scheibe, glitt aus und fiel von der Bank. Es war zu viel für mich; meine Kraft war endgültig gebrochen. Ich weinte und bat Theobald, er möchte doch wegen der dreihundertzwanzig Mark keine Schweinereien machen. Ich wollte Stunden geben, alten Damen vorlesen, Adressen schreiben, Konservationslexika verkaufen. Ich würde etwas zu verdienen suchen, um ihm nach und nach abzuzahlen. Tränen erstickten den Rest meiner Beteuerungen.

Es gab einen Ruck nach vorn, es gab einen Ruck nach hinten, und der Wagen hielt. Theobald stieg zuerst aus. Es regnete heftig. Trübsinnig sah ich mich um; wir standen vor der Johanniskirche. Theobald zog, der Kutscher schob, ich stand in der Kirche. Das Dienstmädchen von Seheims, die Anna, war auch da. Sie stand mit einem weißverpackten Kind in der Nähe des Eingangs, als ob sie uns erwartete. Sie schloß sich uns an. Die Kirche war angefüllt mit Frauen, die Kinder trugen, und Männern mit schwarzen Röcken und wichtigen Gesichtern.

»Verstehe das, wer will! Was soll ich da?« Es überlief mich kalt, mir wurde schwindlig: Theobald – die Preiselbeeren – die Anna – der Moët – das Kind – der Kutscher: ein wilder Reigen vor meinen Augen. »Nimm dich zusammen, du sollst ja nur Pate bei meinem Kinde sein«, schnauzte mir Theobald ins Ohr. Er habe das mit dem Paten nicht gewußt, flüsterte er mir zu, erst der Pastor habe ihn heute vormittag bei der Anmeldung zur Taufe darauf aufmerksam gemacht. Er habe aber keinen von seinen anderen Bekannten angetroffen. Mein erster Gedanke bei dem Wort Pate war: ein silberner Löffel.

Ich war physisch zu marode, um noch länger zu stehen; ich kroch in eine Bank. Theobald setzte sich krampfhaft neben mich; an der anderen Seite von mir saß die Anna mit dem Kind. Das Kind hatte einen Gummilutscher im Mund, der immer zu Boden fiel. Ich versuchte ihn aufzuheben, es ging nicht, es war zu tief. Ich bekam einen roten Kopf, und alles schmeckte nach Moët. Trotz der harten Kirchenbank, trotz des allseitigen Kindergeschreis schlief ich wieder ein. Ein unsanfter Stoß in die Seite schreckte mich auf. »Wir sind jetzt an der Reihe«, sagte Theobald und zog mich zum Altar. Fremden Leuten mußte ich sagen, wie ich heiße. Dann kam ein Pastor und predigte. Das Stehen bekam mir nicht, ich schwankte und stieß laut auf. Theobald trat mir verstohlen gegen das Schienbein. Unser Kind begann zu schreien. Theobald wurde rot und bekam eine dicke Ader auf der Stirn.

Ich duselte stehend ein.

»Sie können gehen, Ihre Leute sind schon weg«, hörte ich wie von ferne eine milde Stimme sagen. Es war der Pastor. Ich stierte um mich, die Kirche hatte sich geleert. Theobald und die Anna mit dem Kinde waren weg. »Sie werden draußen in der Droschke auf mich warten«, dachte ich.

Ich kroch zur Tür und hatte gerade die Klinke in der Hand, als der Küster auf mich zusprang und mir ein warmes Paket mit einem quietschenden Kind in den Arm legte. Ich versuchte, mich zu sträuben, protestierte und erklärte mit kläglicher Stimme, daß wir unser eigenes Baby hätten und daß mich die ganze Sache nichts angehe. Ich mußte weinen. Ich sei nur Pate bei Seheims Kind, schluchzte ich, er möge das Kind doch behalten. Der gute Mann zuckte lächelnd die Achseln und meinte, das kenne er; diese Art, sich zu drücken, ziehe bei ihm nicht. Ich beschwor, ich beteuerte, immer noch jämmerlich heulend, ich sei Junggeselle. »Gerade deswegen«, lautete seine höhnische Erwiderung. Er drängte mich durch den Ausgang, und schwer fiel die Tür hinter mir ins Schloß.

Ein Gemisch von Schnee und Regen trieb mir der Wind klatschend ins Gesicht.

Ich stand seelisch und körperlich gebrochen an der Kirchentür, mit viel zu engen Lackstiefeln und einem fremden Kind. Von Theobald und unserer Droschke war nichts mehr zu sehen.

»Der Schuft!« Ich verfluchte ihn, seine blonde Frau, die Wirtin, die Anna, den Küster und den verdammten Moêgeschmack im Mund. Ich zermarterte mein armes Gehirn, was ich anfangen sollte. Ich wurde immer mehr durchnäßt. Ich kroch unter das Portal; hier war ich wenigstens vor dem Unwetter einigermaßen geschützt. Ich klapperte vor Frost. Mir wurde übel.

Plötzlich fühlte ich mich von einer kralligen Hand am Arm gepackt, eine keifende Weiberstimme riß mich aus meinem Sinnen.

»Hann ech Se endlich, Sie jemeine Minsch! Sie also hann onser Traudsche verföhrt? Natürlich, nachdem et soweit es, dröck mer sech. Ech well et Ehne scho zeige!«

Ein übles, schmutziges Weib stand vor mir. Ich starrte sie verständnislos an und sagte zitternd: »Ich verstehe Sie nicht, gute Frau.«

»Verstehen Sie nicht? E arm Mädche in et Onjlöck stürze, dat verstonn Se! Mettjekomme, ech well et Ehne schon klarmache!«

Sie riß mich die Kirchentreppe hinab und zog mich mit sich. Mir war nun alles gleichgültig geworden. Ich verteidigte mich nicht mehr, gab jedes Sträuben auf und stolperte hinkend, willenlos, wie im Traum neben der Alten her, das Kind noch immer auf dem Arm. Unermüdlich keifte das Weib weiter. Ihre Tochter wäre von der Kirche nach Hause gekommen ohne das Kind, sie hätte es auf eine Bank gelegt, und nachher sei es weggewesen – so habe sie erzählt. Ich hätte dem armen Mädchen den Plan eingegeben, so das Kind loszuwerden. Sie wäre eine alte ehrliche Frau und wolle keine Scherereien mit der Polizei haben. Ein Glück, daß sie mich noch erwischt habe.

Ich verstand nichts von alldem. Ich hatte nur den Wunsch, bald irgendwo zu sein.

Wir durcheilten Straßen, durch die ich nie gekommen war. Endlich machten wir vor einem schmutzigen, vielstökkigen Mietshaus halt. Blöde erwartete ich, was nun vor sich gehen solle.

Die Alte riß mir das Kind aus den Armen; mit einigen kräftigen Püffen war ich im Haus. Ein Duft von schlechtem Fett, Kindern und feuchter Wäsche umfing mich. Irgend jemand rief: »Heini, die Ahl hätt em.«

Ich hörte Gejohle hinter mir und schleppte mich wie besinnungslos die Treppe hinauf. Man stieß mich in ein qualmiges Zimmer, wo ich halbtot auf dem ersten besten Stuhl zusammenklappte.

»He es de jemeine Minsch«, hörte ich aus dem Nebel meine Begleiterin kreischen.

Klatsch – päng – bekam ich eine Ohrfeige, die mich mit dem Stuhl umwarf.

Ich machte Anstalten aufzustehen, ein Tritt von derben Stiefeln vereitelte mein Beginnen. Ich brüllte um Hilfe. Ich flehte um Gnade.

Ein Hüne mit einem brutalen, viereckigen Gesicht, in einer gestrickten Jacke schleuderte mich in die Ecke eines alten Ledersofas, setzte sich mir drohend gegenüber und paffte mir rücksichtslos den Rauch einer nichtswürdigen kurzen Pfeife ins Gesicht. Um den Tisch herum standen ungezählte, nie gewaschene Kinder, die mich neugierig und schadenfroh angrinsten.

»Also, du bes dä Kääl?« brüllte mich mein Gegenüber an.

Ich stammelte: »Nein.«

Drohend hob er die Faust.

Ich flüsterte: »Ja.«

»Du wirst also ons Traudsche hierohde?« fuhr er fort.

Ich starrte wie hypnotisiert auf die furchtbare Faust. Mein Kopf drohte zu zerspringen, meine Backe schmerzte, auch hatte der Tritt eine empfindliche Stelle getroffen. Dazu stieß mir noch fortgesetzt Moët auf.

»Ja oder nein?«

»Ja, ja, ja«, stöhnte ich in meiner Angst, »alles, was Sie wollen.«

Im Nebenzimmer begann das Gör zu schreien. Das Weib keifte dazwischen. Der Mann am Tisch schimpfte weiter. Worte schlugen an mein Ohr, deren Sinn ich nicht verstand. Mein Begriffsvermögen war zu Ende. Ich sank völlig erschöpft in mich zusammen.

»Dat es ja jar nitt der Hujoh«, hörte ich auf einmal eine fremde weibliche Stimme dicht neben mir. Man rüttelte mich auf. Ich glotzte um mich. Der Hüne stand drohend vor mir, neben ihm ein junges Mädel. Das alte Weib saß am Tisch mit dem Kind auf dem Arm.

»Dat es ja jar nitt der Hujoh«, wiederholte das Mädchen.

Ich bekam wieder Mut.

Weinerlich bestätigte ich: »Sie haben recht, ich bin wirklich nicht der Hugo.« Obgleich ich tatsächlich nicht mehr wußte, wer ich überhaupt noch war.

Der Hüne schlug mir den Hut auf den Kopf, riß mich vom Sofa und schrie: »Wat häs du dann he verlore, du Flahbes, eraus, sag ech, du hörs net en ons Famellje!«

Die Alte keifte dazwischen: »Wie kütt dä Kääl an ons Keng?«

Ich versuchte, langsam zur Tür zurückweichend, die Leute in einigen kurzen Sätzen aufzuklären, wie ich an das Kind gekommen sei, als plötzlich die junge Mutter, die sich inzwischen der Entblätterung des Kindes zugewandt hatte, gellend ausrief: »He dat es ja jar nitt onser Jösefke, he dat es e Mädsche!«

Die Alten und sämtliche Kinder drängten sich um den Säugling, um sich von dieser neuen, seltsamen Tatsache zu überzeugen.

Ich wollte die Verwirrung benutzen und mich still und anspruchslos drücken; ich hatte bereits die Klinke in der Hand, als man allgemein meiner gedachte.

Brutal wurde ich gepackt und ins Zimmer zurückgerissen.

»Mer sollt zur Pollezei schecke!« schrie die Alte, die mir rücksichtslos das schlecht verpackte Kind unter den Arm schob. Brüllen. Kreischen. Johlen. Die Faust tanzte mir vor der Nase. Von allen Seiten wurde ich gezwickt und geschoben.

Da kam mir in höchster Not ein rettender Gedanke.

Mit dem Rest meiner Kräfte begann ich einen schauerlichen gliederverrenkenden Tanz aufzuführen, dazwischen brüllte ich: »Huaoooh, huuuuuuuuuaooooh, Kreosoooooot, Yohimbiiiiiiiiiiin, huuuuuuuuuaoooooohh!« Schaum trat mir vor den Mund.

Man stob entsetzt auseinander und flüchtete ins Nebenzimmer.

Ich schleuderte das Balg auf das Sofa, erreichte die Tür und flog in gewaltigen Sätzen die Treppe hinunter. Ein Handbesen, geschickt geschleudert, traf mich noch ins Kreuz.

Ich gewann die Straße und raste dahin.

Ich geriet in die städtischen Anlagen, wo ich völlig erschöpft auf einer einsamen Bank trotz Regen und Wetter niedersank.

Mitten in der Nacht wurde ich vor Kälte wach. Meine Uhr war fort. Ich hatte einen außergewöhnlichen üblen Geschmack im Munde.

In der Nähe sah ich durch das Gebüsch schimmernd ein flackerndes, einsames Licht. Ich stolperte mit steifen Gliedern darauf zu und fand eine verlaufene Droschke mit einem angetrunkenen Kutscher, den ich zu meiner Freude als den trefflichen Hubert Quadpflaume erkannte. Hubert Quadpflaume war in vorgerückter Stunde mit seinem Wagen gewöhnlich vor Bols zu finden und hatte mich manches liebe Mal unter erschwerenden Umständen nach Hause transportiert.

Fröhliches, gegenseitiges Erkennen. Lange habe ich an seiner Brust geweint.

Obwohl er so betrunken war, daß er mich fortwährend Emil nannte, fand ich mich nach einiger Zeit vor meiner Wohnung.

Nachdem es unserem eifrigen, unermüdlichen Klingeln,

Klopfen und Johlen gelungen war, allenthalben in der Nachbarschaft Köpfe in die Fenster zu bringen, die mich reichlich mit häßlichen Schmähungen bedachten, öffnete meine Wirtin endlich und meinte gutmütig: »Ich hab jeglaubt, es wär nebenan!«

Ich konnte nur noch milde grinsen.

Als ich endlich in meinem Bett lag, fand ich lange keinen Schlaf. Es ging mir fortwährend der Gedanke im Kopf herum, was ich meinem Patenkind eigentlich schenken sollte.

Onkel Willibald will baden

Dem Onkel Willibald hatte ein uralter Schäfer in der Lüneburger Heide gesagt, das Geheimnis des Langlebens sei, sich nie zu waschen. Er selbst sei seines Wissens so ungefähr hundertdreißig Jahre alt, und seit hundert Jahren sei kein Wasser an seinen Körper gekommen. Bei einigen alten Bauern in der Eifel fand Onkel Willibald dieselbe Gepflogenheit. Ihr hohes Alter und ihre Rüstigkeit bewiesen, daß sie mit ihrer Theorie nicht so ganz unrecht hatten. Onkel Willibald hatte weiter von einem alten Landstreicher aus dem Thüringischen erzählen hören, der sich auch seit Jahren nicht gewaschen habe, dann aufgegriffen wurde und polizeilicherseits ein Bad verabreicht bekam und, obwohl kerngesund, danach sofort in Siechtum verfiel und starb. Das gab zu denken.

Onkel Willibald war praktischer Philosoph. Er hatte das Prinzip, sein Leben auf der Grundlage persönlicher Erfahrungen einzurichten. Er war stolz, wenn er im Volke so eine schlichte Lebensweisheit fand oder einen nützlichen Brauch; gleich war diese neue Erkenntnis auch für ihn maßgebend und bestimmend. Indessen war die letzte Entdeckung nur so lange sein Evangelium, bis er wieder auf etwas Neues stieß.

»Ich bin ein verflixt heller Kopf. Ich halte die Augen offen!« sagte er und warf sich selbstgefällig in die Brust.

Er galt allenthalben für einen Sonderling. Seine Verwandten sagten, er sei verrückt. Mit Möllmanns, seinen nächsten Verwandten, wohnte er im selben Hause. Möllmanns auf der ersten, er auf der zweiten Etage; im Unterhaus war das Kolonialwarengeschäft von Wiehbendülle.

Möllmanns sprachen hinter dem Rücken Onkel Willibalds sehr respektlos über ihn. Ihm ins Gesicht waren sie dagegen widerlich devot und hofierten ihn in schmachvoller Weise. Sie gaben seinen fixen Ideen recht, soweit sie kein Geld kosteten. Onkel Willibald war begütert, und Möllmanns waren die nächsten Erben.

Der Onkel hatte eine eigene Haushaltung, der seine Köchin Amöne vorstand. Amöne war eine Eskimo, die versehentlich nach Deutschland geraten war. Geld zur Rückreise fehlte ihr, sie nahm kurz entschlossen die in der Zeitung ausgeschriebene Stellung bei Onkel Willibald an.

Als er von der Reise zurückkam, auf der er den alten Schäfer und die Eifelbauern getroffen hatte, und als er das mit dem Landstreicher erfuhr, beschloß er, sich von Stund an nicht mehr zu waschen und dem Beispiel dieser Leute zu folgen. Seine Köchin, die er seit Jahren hatte, verließ ihn darauf Knall und Fall. Andere folgten, aber schon nach wenigen Tagen gingen auch sie wieder. Keine war zu halten. Onkel Willibald war verzweifelt. Da erschien eines Tages Amöne, und die blieb.

Der Onkel begann, nach einiger Zeit sich selbst nicht mehr zu mögen. Es war schon schlimm.

Er reiste eines Tages in die Bretagne und fand dort in dem am Meere gelegenen Dorfe Œuf à la Coque unter den Einwohnern einen außergewöhnlichen Wasserfanatismus. Von früh bis spät lagen diese Leute im Meer. Und zu Hause wurden die Seebäder noch durch Duschen und Abwaschen ergänzt. In Œuf à la Coque gab es vierzig Einwohner im Alter von hundertundachtzig Jahren, die alle noch radfuhren und Rollschuh liefen. Eine hundertundfünfundsiebzigjährige Frau leistete Erhebliches auf dem Drahtseil. Das gab zu denken.

Onkel Willibalds Grauen vor sich selbst wuchs von Tag zu Tag. Er merkte zu seinem Schrecken, wie er allmählich körperlich und auch geistig verkam. Die Lebensweise des uralten Schäfers war nichts für ihn.

Die Leute in Œuf à la Coque wiesen ihm den richtigen Weg. Die kannten das Geheimnis des langen Lebens. Wasser, Wasser war die Parole!

Im Zuge zurück in die Heimat lernte er den berühmten Wasserheilmenschen Knobbe kennen, der ihm sein Buch »Wie ich ein Hüne wurde« schenkte, in dem er sein Wasserheilverfahren überzeugend darlegte und unzählige verblüffende Resultate aufführte.

Sofort schrieb Onkel Willibald an die größten Geschäfte für Badeeinrichtungen und bat um Prospekte.

An Amöne, die auch eine Anhängerin der Theorie des uralten Schäfers war, nicht aus Überzeugung, sondern aus heimatlicher Überlieferung, wuchs Moos, und auf dem verfilzten Kopf nisteten Rotkehlchen.

Onkel Willibald entließ sie. Er bekam eine Abscheu vor ihr, außerdem fehlten ihm zwei Teelöffel.

Die Kataloge kamen in Stößen ins Haus. Natürlich galt es erst zu probieren, ehe man sich zur Anlage einer kostspieligen Einrichtung entschloß. Auch Möllmanns rieten ihm an, es vorläufig mal mit einer billigen Sache zu versuchen.

Da gab es die Reisewanne »Plitsche-Platsche« aus Segeltuch. »In fünf Minuten ein erquickendes Bad«, »Das Ostende des kleinen Mannes«, so wurde diese herrliche Wanne zum Preise von dreißig Mark angepriesen. Mit Dusche zwanzig Mark mehr. Mit prima Aluminiumgestell hundert Mark mehr. Eine Kaffeetasse Wasser genügt zum erfrischenden Vollbad!

Onkel Willibald ließ sich eine »Plitsche-Platsche«-Reisewanne, das Ostende des kleinen Mannes, mit Dusche und Dampfbadeeinrichtung kommen. Als die Kiste glücklich ausgepackt war, lag vor ihm ein Stück Segeltuch, ein Bündel Stangen, ein kleines Öfchen, eine Schachtel mit

Onkel Willibald will baden.

Schrauben, Muttern und komischen Dingen und ein Gießkannenausfluß. Eine Gebrauchsanweisung war beigefügt.

Zwei Wochen quälte sich Onkel Willibald Tag und Nacht mit den Stangen und dem Öfchen ab, ohne seine Badeeinrichtung zusammenzubekommen. Die Schrauben hatte er bereits verloren. Die Muttern waren unter die Möbel gerollt. Immer wieder vertiefte er sich in die Gebrauchsanweisung; er bekam es nicht zusammen.

Bis er eines Abends endlich glaubte, das Problem gelöst zu haben. In dem, was er aufgebaut hatte, konnte man schon baden.

Schnell Wasser herbei. Das Öfchen angesteckt. Den Hahn geöffnet – das köstliche Bad war fertig. Onkel Willibald dehnte und streckte sich, grunzend vor Behagen. Er merkte dabei nicht, wie sich die mit Gummi verklebten Nähte der Segeltuchwanne lösten. Jetzt eine Dusche! Er zog an der Schnur. Die Dusche funktionierte nicht. Er zog stärker. Räng, päng! Das Gestell brach zusammen. Die Nähte des Segeltuchs waren jetzt völlig aufgeweicht. Aus der Wanne war ein flaches Tuch geworden. Onkel Willibald rang mit dem Stangengewirr, glitschte auf dem nassen Segeltuch aus, kam zu Fall und wälzte sich hilflos am Boden. Mit dem linken Bein geriet der Unglückliche in den brennenden Ofen und schwenkte diesen strampelnd in der Luft. Das ausgelaufene Wasser stand im Zimmer, wurde aber bald von den Dielenritzen eingesogen.

Bums, bums! Schauerlich klang es durchs Haus. Möllmanns, die unter Onkel Willibalds Baderaum ihr Schlafzimmer hatten, war ein großes Stück Zimmerdecke ins Bett gefallen, gefolgt von einem Guß Wasser.

Das war ein Spektakel im Hause! Mit einem Gipskranz von der Deckenverzierung um den Hals stürzte Vater Möllmann, im Nachthemd, gefolgt von Weib und Kind, nach oben.

Das undefinierbare Gewirr am Boden, vom Mond beleuchtet, machte Möllmann graulen. Mit Schwierigkeit erkannte man erst nach einer Weile den Onkel als den Kern des Gewirrs. Er schrie plötzlich auch für das rechte Bein laut nach einem Ofen, da er daran friere.

Trotz dieses Ungemachs ließ der Onkel seine Bademanie nicht fallen. Mit »Pitsche-Platsche« war es nichts. Man sollte an so was nicht sparen. Er verschenkte die Bruchstücke des transportablen Bades an einen blinden Indianer.

Jetzt wollte er eine ordentliche Badeeinrichtung haben, die was kosten durfte.

Für Unsummen legte er sich die patentierte, häufig preisgekrönte Badeeinrichtung »Atlantic« mit Emaillewanne, Gasofen und allen Schikanen der modernen Technik zu.

Auch die so ungemein hygienische Wellenbadschaukel »Meerersatz« und die patentierte Sitzwanne »Karl der Große« war mitgeliefert worden.

Fränze, die neue Köchin, hatte in dem Baderaum die eingemachten Gurken in Gläsern stehen. Sie war sehr sittenstreng. Sie deckte über die Gurkengläser aus Vorsicht Tücher, damit sich die unschuldigen Gurken im Bade an Onkel Willibald nicht versahen.

Onkel Willibald hatte nicht gern Handwerker im Hause. Er bat seinen Freund Philipp Motternich, der früher bei der Eisenbahn war und für alles eine geschickte Hand hatte, ihm bei dem Aufbau der Badeeinrichtung zu helfen.

Acht Tage lang quälten sich die beiden von früh bis spät an der Montierung des Bades. Sie gerieten schon gleich im Anfang in Streit, da jeder alles besser wissen wollte als der andere. Dann sengte mit der Lötlampe aus Versehen Onkel Willibald beim Anschluß des Wasserleitungsrohres Philipps halben Bart ab. Es kostete Willibald Mühe, seinen wütenden Freund, der behauptete, Willibald habe das absichtlich getan, zu beruhigen. Als Willibald nun noch beim Einschlagen eines Hakens mit dem Hammer Philipps Daumen traf, wurde es Philipp zuviel, und er verließ in der feindlichsten Stimmung den Onkel.

Onkel Willibald besah sich, was sie bisher installiert hatten, und kam zur Überzeugung, daß alles wohlgerichtet und sein Bad nun gebrauchsfertig sei.

Eine genaue Anweisung über die Inbetriebnahme war am Ofen angebracht.

So, hier war der Gashahn a. Der mußte geöffnet werden. Da war der Gashahn b, und dann gab es noch den Hauptgasabsperrhahn c. Von diesen beiden Hähnen stand nichts auf der Gebrauchsvorschrift, ob sie zu schließen oder zu öffnen waren. Der Hahn d sollte nach der Anweisung unbedingt offenbleiben, während der Hahn f unter allen Umständen geschlossen werden mußte. Die Ventile g und m mußten im Auge behalten werden. Das war sehr wichtig. Der Brenner k, ein schreckliches Röhrenwirrwarr mit vielen kleinen Löchern, sollte in der Pfeilrichtung gedreht werden. Das alles und noch mehr stand auf der Instruktion, die Onkel Willibald immer und immer wieder las. Er wurde durch die Unmenge von Hähnen und Ventilen völlig verwirrt. Er hantierte, hin und her hüpfend, an dem Badeofen. Er erinnerte an einen Musikclown, der sich an einem Gestell mit Glocken produzierte.

Welchen Hahn und welches Ventil er auch berührte, immer wurde die Dusche in Tätigkeit gesetzt und er meuchlings von einem kalten Guß getroffen. Die Dusche reagierte auf alle Hähne. Es gelang ihm endlich, die Dusche abzustellen.

Er zog den Brenner heraus, öffnete die Gashähne und hielt ein brennendes Streichholz so lange an die kleinen Löcher, bis ihm das verglimmende Streichholz die Fingerspitzen verbrannte. Der Brenner trug seinen Namen mit Unrecht, er brannte nicht. Hätte er doch Philipp nicht auf den Daumen geschlagen! Der hätte die Sache in Ordnung gebracht, ärgerte sich jetzt Onkel Willibald.

Plötzlich kam ihm die schreckliche Erkenntnis, daß der Ofen überhaupt nicht an eine Gasleitung angeschlossen war. Eine derartige Leitung lag nicht im Hause.

Dieser Philipp, dieser Nichtswisser! Das hätte er doch wissen müssen, schnaubte Onkel Willibald.

Was war zu machen? Gebadet mußte jetzt werden. Gut, er badete kalt. Das war noch viel gesünder als ein warmes Bad. Gewiß, viel abhärtender. Knobbe schrieb auch kalte Bäder vor. Die Gasleitung konnte man gelegentlich für alle Fälle anlegen lassen.

Er öffnete den Hauptwasserhahn der Wanne. Plätscher, plätscher, ging es munter in die Wanne. Es konnte eine Weile dauern, bis die Wanne gefüllt war.

Vielleicht vor dem Vollbad noch ein Wellenbad in »Meerersatz«! Gesagt, getan. Das Wellenbad war schnell gefüllt. Plätscher, plätscher – lustig sprudelte es aus dem Wasserhahn in die Wanne.

Der Onkel nahm ein Wellenbad. Hei, war das fein und köstlich! Feste, feste, dachte der Onkel, je stärker der Wellenschlag, desto heilsamer.

Plätscher, plätscher – die Wanne war mittlerweile fast vollgelaufen. Im Sicherheitsablauf steckte ein Zigarrenstummel.

Die Wellenschaukel stand schon einige Male auf der Kippe. Den Onkel packte ein wilder Taumel.

Dann war es geschehen. Die Wanne kippte um, und Willibald lag darunter, eingeklemmt von den Seitenwänden. Wie eine Schildkröte kroch er ächzend durchs Zimmer. Alles Abmühen und Strampeln hatte keinen Erfolg. Er kam nicht los.

Plätscher, plätscher – die Badewanne lief jetzt über; das Wasser stand fußhoch im Zimmer.

Der Onkel stieß die Tür ein. Er mußte zu Menschen, die ihm helfen konnten. Allein konnte er sich nicht befreien.

Er kroch die Treppe hinunter mit großen Schwierigkeiten. Grauen und Entsetzen packte die Leute bei seinem Anblick.

»Ein Untier naht, eine Riesenschildkröte! Flieht, rettet euch!« Alles floh in wilder Panik.

Plätscher, plätscher – die zweite und erste Etage stürzten ein.

Der bekannte Löwenjäger Fürchtegott Pöhzlapp selbst wagte nicht, dem Untier entgegenzutreten.

Plätscher, plätscher – das Haus fiel zusammen.

Plätscher, plätscher – die ganze Stadt ertrank.

Onkel Willibald strandete auf einem hohen Berge. Er war mittlerweile abgemagert und fand sich eines Tages von der Wanne befreit.

Er tat einen heiligen Schwur, nie wieder zu baden.

Die Bahnhofsmission

Unsere gute Tante Berta trug stets Zeugstiefel und war sehr fromm. Außerdem war sie nicht unvermögend, aus welchem Grunde sie in unserer Familie ein erhebliches Ansehen genoß. Sie hatte sich seit Jahren angewöhnt, die Sonntage bei uns, ihren Lieblingsverwandten, zu verbringen, teils weil bei uns nicht schlecht gekocht wurde, teils weil sie ihrem Dienstmädchen keine Sonntagsarbeit zumutete. Im übrigen widersprachen wir ihr nie. Mein Vater sagte stets: »Erbtanten haben immer recht, wenigstens so lange sie leben, und müssen gut, sogar direkt üppig gefüttert werden.«

Es gab keinen Missions-, Kirchenbau- oder dergleichen Verein, der seine ersprießliche Tätigkeit in der Hauptsache in Kaffeekränzchen zu entfalten pflegt, in dem sie nicht eine führende Rolle spielte.

Eines Sonntags eröffnete sie uns nun bei Tisch, daß ihr das Stricken von Pulswärmern und Jacken für die unglücklichen Ureinwohner von Borneo als Ausdruck einer aktiven Frömmigkeit keine vollkommene Befriedigung mehr gewähre. Mein Vater erbleichte; das Wort »Stiftung« durchzuckte sein Hirn; meine Mutter stellte das Eingemachte weg. Sie habe mit einigen gleichdenkenden Damen einen Verein zur Rettung gefährdeter Mädchen, verbunden mit einem Asyl, gegründet. Ein besonderes Augenmerk sollte auf den Schutz allein reisender Mädchen geworfen werden, zu welchem Zwecke sich abwechselnd ein Vereinsmitglied, mit einer gelben Rosette geschmückt, am Bahnhof aufzuhalten hatte.

Da die Geldfrage durch die Stiftung einer anderen

Dame, deren Verwandte vielleicht nicht gut kochten oder widersprachen, erledigt wurde, beruhigte sich mein Vater und legte der Tante zwei saftige Bruststücke eines idealen Kapaunen auf den Teller.

Der Verein hatte nun schon seit drei Wochen seine Tätigkeit aufgenommen, und die blütenweißen Bettchen des Asyls standen immer noch unberührt.

Man war erstaunt, so wenig Unsittlichkeit in der Welt vorzufinden.

Am meisten versprach man sich von der Bahnhofsmission, und allabendlich versammelte sich der Verein im Asyl, um die Damen des Bahnhofsdienstes zu erwarten, in der sehnlichsten Hoffnung, nun endlich die bereits gezückten Fittiche der christlichen Liebe über dem ersten Schützling ausbreiten zu können.

Aber jeden Abend die gleiche Enttäuschung. Ausgefroren, staubbedeckt, mit müden Beinen und verdrossen erschien dann zu später Stunde die Erwartete. Allein. Man hörte resigniert den Bericht über die Erlebnisse des Tages, der so ganz jeder in das Gebiet des eigentlichen Vereinszweckes fallenden interessanten Note entbehrte.

Einige abgestandene Mädchen vorgeschrittenen Jahrgangs, die leider auch nicht mehr die geringste Aussicht hatten, moralisch gefährdet zu werden, wandten sich wohl ab und zu Auskunft heischend an die Rosettengeschmückte und wurden auch in den meisten Fällen mit großer Geschicklichkeit in die falschen Züge oder auf einen unrichtigen Bahnsteig gewiesen. Man war enttäuscht und im Inneren wütend über die herrschende Sittlichkeit. Man bereute bereits die Gründung, von der man sich erheblich mehr versprochen hatte. Die Erwartung, so mancherlei Pikantes im Namen der christlichen Liebe zu erleben, hatte sich nicht erfüllt.

Es herrschte allgemeine Verdrossenheit und Amtsmüdig-

Die Bahnhofsmission .....

keit, um so mehr, da einigen Damen in Ausübung des Bahnhofsdienstes mancherlei Mißgeschick widerfahren war.

Der Stifterin des Vereins war gleich im Anfang im dichten Gedränge, in welches sie sich mit einem Fanatismus für die gute Sache gestürzt hatte, das Portemonnaie gestohlen worden. Eine andere Dame wollte einer alten Frau, die zwar sittlich nicht in Gefahr war, es jedoch durchsetzen wollte, ihren mit Messing beschlagenen Koffer quer durch die Coupétür zu schaffen, behilflich sein. Hierbei war ihr das ziemlich schwere Gepäckstück natürlich mit einer Messingecke auf den Fuß gefallen, was ihren Enthusiasmus immerhin um Erhebliches dämpfte.

Ein besonders eifriges und vor allem äußerst sittenstrenges Mitglied – die betreffende Dame, eine Witwe, war durch ihren studierenden Sohn binnen kurzer Frist dreifache Großmutter geworden, woran sie allmonatlich durch drei Postanweisungen, die sie an drei verschiedene Adressen losließ, unangenehm erinnert wurde – wäre bald eine Märtyrerin der guten Sache geworden. Sie bemerkte eines Abends ein nettes, sauber gekleidetes Mädchen, welches auf dem Bahnhof umherirrte und scheinbar seine Mutter suchte. Ein Herr ging fortgesetzt vor ihm her. Die gelbe Rosette witterte Gefahr und stellte sich dem sauber gekleideten Mädchen als Mitglied des Vereins zum Schutze allein reisender Mädchen vor, was seitens der reizenden Person mit einem »Olle Missionsunke, kümmern Sie sich um Ihren Dreck; ich rett' mir alleene« beantwortet wurde. Sprach's und verschwand mit dem Herrn.

Meine Tante Berta war die einzige, welche trotz alledem stets mit ganzer Seele bei der Sache war. Sie hatte die Hoffnung noch nicht aufgegeben, und ihrem Einfluß war es zuzuschreiben, daß sich das an der herrschenden Moral krankende Unternehmen noch nicht aufgelöst hatte.

Ihrem Eifer hatte sie die Krone aufgesetzt, indem sie für die streikenden Mitglieder den Bahnhofsdienst fast täglich versah.

Zu jener Zeit war ich Referendar am Amtsgericht eines Landstädtchens, etwa anderthalb Stunden Eisenbahnfahrt von meiner Vaterstadt D. entfernt. Ich hatte wieder einmal das Bedürfnis, meine kleine Anne wiederzusehen.

Anne nannte sich euphemistisch Schauspielerin; sie war auch tatsächlich gegen 60 Mark Gage am Stadttheater in K. angestellt. Zwar verdankte sie ihre Karriere weniger ihrem schauspielerischen Talent als ihren wohlgeformten Beinen. Sämtliche Höschenrollen bis zu dreißig Worten lagen in ihrer Hand.

Sie war ein fesches, kluges Kerlchen, stets im Dalles und mir sehr zugetan.

Offiziell kam ich nur sonntags nach Hause, pflegte jedoch mit Rücksicht auf meine Lokalkenntnis auch meine »Kleinen-Mädchen-Betriebe« in meiner Vaterstadt vor sich gehen zu lassen.

So hatte ich also mit meiner Anne nach umständlichem Briefwechsel wieder mal in D. ein Rendezvous vereinbart. Da Anne noch im ersten Akte mitzuwirken hatte und ich in den meisten Fällen, namentlich wenn ich etwas vorhatte, bis in die Abendstunden durch einen allzu eifrigen Amtsrichter festgehalten wurde, so wollten wir uns erst um 10 Uhr abends auf dem Bahnhof in D. treffen. Anne kam einige Minuten vor mir von K. an und sollte mich an meinem Zuge, der Punkt 10 Uhr einlief, erwarten.

Ich hatte mich wahnsinnig auf den Abend gefreut und von langer Hand ein kalifornisches Freudenfest mit einigen trefflichen Gespielen und deren Gespielinnen bereitet.

Der bewußte Tag kam heran.

Natürlich dauerte die Gerichtssitzung, in der ich als Protokollführer fungierte, bis nach sieben. Es blieben mir immerhin noch anderthalb Stunden bis zur Abfahrt des Zuges, Zeit genug, um mich umzuziehen und mich noch in köstlicher Weise zu verschönern.

Ich stürmte in Eilmärschen meiner Wohnung zu.

Ich weiß nicht, was das Schicksal gegen mich hat. Ich brauche nur den Entschluß zu fassen, irgend etwas zu unternehmen, schon stellt sich eine Kette von fortgesetzten Widrigkeiten ein, die die Ausführung in den meisten Fällen unmöglich macht oder doch bedeutend erschwert.

An jenem denkwürdigen Tage begann der Reigen damit, daß mir, als ich noch etwa fünf Minuten von meiner Wohnung entfernt war, eine kleine Mücke ins Auge flog und sich in ihrer Todesangst unter dem Augendeckel verkroch. Ich tastete mich unter einem furchtbaren Tränenerguß an den Häusern vorbei meiner Wohnung zu. Leute, die mir begegneten, mußten unbedingt annehmen, meine sämtlichen Verwandten und lieben Bekannten wären alle auf einmal einer tückischen Seuche zum Opfer gefallen.

Mit Mühe und Not, nicht ohne daß ich mir vorher an der Treppe das Schienbein gestoßen hatte, gelangte ich in mein Zimmer. Nach halbstündiger Tätigkeit gelang es mir, die Mücke, wenn auch tot, zu bergen.

Mittlerweile war es bereits 8 Uhr geworden.

8.30 Uhr fuhr mein Zug. Fünf Minuten rechnete man bis zum Bahnhof.

Schreckliche Entdeckung! Die Stärkewäsche ist noch nicht da. Ich stürze zur Wirtin. Es werden Boten ausgesandt. 8.6 Uhr. Ich entledige mich vorsichtig des alten Kragens und rasiere mich. Schneide einen ausgewachsenen Pickel an. Furchtbare Blutung, die erst 8.15 gestillt ist. 8.18 erscheint endlich die Waschfrau; zum Überfluß mit der Quittung über Waschgeld für die letzten Monate. Triefend freundliche, längere Klarlegung der Umstände unter Hinweis auf den Ersten. 8.20. Die Waschfrau zieht ab. Ein Kragen mag an den Stellen, die aus dem Rocke hervorragen, noch so weich sein, an den Knopflöchern ist er immer steinhart. Anlegen des Kragens unter groteskem Indianertanz. Endlich ist er zu, aber bereits zerdrückt. Er fliegt in die Ecke. Neuer Indianertanz. Das Hemdenknöpfchen zerspringt. 8.26. Wutanfall. Suche Ersatz in allen Schubladen. 8.28. Kragenfrage erledigt. Der Zug hat gewöhnlich Verspätung. Schnell in die Schuhe. Der Schuhriemen reißt. 8.30 stürze ich aus dem Hause und komme noch gerade früh genug zur Bahn, um die bunten Endlichter des Zuges in der Ferne verschwinden zu sehen. Es war der letzte Zug nach D. – Arme Anne! Adieu, schönes Fest! Anne wußte, daß für mich nur dieser Zug in Frage kam. Was blieb ihr anderes übrig, als, wütend über mein Ausbleiben, mit dem nächsten Zug nach K. zurückzukehren. So nahm ich an.

Ich setzte sie noch durch eine Karte von meinem Mißgeschick in Kenntnis und betrank mich dann gräßlich.

Zwei Tage später erhielt ich von Anne folgenden Brief:

Mein lieber Stropp!

Du bist ein ekelhaftes Scheusal! Ich hatte extra die durchbrochenen Strümpfe angezogen und die netten Brüsseler Höschen von Dir. Ich hätte mich ja an dem Abend so gerne gerächt für Deine Tapsigkeit. Wenn ich nur jemanden dafür gehabt hätte. Aus Deiner Karte sehe ich, daß Du wieder einmal Deinen verkorksten Tag hattest, vielleicht ist es noch ganz gut, daß Du den Zug verpaßt hast; wer weiß, was sonst noch alles passiert wäre.

Höre, was ich Merkwürdiges erlebt habe.

Ich hatte mir mit Ach und Krach das Fahrgeld für eine einfache Karte dritter Klasse zusammengepumpt; 10 Pfennig hatte ich noch übrig. Die Rückreise solltest Du mir schmeißen. In D. angekommen, habe ich mich sofort an unserer Ecke aufgebaut. Pünktlich lief Dein Zug ein, wie ich bald heraus hatte, ohne Dich. Ich hatte eine blöde Wut auf Dich. Kein Fahrgeld zur Rückfahrt! Keine Bekannten in D.! Was tun! Ich rannte auf dem Perron auf und ab und hatte mir fest vorgenommen, mir sofort einen netten Kerl aufzutun. Natürlich der ganze Bahnhof wie ausgestorben. Nur ein Herr, weißt Du, so einer, dem immer die Beine unter dem Bauch wegfliegen, schlurfte über den Perron. Ich ging einige Male an ihm vorbei und ließ meine durchbrochenen Waden sehen. Er schlurfte ruhig weiter. Pfui, was gibt es doch für gemeine Menschen! Verzweifelt habe ich mich auf eine Bank gesetzt, als plötzlich eine Hand meine Schulter berührte, und vor mir stand eine ziemlich verfehlt angezogene alte Tante mit einer mächtigen gelben Rosette auf der Brust, weißt Du, von so einem Verein, über den Du immer schimpfst und behauptest, die Damen sähen Dich immer so vorwurfsvoll an. Also die gute Frau frug mich mit milder Stimme, ob sie mir helfen könnte. Ich schluchzte einigemal in kläglicher Weise, machte mein Madonnengesicht und stammelte irgend etwas von einer Tante, die mir im Gedränge abhanden gekommen, daß mir das Portemonnaie gestohlen worden wäre; daß ich nicht wüßte, wo ich die Nacht bleiben sollte und daß mich der Herr immer verfolgte; warum, wüßte ich nicht. Die Dame war erdrückend lieb und sagte, ich solle mir nur keine Sorgen machen und meine Tränen trocknen, ich wäre in guten Händen. Sie sagte, es wäre selbstverständlich, daß ich für die Nacht ihr Gast sein müßte. Ohne daß ich noch weiter zu Wort kam, legte sie mütterlich den Arm um mich und zog mich mit sich. Wir kamen in ein gemütlich eingerichtetes Haus, wo ein ganzes Rudel alter Damen mich wie einen lieben, lang erwarteten Besuch mit ausgesuchter Liebenswürdigkeit empfing. Ich war einfach platt. Man nahm mir meinen Schirm und das Jackett ab, frug, ob ich keine nassen oder kalten Füße habe. Man brachte mir zu essen, kalten Kalbsbraten und Eier. Man saß um mich herum und bestaunte mich wie ein Wundertier. Dann wurde man auch neugierig und wollte wissen, wer ich wäre. Ich habe nur gemurmelt, es wäre so traurig, und angefangen zu schluchzen. Von Tränen erstickt, habe ich einige Male »armes Mütterlein« gesagt. Dann sagte die Dame, die mich mitgebracht hatte, man solle mich in Ruhe lassen, ich wäre noch durch die Ereignisse des Abends zu erregt, man wolle jetzt die Abendandacht abhalten und mich dann zur Ruhe bringen. Die Geschichte begann mit einem Choral. Die Damen frugen mich nach meinem Lieblingschoral. Ich wußte bei Gott nicht, was ich sagen sollte. Alle die Lieder, die ich kenne, sind eigentlich keine Kirchenlieder, und als ich das einzige einigermaßen fromme Lied, welches mir einfiel, »Gott erhalte Franz den Kaiser«, nannte, sagten sie, das wäre kein Choral oder stände wenigstens nicht in ihrem Gesangbuch. Ich sagte leise, bei mir hätte es drin gestanden. Dann haben sie endlich ein anderes frommes Lied gesungen, von dem sie behaupteten, daß ich es sicher kennen würde. Ich habe ja gesagt, und weil die anderen so furchtbar brüllten, haben sie nicht gemerkt, daß ich nur so mitgebrummt und nur den Mund auf- und zugemacht habe. Ich war heidenmäßig froh, als beschlossen wurde, mich nunmehr zu Bett zu bringen. Die ganze Gesellschaft gab mir das Geleite. Ich bekam auch eine Wärmflasche. Meine schönen Höschen und Strümpfchen wurden beguckt. Ich schämte mich und sagte, das hätte ich in einem Missionsverein gewonnen. Die Damen gaben sich zufrieden und ließen mich dann endlich in Ruhe. Ich schlief wie ein Dachs. Als ich am anderen Morgen gegen zehn Uhr wach wurde, saß schon eine Dame an meinem Bette und frug, ob ich lieber im Bett frühstükken wollte. Natürlich sagte ich ja; – das hat man nicht alle Tage. Als ich dann nachher in das Zimmer kam, waren fast alle Damen vom vorherigen Abend versammelt. Alle schüttelten mir die Hand; eine gütige Matrone legte mir auch die Hände auf den Kopf und verkorkste meine Frisur. Alle erkundigten sich, ob ich auch gut geschlafen hätte. Dann war wieder Andacht. Zuerst wurde gebetet; ich kam immer in die Zehn Gebote. Darauf gesungen, wie am Abend. Ich habe wieder gepfuscht; niemand hat es gemerkt. Man wollte mich erst nicht weglassen. Ich habe gesagt, ich müsse unbedingt schleunigst nach K. zurück, mein Mütterlein wäre sicher in großer Sorge. Ich bekam noch Butterbrote eingepackt, und man schenkte mir noch einen Stoß Missionsblätter, Traktätchen und fromme Blättlein, die ich Dir zur Strafe schenken werde. Das war ein ergreifender Abschied. Drei Damen brachten mich zur Bahn, die anderen haben an der Haustür gestanden und mir nachgeschaut. Es war einfach rührend. Nun erst der Abschied am Bahnhof. Die Damen lösten mir ein Billett, gaben mir noch für alle Fälle fünf Mark mit und steckten mich unter Segenswünschen und Bibelsprüchen in ein Frauencoupé Zweiter Klasse, was mir weniger gefiel, da in dem Nebencoupé, wo nur ein junger Herr saß, bedeutend mehr Platz war. Die guten Damen haben noch lange dem Zuge nachgewinkt. Unterstehe Dich noch einmal und schimpfe über so einen Verein. So gute Leute und so fromm. Ich will jetzt auch fromm werden. Schreibe, ob ich Dich nächste Woche bestimmt treffen kann. Setz Dich dann aber zur Vorsicht schon mittags auf den Bahnhof. Dies ist der längste Brief, den der brave Steuermann je geschrieben hat.

Es küßt Dich Dein Pusselchen.

Acht Tage später erzählte Tante Berta stolz am Familientisch von der ersten Rettung eines sittlich gefährdeten Mädchens.

Ich mußte furchtbar husten.

Die Bluse

Ich hätte nein sagen sollen oder daß ich etwas vorhabe, als mich meine Tante Dorchen Faßbender am Eingang des amerikanischen Riesenwarenhauses mit Beschlag belegte und bat, sie zu begleiten: Sie müsse sich nur eben eine Bluse kaufen, erklärte sie obenhin.

Eine Bluse kaufen, das war ja schließlich eine einfache und schnell erledigte Sache, dachte ich mir und ging mit. Außerdem hatte die Tante mir schon häufiger Rechnungen meines Schneiders bezahlt, das war entsprechend zu beachten.

Der Scharfsinn eines Indianers gehört dazu, sich in einem modernen Warenhaus zurechtzufinden und noch zu Lebzeiten den begehrten Gegenstand zu kaufen. Die Tante sagte, sie wisse Bescheid, und drängte sich durch die Menge, die sich in den Gängen zwischen den Verkaufsständen hin und her schob. Sie trat energisch auf sie hindernde Füße und stieß Langsame mit der Krücke ihres Zanellaschirms verstohlen in den Rücken.

»Da drüben bekommen wir das Gewünschte«, sagte sie mit Bestimmtheit. Ich vertraute der Tante. Wir schoben nach drüben.

Wir blieben einen Augenblick am Verkaufsstand für Emaillegeschirr stehen.

»Was darf's sein?« fragte verbindlich ein rotbackiges Fräulein.

»Oh, wo finde ich Blusen?« erkundigte sich die Tante, die doch nicht so ganz und gar Bescheid wußte.

»Bitte, erste Etage, Aufzug«, war die Antwort. Die Tante zog vor, die Treppe zu benutzen, aus Vorsicht. Es sei einmal ein junger Mann im Aufzug zerquetscht worden. Diese Legende geht von jedem Aufzug.

»Blusen – bitte rechts und dann links«, wies uns ein Herr in mittleren Jahren, den man Herr Markuse nannte und der anscheinend eine Rolle spielte. Wir waren geschmeichelt und gingen in der bezeichneten Richtung.

»Nein, nein, nein«, schrie die Tante plötzlich unwillig, als sie an dem gesuchten Stand von Blusen ankam und die Auslagen musterte. »Ich will keine fertige Bluse, ich will Stoff für eine Bluse. Da steht man sich billiger«, raunte sie mir erklärend zu.

Ich fand das sehr unangebracht, so eine Bluse erst mal mit großen Umständen zu nähen, wo man sie doch hier fix und fertig zum Anziehen kaufen konnte. Überhaupt bereute ich ein wenig meine Bereitwilligkeit, die Tante zu diesem Blusenkauf begleitet zu haben.

»Ah, Stoff für eine Bluse für die Dame?« sagte verstehend Herr Markuse, der uns gefolgt war. »Bitte, bemühen sich die Herrschaften in die vierte Etage, dort finden Sie, was Sie wünschen.«

Wieder mühselige Treppen, dazu das Asthma der Tante. Solche Aufzüge bleiben schon mal stecken, dann verhungern die Insassen.

Das ist auch so eine Legende, die man sich von jedem Aufzug erzählt.

Natürlich entsprach der Stoff, den man der Tante auf der vierten Etage vorlegte, keineswegs ihren Wünschen und Absichten. Was man ihr da zeigte, war doch Wolle, die für Dienstboten zu Weihnachten, aber nicht für eine Staatsbluse der gnädigen Frau zu gebrauchen war.

»Wolle hält aber doch warm«, meinte ich schüchtern.

»Ist aber nicht schick«, strafte mich die Tante. »Ich will die Bluse für das Zoologische-Garten-Konzert; Frau Bender soll die Platze kriegen«, lachte sie hämisch.

Jetzt kam es heraus: die Tante wollte eine seidene Bluse beziehungsweise den Stoff dafür.

»Da müssen Sie sich nach unten bemühen, dort rechts vom Haupteingang, etwa vierzig Meter weit, ist die Seidenabteilung«, klärte man uns auf. »Dort ist der Aufzug.« Sie begann von der hundertfünfzig Meter hohen Vierte-Etage-Treppe den mühevollen Abstieg. Das Seil konnte reißen und der Abzug herunterrasen und zerschmettern. Das war auch so eine Legende, die die Tante bewog, das gefährliche Vehikel nicht zu benutzen.

Ich sagte leise das kleine Einmaleins auf und berechnete aus dem Wachsen meines Bartes, wie lange wir uns bereits hier in dem Warenhaus befanden. Durch das Treppensteigen bekam ich ein müdes Gefühl in den Kniekehlen, wie wenn ich dreimal hintereinander das Matterhorn bestiegen hätte, ein Klavier mit Lehrer im Rucksack.

Tante Dorchen war von der stillen Resignation eines Menschen, der weiß, was er will.

Ich war so zerstreut, daß ich der blondlockigen Verkäuferin der Parfümerieabteilung, wo ich immer meine Seife kaufte, in Gedanken auf das Ohrläppchen küßte.

»Seide dort, Blusenseide dort«, zeigte ein anderer Herr Markuse, der Cohn genannt wurde, auf eine lange Reihe Theken, hinter denen himmelhohe Regale standen, wie in einer Bibliothek. Die Fächer waren angefüllt mit Stößen flacher Pakete. Zwischen den Regalen und den Theken waren Mädchen in Schwarz eingesperrt, nette und weniger nette, mit Scheren an Bändern um den Hals und an der Seite einen baumelnden Abreißblock.

Manche aßen verstohlen aus einem verborgenen Butterbrotpaket.

Das durfte Herr Cohn nicht sehen.

Aus dem Gesicht der Tante entnahm ich, daß wir nun endlich am Ziel waren. Meine Lethargie wich ein wenig. Es

Die Bluse

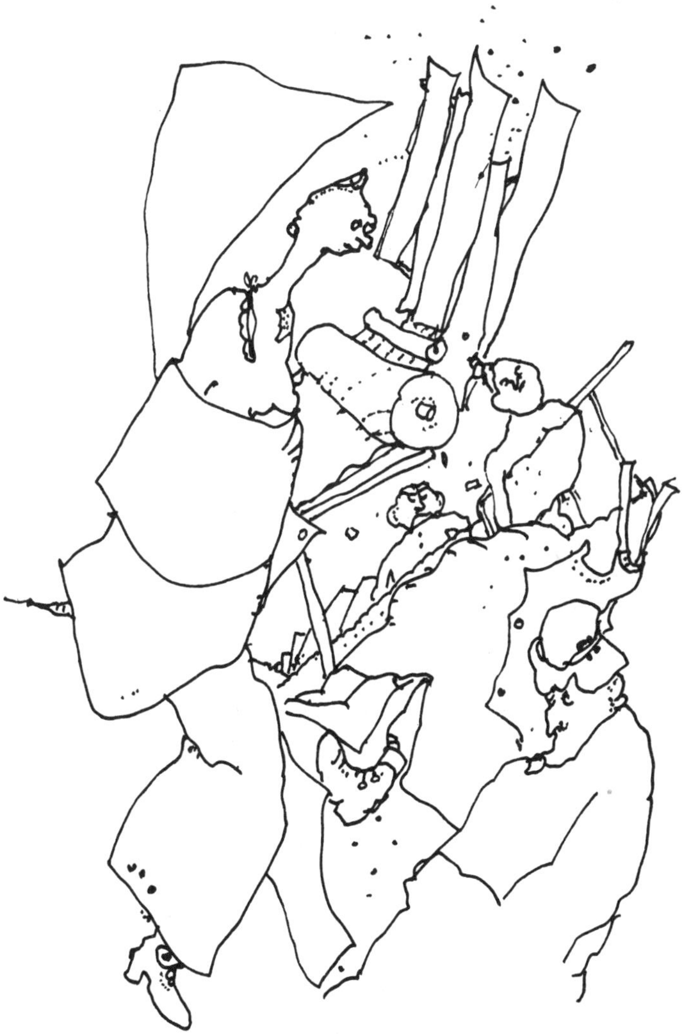

war aber noch nicht aller Tage Abend! Oh, ich Kleingläubiger!

Sobald die Tante kurz den Wunsch nach Blusenseide geäußert hatte, kletterten – husch, husch! – entzückende Lackfüßchen die gelben Leitern an den Bibliotheksregalen hinauf. Oft blieb der Rock an einer Sprosse hängen, und solches Malheurchen dekolletierte mir entgegenkommend ein graziöses Beinchen. Die Tante holte ihre Brille hervor, die sie aus einem Lederetui hervorzog. Das Etui machte beim Abziehen der Kappe »pff«, die Tante setzte die Brille auf, nicht der Beinchen wegen, sondern um den Stoff zu prüfen. Ich putzte meinen Kneifer – hm, hm, ich mußte doch der Tante behilflich sein!

Stöße von flachen Paketen warfen die Fräulein in Schwarz klatschend auf die Theke und entrollten sie zu Streifen Seide in allen möglichen Farben. Dabei priesen sie in überschwenglicher Weise die Ware: »Prima, prima, das Beste auf dem Markt, lätest fäschen, englisch, fabelhafte Verarbeitung, Frau Bankier Safe (sprich Säw) nahm zehn Meter für eine Robe, doppelte Breite, mit Selfkante, gut zu verarbeiten und haltbar; Sie glauben es nicht, gnädige Frau!« Immer neue Pakete wurden aufgerollt. Ein Meer von Farben ergoß sich über die Theke. Die Tante war in fieberhafter Tätigkeit; ihr sonst bleiches Gesicht war hektisch gerötet, die Warze an der Nase war zu einem Apfel angeschwollen, mit zitternden Händen wühlte sie in der Seide, prüfte den Stoff und die Farbe, bat das Fräulein in Schwarz, mit dem betreffenden Stück auf die Straße zu gehen, um die Farben bei Tageslicht beurteilen zu können. Etwa tausendzweihundertmal lief sie, begleitet von einer Verkäuferin, die immer durch eine neue ersetzt werden mußte, da sie haufenweise vor Ermattung zusammenbrachen, die Strecke von der Seidenabteilung bis zum Ausgang. Ich rannte im Anfang getreu als Sachverständiger für

Farben mit, verlor dann aber die Lust zu rennen, nahm mir ein Auto und fuhr neben der Tante hin und her.

Die Tante konnte sich nicht schlüssig werden, hin und her raste sie, den armen Verkäuferinnen zum Verderben. Die Haarnadeln der Tante wurden weißglühend.

Alle Farben der Welt zogen vorbei, nur kein Blau, das die Tante von vornherein nicht wünschte. Nun fiel ihr ein, daß es ein bestimmtes Blau gäbe, das ihr sehr gut zu Gesicht stehe. Ob man nicht dieses Blau habe? Einige Verkäuferinnen, die aus den Strapazen der Rennerei ihr schwaches Leben gerettet hatten, schleppten sich an die Regale und erklärten mit müden Stimmen, blaue Stoffe seien auf der zehnten Etage. Die Herrschaften mögen sich hinaufbemühen. Ich habe mit dem Nordpolfahrer Cook den Mount MacKinley in Lackschuhen bestiegen; jetzt schauderte mir vor der zehnten Etage. Die Tante war nicht zu bewegen, den Lift zu benutzen. Sie machte sich, trotz ihrer geschwollenen Ballen, an den Treppenaufstieg zur zehnten Etage. Ich drückte mich in den Aufzug und war schnell und mühelos bald oben. Drei Wochen später kam die Tante an, die alte eiserne Energie, Stoff für eine Bluse zu kaufen, in den Zügen. Sie erinnerte an Bismarck, wenn er etwas durchsetzen wollte.

Pfadfinder wiesen uns den Weg zum blauen Stoff. Der Stand befand sich einundzwanzig Kilometer von der Treppe und dem Lift. Ja, dieses Warenhaus war von enormen Dimensionen; es stellte in seiner bebauten Fläche Elsaß-Lothringen in den Schatten.

Es gab etwa zehn verschiedene Blau. Natürlich mußten diese Stücke auch wieder dem Tageslicht ausgesetzt werden. Das hätte Monate gedauert, wenn die Tante die zehn Treppen hin und her gestiegen wäre. Sie wurde chloroformiert und mit dem Aufzug befördert.

Endlich – es war eine Erlösung, etwa wie der Friedensschluß zu Münster nach dem Dreißigjährigen Krieg 1648 –, endlich fand die Tante das Blau, das ihr gut zu Gesicht stand.

Sie brauchte zwei Meter fünfzig. Eilfertig nahm ein Fräulein in Schwarz einen Zollstock, um dieses Quantum abzumessen. Natürlich war das vorhandene Stück (vom Fachmann Coupon genannt) etwa achtzig Zentimeter zu kurz.

Die Tante stach dem Fräulein eine lange Hutnadel in das linke blaue Auge. Aber es schadete nichts, denn das Auge war aus Glas – Gott sei Dank!

Ich kniete, als das endlich gefundene Stück von der blauen Seide, deren Blau die Tante so gut kleidete, zu kurz war, nieder und bat den Himmel und alle Götter, sie möchten doch die fehlenden achtzig Zentimeter blauer Seide beschaffen.

»Nehmen Sie Grün statt Blau; grün ist der Frühling und die Au«, sagte eine belegte Stimme von oben – und ziemlich gereimt.

Die Tante war, weil es wie eine Offenbarung war, mit Grün nunmehr einverstanden. Man stieg hinab in das Unterhaus, wo die bunten Seiden waren. Nach einem dreiwöchigen Suchen und Prüfen entschloß sie sich für Spinatgrün. Zwanzig Verkäuferinnen lagen tot am Boden, vier Ressortchefs waren völlig pathologisch geworden. Ein Elektrotechniker fraß Glühbirnen.

Die Tante forderte noch rote Seide als Besatz. Tableau! Ich legte mich auf den Boden und biß in die Blasen, die sich im Linoleum des Bodenbelags gebildet hatten. Die Verkäuferinnen flüchteten mit Grauen vor dem Wunsche der Tante. Ich machte mein Testament.

Man probierte. Das Rot paßte nicht auf das Grün. Zehn Browningschüsse. Zwei Verkäuferinnen tot.

Vier Jahre später fand man ein passendes Stück roter

Seide. Die Verkäuferin, die das Stück fand, war eine Waise.

Die Tante schenkte ihr aufgeweichte Lakritze aus der warmen Tasche.

Meine Augen hingen sehnsüchtig an den Lippen der Tante. Der Blusenkauf war beendet, mußte sein Ende gefunden haben. Ich Tor. Ich war ein alter Mann geworden, und ein langer Bart hing mir über die Brust. Die Fräuleins, die die durch die Tante heraufbeschworene Katastrophe überlebt hatten, waren teilweise Urgroßmutter, andere Großmutter.

Der Schlag soll mich treffen! Die Tante öffnete ihr karätiges Gebiß und stieß das eine kurze, knallende Wort wie einen gellenden Flintenschuß hervor: »Knöpfe!«

Der Schlag traf mich nicht. Ich war verblödet und erwartete nichts anderes. Mein Bart wuchs mir in die Stiefel.

Knöpfe waren auf der achten Etage. Nach zwei Wochen krochen vierhundert Angestellte des amerikanischen Warenhauses auf dem Boden der achten Etage wie Ameisen, auch unter die Schränke, um die wie Konfetti auf der ganzen Etage fußhoch durch das hysterische Herumwerfen der Kartons und durch das Platzen der Böden auf die Erde gefallenen Knöpfe aufzulesen.

Die Tante trieb Nägel durch die Ösen bestimmter Knöpfe und nagelte sie auf die stramme Uniformbrust eines Liftboys. So konnte sie sehen, wie die Knöpfe wirkten.

Ich war so alt geworden, daß ich von einer Yoghurtfabrik als Reklamegreis zu Propagandazwecken photographiert wurde.

Die Tante konnte den gewählten Knopf nicht nehmen, es fehlten vier am Dutzend. Sie spuckte ihr Gebiß aus. Der Boy fand einen mühelosen Tod. Die Liftführer – zehn an der Zahl – verloren den Verstand und ließen sinnlos die

Aufzüge auf und nieder rasen, daß die Splitter flogen. Mechanische Spielwerke drehten sich selbst auf und liefen verhetzt herum. Angestellte kletterten verstört auf die Regale und die Säulen. Andere fraßen in ihrer seelischen Not Pottasche.

Als die Tante nun noch Schweißblätter verlangte, die gerade ausgegangen waren, weil es eisiger Winter geworden war, erhob sich ein wildes Tohuwabohu, das elektrische Licht ging aus. Alles stürzte zu der immensen vierteiligen Drehtür des Haupteingangs, und ein wildes Rasen und Drehen, in das ich auch gerissen wurde, begann. Mit einer furchtbaren Schnelligkeit kreiste die Tür, Ohren und Finger wurden von der Zentrifugalkraft abgerissen. Mir flogen die Rippen weg, das war mein Tod.

Das letzte Wort der Tante gellte mir in den Ohren: »Häkchen für hinten muß ich noch haben!«

Das amerikanische Riesenwarenhaus ist eingefallen. Nur die rasende Drehtür mit Klumpen unzähliger Menschenleiber dreht sich noch in ihrer wilden Fahrt; und unaufhörlich gleiten in gefährlicher Schnelle in ihren eisernen Führungen, die wie Türme aus dem Schutt emporragen, unzählige Aufzüge sinnlos auf und nieder.

Frau Bender konnte die Platze wegen der neuen Bluse von Tante Dorchen nicht kriegen; sie ist in der Zwischenzeit an einer Bauchfellentzündung gestorben.

Dann geschah eines Tages das Furchtbare

Der überaus vornehme Friseur

Er hatte einen wohlgepflegten Vollbart und sah aus wie Herr Sudermann. Er trug immer einen schwarzen Gehrock mit großen Seidenrevers und lange, schmale Lackstiefel.

Er war der erste Friseur der Stadt. Vor seiner Tür hatte er mehrere goldene Wappenschilder mit Keulenmännern, die ein Zeichen dafür waren, daß er schon erlauchte Bartstoppeln beseitigen durfte. Auch besaß er eine Brillantbusennadel: die Initialen des regierenden Fürsten mit der Krone darüber. Mancher höhere Staatsbeamte beneidete ihn um dieses Zeichen allerhöchsten Wohlwollens.

Es gehörte zum guten Ton, sich bei ihm behandeln zu lassen. In jeder Stadt gibt es sogenannte *First-class*-Geschäfte, die ihren Ruf – meist ohne eigenes Verdienst, also mehr durch die Suggestion der Tradition – zu wahren wissen.

Da haben wir das Herrenmodengeschäft, sprich: lätest fäschen, den Schneider, sprich: täler, den Schuster, sprich buuts, bei dem sich der Kavalier, der etwas auf sich hält, bedienen läßt. Die exklusive, zurückhaltende Tendenz derartiger Standardläden künden schon die Schaufenster.

Liegt in einer großen Auslage aus poliertem Mahagoni lediglich ein zusammengeknülltes Seidentuch, ein Hosenträger, ein seidener Strumpf und eine Glasflasche mit englischen Drops, so befindest du dich vor der einzigen Stelle, wo du als Mann von Geschmack und Distinktion dir deine Krawatten, Unterwäsche und so zu kaufen hast.

Ein einsamer Lackschuh, ein schwarzer Leisten und ein Paar seidene Schuhbänder – nicht zu vergessen eine Flasche englischer Drops –, wahllos in einer Vitrine aus Zitronenholz verstreut, zeigen dir an, daß hier der maßgebende Schuster wohnt.

Bei dem allein selig machenden Schneider – ich warne dich indessen inständigst, den Mann jemals so zu nennen – wirst du außer der Flasche Drops nur ein buntes Stück Flanell für eine Weste im Schaufenster finden.

Für die Geschäfte erstklassiger Damengarderobe gelten dieselben Grundsätze. So macht auf mich stets das Schaufenster des feinsten Damenmodenmagazins der Stadt einen großen Eindruck. Auf einem Ständer langweilt sich ein einsamer, uninteressanter Hut, der so angebracht ist, daß man noch gerade ein wenig darunterschauen kann, um das Wort »Paris« zu lesen. Weit und breit sonst nichts in der Auslage oder höchstens nur wieder eine Flasche mit englischen Drops, die in allen Fällen auf harmlose Gemüter unbedingt wirkt.

Er war also der erste Friseur der Stadt.

Er hielt sich meistens in dem Raum vor dem Rasiersalon auf und machte lediglich in einer herablassenden Form, vorsichtig abwägend, die Honneurs. Vom einfachen Aufgucken von der Zeitung an bis zum eigenhändigen Helfen in den Paletot und Geleiten bis zur Tür zog er in entsprechender Weise, auf jeden Fall individuell zugeschnitten, die Register seiner Höflichkeit.

Letzterwähnte Nuance stellte den Superlativ seiner Herablassung dar und wurde von ihm nur äußerst selten in Anwendung gebracht.

Hatte jemand keinen klangvollen Namen oder Titel, so kümmerte er sich persönlich gar nicht um ihn. Höchstens daß er mal flüchtig von der Zeitung aufschaute oder, wenn er besonders gut gelaunt war, die Zigarette einen Moment aus dem Mund nahm. Weiterer Ovationen wurden diese Armen, die von seinen Gehilfen kurzerhand mit »Herr Direktor« angeredet wurden, seinerseits nicht gewürdigt. Das war er seinem Geschäft und seinen anständigen Kunden gegenüber schuldig.

Selbst Leute, die sonst wirklich etwas bedeuten, wie Assessoren, Rechtsanwälte, Amtsrichter, Bankdirektoren, grüßte er nur mit einer leichten Verbeugung, indem er mit müder, diskreter Stimme ihren Titel nannte, den im Echo seine acht Angestellten in weißen Tropenuniformen laut wiederholten.

Erst vor Uniformen und Regierungsräten ging er aus seiner Reserve heraus, die in eine gewinnende Liebenswürdigkeit ausarten konnte, wenn es sich dann noch um den Träger eines alten, feudalen Namens handelte.

Noch eine wohlüberlegte Höflichkeitsnote war die: ostentativ herbeizueilen, um jemand beim Anziehen des Paletots behilflich zu sein, es indessen mit mathematischer Sicherheit stets so einzurichten, daß er zu spät kam und den Betreffenden erst erreichte, wenn dieser seinen Mantel schon anhatte.

Einen gewissen ehrlichen Respekt hatte er vor anerkannt schwerreichen Leuten, die selbst von den Offizieren zuerst gegrüßt wurden, vor Leuten mit furchtbar vielen Nullen, die im Auto vor seinem Geschäft vorknatterten und deren Persianerpelze seinen Garderobenständer demütig erzittern ließen.

Ich hatte eine ganz unbegrenzte Devotion, eine fast religiöse Hochachtung vor diesem Manne, dem ich, kein Träger eines besonders exklusiven Namens und ohne viele Nullen, nicht das geringste Interesse einflößte. Ich mußte zufrieden sein, überhaupt in seinem Salon verkehren zu dürfen.

Die geistreichen, schöngeistigen Philosophien eines Freundes, der für Wilde schwärmte, glattrasiert war, den Zeigefinger mit einem großen Topasring aus dem *Cinquecento* geschmückt hatte und in einer fast krankhaften Weise überall den Dandy witterte, hatten noch das Ihrige getan, meinen Respekt vor dem vornehmen Friseur ins Ungemessene wachsen zu lassen.

»Schau dir nur diesen Mann an«, hatte mein Freund gesagt, »diese ruhige Eleganz, diese fast raffinierte Einfachheit seiner Erscheinung, kein Detail unterstrichen, alles auf die Gesamtwirkung berechnet, auf eine Harmonie von Nuancen und Linien. Sein distinguiertes, abgemessenes Benehmen. Seine vornehme Ruhe.«

Weil mein Freund viel klüger war als ich, dieses auch durch einen akademischen Grad bewiesen hatte, gab ich ihm rückhaltlos recht.

»Ich bin sicher, dieser Mann hat sich das außergewöhnliche Milieu dieses Friseurladens als bewußte, ganz raffinierte *mise en scène* seiner Person ausgewählt.«

Schon der Alte hatte den Laden gehabt, dachte ich mir, sagte es aber nicht.

»Hast du beobachtet, wie er wirkt gegen die hohen, innen mit Samt ausgeschlagenen, strengen Glasschränke aus poliertem Holz mit goldenen Empireemblemen? Gegen die sich ihres Wertes sehr bewußten Kristallflakons, die in vornehm großen Abständen in diesen Schränken stehen? Könnte er im roten Jagdfrack auf einem Vollblutpferd, im grauen Gehrock eine elegante Mailcoach lenkend, im schwarzen Frack, eine seltene Orchidee angesteckt, auf dem Fest einer Herzogin, im weißen Tennisdreß, das Rakett schwingend, eine bessere Figur abgeben?«

Dann hatte er, hingerissen von seiner Begeisterung, enthusiastisch ausgerufen: »Dieser Mann befindet sich hier in diesem Rasiersalon lediglich einer Laune, einer satanistischen Lust willen, als Sammler und Liebhaber menschlicher Farcen. Er will die Menschen studieren, in ihrem jämmerlichen Naturzustand, ohne Maske, ohne Aufmachung, wenn sie sich wie hier auf Gnade und Ungnade anderen in die Hände geben. Liegt nicht ein eigentümlicher Reiz darin, Autoritäten in würdelosen, beschämenden nivellierenden Situationen zu sehen? Ehrwürdige, ernste Männer in weiten weißen Mänteln, die ihnen etwas von einer französischen Amme geben!«

Mein Freund mochte wohl recht haben mit dieser neuen Hypothese. In der Tat, es war eine eigenartige Sensation, sich auszumalen:

Goethe beim Friseur, halb eingeseift, den Kopf krampfhaft zurückgebeugt, die edle Nase in den Händen des Friseurgehilfen, bittend, man möge ihn nicht gegen den Strich rasieren. Oder den Turnvater Jahn, der sich aus seinem langen Liebegottbart einen Kranzbart schneiden lassen will und den Schnurrbart englisch zustutzen läßt. Oder Schleiermacher, der peinlich darüber wacht, daß man ihm den Scheitel durchzieht und mit Pomade festlegt. Oder Kant, der sich Koteletten und eine Fliege wachsen lassen will. Oder Friedrich Rückert, der etwas gegen seine Schuppen tun will.

Von der Fülle der sich häufenden Gesichtspunkte war ich völlig konfus geworden.

Auf jeden Fall aber hatten die Anregungen meines Freundes so auf mich gewirkt, daß ich den vornehmen Friseur fast wie ein höheres Wesen betrachtete. Mit heiligen Schauern betrat ich sein Geschäft und drückte mich ganz klein und bescheiden mit einer tiefen Verbeugung scheu an ihm vorbei.

Einen ähnlichen, nicht ganz so ausgesprochenen Respekt habe ich nur noch vor Oberkellnern und Portiers großer internationaler Hotels, vor Müttern mit heiratsfähigen Töchtern, vor Bezirksfeldwebeln, vor satisfaktionsfähigen Ehemännern hübscher Frauen und vor Zollkontrolleuren.

Dann geschah eines Tages das Furchtbare.

Ich hatte sämtliche acht Gehilfen beschäftigt vorgefunden und mich still in dem letzten leeren Rasiersessel mit einer sehr zerlesenen Nummer einer illustrierten Wochenschrift aufgebaut und mit dem denkbar größten Interesse eine darin abgebildete gräfliche Hochzeitsgesellschaft beguckt, deren Namen von links nach rechts zu lesen waren, als ich plötzlich jemanden hinter mich treten fühlte, einen weißen Frisiermantel umgehangen bekam und aufschauend im Spiegel voller Grauen und Entsetzen den vornehmen Friseur in eigener Person erblickte, wie er sich anschickte, selbst Hand an mich zu legen.

Der Angstschweiß trat mir auf die Stirn. Ich wollte abwehren und sagen, ich könne noch warten, Stunden, Tage, Wochen, Monate, er möchte sich nicht profanieren. Meine Kehle war wie zusammengeschnürt, die Zunge klebte mir am Gaumen. Ich brachte kein Wort heraus.

Die heiligen Hände seiften mich ein, rasierten mich, auch gegen den Strich, was ich gar nicht vertragen konnte; ich wagte nicht, mich zu mucksen. Dann wurde mir der Bart geschnitten, wie ich ihn absolut nicht mochte. Brillantine, Öl, Pomade wurde mir überallhin geschmiert. Das Kopfhaar wurde gestutzt zu einer Frisur, die ich verabscheute. Ich wurde shampooniert, mit Bay-Rum, Eiswasser, Birkenbalsam gewaschen, mit Sachen, bei deren Geruch es mir immer gleich schlecht wurde. Eine Flasche nach der anderen entkorkten die weißen Hände, versahen sie mit meinem Namen und stellten sie in ein Gefach.

Es rang und kämpfte in mir. Ich wollte etwas sagen: mein Idol anflehen, die Hände von mir zu lassen, auf sein Piedestal erhabener Göttlichkeit zurückzukehren. Nur ein ohnmächtiges Keuchen brachte ich hervor.

Furchtbar arbeitete es in meinem Inneren! Mein Brustkorb erweiterte sich. Die Rippen bogen sich gerade, so daß ich ausschaute wie ein Christbaum oder ein Garderobenständer. Meine Ohren fransten aus. Die Knöpfe an meinem Anzug zerflossen zu einer übelriechenden Masse. Mein Schirm sprang mit einem schrecklichen Satz aus dem Schirmständer in das Zimmer, spannte sich von selbst auf und flog wehklagend wie ein gespenstischer Vogel durch den Raum.

Alle übrigen Anwesenden, Gehilfen und Kunden, waren längst über alle Berge. Erst hatten sie starr vor Staunen dem Unerhörten zugeschaut, als der vornehme Friseur an meinen Stuhl getreten war; als er aber begonnen hatte, Ernst zu machen, waren alle Hals über Kopf voll namenlosen Entsetzens weggestürzt. Nur ein alter Geheimrat, der in der ersten Aufregung auf den brennenden Ofen geklettert war, war übriggeblieben. Er klebte an der heißen Ofenplatte fest und ließ sich bräunen, brutzelte gar lustig wie ein Bratapfel.

Der ganze Laden revoltierte. Alles ging drunter und drüber. Flaschen platzten mit lautem Knall, ihr Inhalt verfärbte sich, verdickte sich dann zu einem zähen Brei, aus dem behaglich feixende Mehlwürmer krochen. Von den Spiegeln lief das Quecksilber in Bächen herunter; fußhoch stand es bereits im Zimmer.

Mein weicher Hut verwandelte sich in einen steifen Hut, der anschwoll, platzte und als flügellahme Fledermaus ungeschickt herumflatterte.

Alles um mich begann sich zu drehen. Ich wurde durch die Schaufenster auf die Straße geschleudert. Die Häuser spuckten ihre Fenster auf das Pflaster. Kometen schleppten ihre Schweife durch die Straßen, wirbelten einen tollen Staub auf, verhedderten sich in Staketen und rissen sich die Stoßlitze ab. Elektrische Straßenbahnwagen liefen verwirrt über Straßen, wo keine Schienen lagen, und versuchten sich voller Angst in Hauseingänge zu flüchten.

Da traf mich, Gott sei Dank, der Schlag.

Feine Gesellschaft

Das war sie also, die ergötzliche Provinzstadt Stumpfsinnshausen, in der Eusebius Nöll seine juristische Laufbahn als Referendar am Amtsgericht begann. Nach dem bestimmten Entschluß seiner Familie sollte er eigentlich Theologie studieren. Der Urgroßvater, der Großvater und zwei Onkel waren Pastoren. Natürlich lag es nahe und im Sinn der Tradition, daß nun Eusebius ebenfalls Theologe ward. Aber als seine Schwester Dora einen Bankier mit Namen Maurus Isidor Baldower ehelichte, ließ man den Plan fallen, und Eusebius Nöll studierte Jura.

Er bemühte sich nun acht Jahre lang, in die Geheimnisse der Jurisprudenz einzudringen, und nach wiederholten Versuchen ließen ihn ein gütiges Geschick, ein gerissener Nachhilfeassessor und ein wohlwollendes Prüfungskollegium das Referendarexamen bestehen.

Eusebius Nöll hatte sich während seiner Berliner und Münchner Studienepoche unter lockerem Künstlergesindel mit ausgefransten Hosen und Maximen, die für einen Absinth feil waren, eine gewisse Respektlosigkeit vor der gesetzten Bürgerlichkeit und der weisen Gesetzmäßigkeit und Ordnung aller Dinge angewöhnt. Er konnte es nicht unterlassen, bei jeder kommenden Gelegenheit Menschen, denen die gesellschaftlichen Bräuche und die bestehende Konvention eine wichtige Sache dünkte, zu verhohnepipeln und die auf eine unfreie Norm gezwungene Feierlichkeit mit vorgeschriebenen Gesten als läppisches Marionettenspiel zu veralbern. Sagte man von jemand: »Er verkehrt« oder »er macht Besuche«, so nannte er ihn einen dressierten Papagei oder einen Fatzke.

Mit dem Tag aber, an dem er Referendar wurde, änderte er sofort und entschieden seine bisherigen destruktiven Anschauungen. Die bislang geschmähte und verachtete gesetzte Bürgerlichkeit, die gesellschaftliche Konvention, die anerkannte Stellung in der Gesellschaft wurden ihm zum heiligen Gesetz. Er war geschwollen im Gefühl der großen Wichtigkeit und der großen Verantwortung, die auf ihm lag nach seiner Berufung zum Referendar.

Seine Münchener und Berliner Sauffreunde schickten ihm Bierkarten mit Schmähungen und Spott und stießen ihn als größte Schmach aus ihrer Runde aus, als sie von seiner Läuterung und Rückkehr in die gesetzte Bürgerlichkeit erfuhren.

Wie die Wassertropfen an den Federn der Ente abprallen, so prallten die Schmähungen dieser nichtswürdigen Gesellen an Eusebius Nöll ab. Auch wiederholte Briefe eines Wassermädels Zenzi in München und einer Telephonistin Dorchen in Berlin waren ohne Eindruck auf Eusebius. Das waren *tempi passati* für ihn. Gott sei Dank! Sein Ziel war jetzt die gute Partie und die gesellschaftliche Position.

So kam er eines Tages als wohlbestallter Referendar an das Amtsgericht der Provinzstadt Stumpfsinnshausen, wohlversehen mit Empfehlungen seiner theologischen Verwandtschaft an einige wichtige Honoratioren von Stumpfsinnshausen.

Er wußte genau, was er zu tun hatte. Vor allen Dingen durfte er nicht säumen, sofort bei den Spitzen der Stadt seine Antrittsvisite zu machen. Die wichtigste Spitze war natürlich der Bürgermeister Emanuel Leberthran. Dann waren da noch andere Spitzen, die auch für Eusebius sehr zu beachten waren, wie der Amtsgerichtsrat Kasuar Flöte, der Amtsrichter Streng, der Platzmajor von Schnitzel, der Sanitätsrat Bullemann, der Direktor Schienenstrang von der Lokalbahn, der Notar Finnig, der Rechtsanwalt August Korrupt, der Bankier Moritz Kientopp, und noch andere Männer in öffentlichen Ämtern, die als Konnexionen für ihn in Frage kamen.

Eusebius Nöll machte ordnungsgemäß seine Besuche. Wo er auch seine Antrittsvisite machte, immer war der Empfangssalon mit roten Plüschsesseln, mit einem Mahagonitisch, auf dem ein kunstgepunztes Photographiealbum lag, möbliert. Überall mußte er eine Viertelstunde warten. Überall empfing man ihn mit denselben Phrasen und neugierigen Fragen. Das fiel ihm auf.

Beim Apotheker, beim Tierarzt, beim Katasterkontrolleur und noch anderen Leuten, die keine Konnexionen für ihn bilden konnten, gab er nur die Karte ab.

Es kam die Saison des geselligen Verkehrs. Auf seine Besuche folgten prompt die Einladungen.

Die erste Einladung führte ihn in das Haus des Bürgermeisters Leberthran. Über das Trottoir war ein festlicher roter Makkoläufer gelegt für die mit Droschken ankommende Elite. Zwei künstliche Palmen, die versuchten, Bordighera vorzutäuschen, flankierten stimmungsvoll den Eingang. Ein alter Lakai mit einer haarigen, haselnußgroßen Warze auf seiner eingedrückten Tomatennase und dem sehnsüchtigen Blick nach dem Taler Trinkgeld in den treutriefenden Augen empfing die Gäste. Er nahm ihre Garderobe mit schmutzig-weißen Wollhänden entgegen. Er verstand es, die abgelegten Kleidungsstücke sinnvoll durcheinanderzuhängen, Hüte an wildfremde Haken zu stülpen und Gummischuhe zu entpaaren.

An den Wänden eines der hell erleuchteten Festräume verrieten weniger verschossene Stellen auf der Tapete, daß hier sonst, den Umrissen nach, Betten, Waschtisch und andere Möbelstücke zu stehen pflegten.

Eusebius Nöll betrat den festlichen Raum mit der Sicherheit eines routinierten Gesellschaftslöwen. Er begrüßte das Ehepaar Leberthran mit einer tiefen Verbeugung und dankte devot für die ehrende Einladung.

»Kennen uns, kennen uns«, sagte die Spitze der Stadt und schlug Eusebius Nöll jovial auf die Schultern. »Ihr Onkel, der Dompropst Meier, hat mir Erfreuliches über Sie gesagt, mein junger Freund!« Eusebius' Onkel hießen Nöll und waren beide Pastor. Leberthran hielt ihn für jemand anders.

In das Stimmengewirr hörte man ein fortgesetztes kurzes Klatschen. Das waren drei Einjährige von auswärts, die bei ihren Verbeugungen und wenn sie sich vorstellten, krampfhaft die Hacken aneinanderschlugen.

Der Platzmajor, zwei Bezirksleutnants und die drei Einjährigen stachen erfreulich ab von der Eintönigkeit der schwarzbefrackten Zivilisten.

Man ging umher von einem zum anderen und stellte sich einander vor, murmelte dabei, niemandem verständlich, seinen Namen. Man hätte geradeso einfach »wöwöwö« sagen können. Das hätte genügt.

Leute, die sich seit Jahren kannten wie Zwillinge, stellten sich gegenseitig immer wieder aufs neue vor, wo sie sich nur trafen. Das schien in der guten Gesellschaft von Stumpfsinnshausen Sitte zu sein. Das fiel Eusebius Nöll auf.

Das Menü begann in lieber alter Weise mit Bouillon in Tassen mit Markklößchen, dann folgte Rheinsalm mit *sauce hollandaise, Roastbeef à la jardinière,* Poularde mit Salat und Kompott, Vanilleeis, diverse Käse, Kaffee, Knallbonbons. An Wein gab es die beliebten Marken der Ressource. Dieses Menü bekam man, wo man auch eingeladen war, mit unerschütterlicher Sicherheit; es war das Normalmenü des einzig maßgebenden Traiteurs der Stadt, der auch den roten Läufer, die künstlichen Palmen und den Lakai mit der Tomatennase mitlieferte.

Feine Gesellschaft

Das Bouillongeschlürfe war kaum weniger interessant und hätte fast die quälend beginnende Unterhaltung dieser Gesellschaft ersetzen können, die den Rheinsalm und den Braten und den Poulardenvogel mit der Brühe langweiliger Phrasen und Gemeinplätze benetzte.

Es lag ein seltsamer Stumpfsinn über dieser Veranstaltung. Das war also die Elite von Stumpfsinnshausen, das waren die Spitzen der Gesellschaft, dachte sich Eusebius Nöll mit einer gewissen Unruhe.

Das seichte Gerede wurde plötzlich unterbrochen von dem als Witzbold bekannten Platzmajor von Schnitzel, der bei keiner Gesellschaft versäumte, in launiger Weise zu konstatieren, daß die anwesende Gesellschaft die Farben der deutschen Flagge repräsentiere. Schwarz die Fräcke! Weiß die Toilette der Damen! Rot die Aufschläge der Uniformen!

Eine schallende Lachsalve lohnte diese scherzhafte Feststellung des launigen Militärs.

Eusebius Nöll sagte vor sich hin, um den Bann zu brechen, der sich um ihn legte: »Grüne Weihnachten, rote Radler, weiße Pfingsten!« Damit hatte er in ein Wespennest gestoßen. Das war gegen die Regel.

Man äußerte sich allgemein, daß das Benehmen dieses jungen Mannes zu tadeln sei. Der Platzmajor war besonders aufgebracht. Wer war dieser vorlaute Mensch? Als man nun erfuhr, daß es der neue Referendar und der Neffe eines Dompropstes sei, entging er der Schmach, von dem Tisch gewiesen zu werden. Unerbittlich und streng waren die Regeln hier in dieser Stadt.

Das Gespräch graste nach diesem peinlichen Zwischenfall weiter auf den Wiesen aller Gemeinplätze, ohne von dem Vanilleeis belebt zu werden. Zum Glück war immer der Assessor Herzkirsch zur Stelle, der dem Gerede stets eine neue Wendung zu geben verstand. Für die Gründung eines Tennisklubs machte er Propaganda und erklärte sich für den geeignetsten Arrangeur eines solchen Klubs. Er stellte sich in das beste Licht. An seinem letzten Aufenthaltsort habe ein genial florierender Tennisklub ihm sein Entstehen zu verdanken. Die Idee fand allgemein Anklang. Nun wurde hin und her geredet über die sorgfältige Auswahl der Mitglieder. Es gingen Stimmen, daß man den Tierarzt nicht auffordern dürfe. Manche hatten Bedenken, den Apotheker Albert Rizinus aufzunehmen. Sein Schwiegervater, hieß es, sei früher Bierkutscher gewesen.

So hatte man ergiebigen Stoff zur anregenden Plauderei, und man verließ befriedigt das gastliche Haus.

Trotz des *faux pas* wurde Eusebius Nöll fast jeden Abend eingeladen. Überall traf er aber mit einer unheimlichen Konsequenz dasselbe Arrangement, den roten Läufer, die künstlichen Palmen, den alten Lakai, das ewigselbe Normalmenü des maßgebenden Traiteurs dieser komischen Stadt, das ihm täglich zuwiderer wurde, dieselben Menschen, die sich immer und immer wieder neu vorstellten, dieselbe seichte Unterhaltung, den Witz des Platzmajors und das endlose Geschwätz über die Gründung des Tennisklubs.

Eines Tages wurde der Assessor versetzt. Ohne dessen Anregung versiegte der Gesprächsstoff über den Tennisklub, und seichtes Gerede schlich um den Tisch.

Eusebius Nöll abonnierte, als Gegengewicht für den Stumpfsinn, der ihn in dieser Stadt umgab, den »Simplizissimus«. Auch sah man ihn bisweilen am Büfett des Lokalbahn-Bahnhofes mit dem Schankmädel, einer kleinen Berlinerin, Fiffi Pölsterchen, scherzen. Natürlich kam das bald heraus, und der Stumpfsinn der feinen Gesellschaft trieb Giftblasen. Frau Oberkontrolleur Heimtück hatte es verbreitet, weil er nur die Karte bei ihnen abgegeben hatte.

Aber da er der Neffe eines Dompropstes war, schimpfte

man nur heimlich über ihn. Um den Schein zu wahren und sich seine Karriere nicht zu verderben, folgte er getreulich, wenn zwar mit einem gewissen Widerwillen, noch immer allen Einladungen. Oft war es ihm aber auch so, als ob die Verblödung, eine gewisse Anpassung an das irre Getue dieser Stumpfsinnshausener Elite, auch von ihm Besitz nehme. Er ertappte sich unlängst dabei, daß er herzlich bei dem schwarz-weiß-roten Scherz des Platzmajors mitlachte.

Zu seinem Glück bekam er einen Darmkatarrh, er verdankte ihn dem wochenlang täglich gleichen Normalmenü dieses teuflischen Traiteurs. Ein Ekel überkam ihn, und es gärte ihm im Bauch, wenn man von Rheinsalm, Roastbeef und Poularde sprach.

Das war eine Läuterung. Er wurde sich klar, daß er möglichst bald dieses Nest verlassen müsse. Eigentlich waren die Maximen seiner Sturm- und Drangperiode mit der Verachtung alles gesellschaftlichen Schwindels doch die richtigen.

Eines Tages war Platzmajor von Schnitzel einem Herzschlag erlegen, mit ihm der letzte frische Impuls der Stumpfsinnshausener Gesellschaften, die nun in riesenhaftem Stumpfsinn dahinschlichen.

Es war Gesellschaft beim Amtsgerichtsrat Kasuar Flöte, der am Marktplatz wohnte. Natürlich war alles wie immer, vom roten Läufer bis zum Vanilleeis. Aber Eusebius Nöll wollte nicht absagen, da Flöte sein Vorgesetzter war.

Man war bis zur Poularde vorgedrungen, als ein verspäteter Gast, der Direktor Schienenstrang von der Lokalbahn, erregt hereinstürzte, die Fenster aufriß und der aus ihrem Stumpfsinn aufgeschreckten Gesellschaft draußen eine seltsame Erscheinung wies. Auf dem Dache des gegenüberliegenden Berliner Warenhauses war eine Lichtreklame unbemerkt von einem auswärtigen Ingenieur montiert worden. Kein Stumpfsinnshausner hatte je so etwas gesehen. Das war ein Ereignis für die Stadt. Die Gäste bei Flötes drängten sich an den Fenstern und stierten zitternd hinauf, wo am nächtlichen Himmel ein glühender Finger Worte schrieb.

Menschenmassen, selbst Krüppel und Lahme, Greisinnen und Greise, arm und reich, schoben sich auf dem Marktplatz zusammen. Kinder und Foxterrier wurden zertreten. Alle stierten nach dieser Zauberschrift am Himmel, die wie Teufelsspuk über das Dach kroch und ein unlösbares Rätsel war.

Eusebius Nöll blieb unberührt von dieser Aufregung. In der Großstadt machte man sich lächerlich, wenn man zu den Lichtreklamen hinaufschaute. Onkels vom Lande führte man wohl vor diese Reklame, als billige Unterhaltung.

Eine Unruhe packte auch die Gesellschaft bei Flötes. Immer wieder lief der eine oder andere an das Fenster und starrte wie gebannt hinüber, wo die Worte Zigarette, Seife und andere Worte in die Nacht schrien. Keiner fand eine Erklärung. Man grübelte und diskutierte. Alle empfanden eine gewisse Furcht über die unheimliche Sensation.

Plötzlich, um die Mitternachtsstunde, wischte ein unsichtbarer Schwamm die Buchstaben aus.

Mit Grausen und bebenden Beinen flüchteten die Stumpfsinnshausener Bürger in ihre Häuser.

Abend für Abend stand der Marktplatz gedrängt voll Menschen, die hinaufstarrten zu diesem Unerklärlichen. Die Folge zeigte sich bald: die Fälle von Starrkrampf wurden immer häufiger, und es war ein furchtbarer Starrkrampf, der die Köpfe in den Nacken drückte, so daß der Scheitel des Hinterkopfes mit dem Rückgrat einen rechten Winkel bildete. Es hieß, Sanitätsrat Bullemann habe ein Mittel, den Starrkrampf zu lösen. Seine Therapie war folgende: Er pinselte den Hals der Betroffenen mit Jod ein und spritzte mit der Pravazschen Spritze Schmieröl zwischen die Halswirbel. Der Krampf löste sich, und jeder zahlte gern seine dreißig Mark. Weniger Anklang fand die besonders konstruierte Art von Scheuklappen, die Tierarzt Nüster empfahl.

Aber neben dem Starrkrampf stellte sich noch eine weitere, viel schlimmere Folge ein. Eines Abends blieb das i in den Worten »Zigarette« und »Seife« aus. Das war nun wieder eine ganz neue Sensation, und ganz Stumpfsinnshausen beschäftigte sich mit der Erscheinung, die sie erschreckte und nicht losließ. Nach einer Woche versagten sogar die Vokale in der Feuerschrift gänzlich: Sf, Kgnk, Zgrrn, Zgrrtt, Fhrrdr, Krrph, Aplllthtr – so schrieb der glühende Finger an den nächtlichen Himmel. Und wie unter einem hypnotischen Zwang, einem kosmischen Muß, begannen die Stumpfsinnshausener diese fremden, seltsamen Worte zu buchstabieren. Auf einer Gesellschaft bei Leberthrans fing es dann an: jenes entzückende Scherzspiel, in der Weise der defekten Feuerschrift zu reden. Es brachte anfangs auch eine höchst willkommene und angenehme Abwechslung in die Unterhaltung, aber allmählich wurde aus dem Spiel Ernst, bitterer Ernst. Etwas Irres kam über die Leute. In knapp einem Monat sprach man nur noch diese Sprache ohne Vokale, die niemand verstand.

Seitdem meidet die Nachbarschaft Stumpfsinnshausen. Denn Stumpfsinnshausen ist eine Krankheit und steckt an.

Eusebius Nöll übrigens verließ, als der letzte Stumpfsinnshausener dieses unverständliche Suaheli sprach, mit der kleinen Berlinerin vom Bahnhof die Provinzstadt Stumpfsinnshausen und begab sich nach München.

Die Promenade

Paris hat seinen Bois, London seinen Hyde-Park, wo sich die elegante Welt zu bestimmten Stunden zu treffen pflegt. Banausingen hatte »die Kastanienallee«, auf der sich der Bürger, der etwas auf sich hielt und das *savoir vivre* erfaßt hatte, zwischen 12 und 1 Uhr mittags erging.

Auf und ab pendelte man zu dieser Stunde auf der Kastanienallee, auf und ab.

Sobald man die Promenade betrat, verschwand das Alltagsgesicht; man setzte eine feierliche Miene auf und schritt ernst und gemessen wie ein Ereignis daher. Der Größe des Augenblicks war man sich voll und ganz bewußt, voll und ganz.

Man kannte einander, oder zum wenigsten wußte man, wer der andere war. Man äugte krampfhaft umher, und sobald man einen Bekannten erblickte, grüßte man tief und auffallend. Vor Leuten, mit denen man per du war, denen man am Stammtisch respektlos zurief: »Altes Rindvieh, bist du auch da, wie geht's?«, schwenkte man, wenn man sie zur offiziellen Stunde auf der Allee traf, mit der gequälten Grandezza eines Hidalgo den Hut.

Mußte man viel grüßen, so wurde man beneidet und blähte sich in dem Bewußtsein, eine bekannte Persönlichkeit zu sein.

Hatte man einen neuen Anzug oder sonst ein neues Kleidungsstück an, hatte man zum Namenstag einen Pelzkragen, einen Stock mit silberner Krücke oder eine feine Meerschaumzigarrenspitze bekommen, versäumte man nicht, diese Kostbarkeiten, geschwollen vor Einbildung, seinen staunenden, neidischen Mitbürgern vorzuführen.

Frisch Verlobte schoben, ostentativ aneinandergehangen, mit enormem Selbstbewußtsein über die Allee.

Eine bedeutende, außerordentliche Rolle spielte auf der Promenade »der Leutnant« – der Leutnant vom Bezirkskommando, an welchem außer ihm noch ein überreifer Major als Kommandant und ein Feldwebel wirkten. Sonst lag kein Militär in der Stadt. Die Bürger sprachen mit maßlosem Stolz von »der Garnison«.

Die ungeteilte Bewunderung und das ehrfurchtsvolle Interesse der Bürger war auf die Person des Leutnants konzentriert, als dem Idealrepräsentanten des militärischen Gedankens.

Es war die Sehnsucht jedes Bürgers, einmal in seinem Leben mit dem Leutnant auf der Promenade auf und ab zu gehen, auf und ab.

Anatol Brustkorb hatte irgendwie den Leutnant kennengelernt.

Eines Sonntags sah man Anatol, violett im Gesicht vor heiliger Erregung, Seite an Seite mit dem Leutnant auf der Promenade. Seite an Seite, angeregt plaudernd. Anatol sprach forciert laut in der Perspektive auf die anderen Leute.

»Weibäh, Weibäh«, schnarrte er, der gute Anatol mit dem Gesicht voller Mitesser. »Weibäh, Weibäh, Färdäh, Färdäh!« vernahm der horchende, staunende Bürger aus Anatols Munde.

Als nun noch der Leutnant im Laufe des Gesprächs seinen Arm in den Anatols schob, wurde es zu viel für Anatol. Sein Kopf schwoll an zur Größe eines Sofapuffs. Ein Ohr sprang ab. Er barst.

Die Bürger fanden es begreiflich. Es war ein erhabener Tod.

Ein ehrfurchtsvolles Schauern und Raunen durchlief die Promenade, wenn »die Partie«, die Uhda Kammillenbritsch, die Tochter des Kommerzienrates, mit hocherhobener Nase und läppischem Geschwenk daherkam. Die Mitgifthyänen schnupperten und reckten die Hälse.

»Wie die das anstellen? Jeden Augenblick einen neuen Hut, jetzt wieder ein neues Jackettkleid. Ich kann das nicht«, meinte Frau Apotheker Meta Schnurze und schaute haßerfüllt Frau Krammelhust und Tochter nach. »Ich kann das nicht, weiß Gott!«

»Jetzt kommt der junge Doktor Löschkarton schon zum zweitenmal mit Tilly Scherzhaft auf die Promenade. Sind die denn verlobt? Arm in Arm gehen sie nicht. Ich weiß nicht, ich würde es nicht dulden, wenn es mein Kind wäre«, erregte sich Frau Bullerwurst.

»Der Leutnant hat Absichten auf Uhda Kammillenbritsch«, zitterten die heiratsfähigen Bürgersöhne, wenn der Leutnant beim Gruß die Hand länger wie sonst an der Mütze behielt und besonders ostentativ die Brust herausdrückte. »Weiß Gott, er hat Absichten.«

»Der junge Hinterkopf hat sich den Schnurrbart englisch schneiden lassen, der Fatzke, der will was Besonderes rausbeißen«, meinte der Rat Schnödelkrum.

»Jetzt trägt die kleine Selma Suppenzapf einen Nerzpelz. Einen Nerz! Der fehlte der noch«, kopfschüttelte Frau Bruthitz.

»Mitkriegen tut die auch keinen mehr, wenn sie sich noch so viele Straußenfedern auf den Hut macht«, meinte Frau Mina Quellzisch und guckte sich nach Frieda Robbenzahm um.

So konstatierten flüsternd die feinsinnigen Bürger und Bürgerinnen und nickten im gleichen Augenblick den also Apostrophierten grüßend zu. Es waren feine, wohlerzogene Leute, die die Tradition liebten und jede Überraschung als taktlos verschrien.

Die Promenade galt ihnen als eine heilige Institution,

Die Promenade

deren Erhabenheit unantastbar dastand. Ein ernstes, würdevolles Hin und Her feierlicher Marionetten.

Toni Schamlos war ein Rüpel, ein richtiger Rüpel, alle Leute waren dieser Ansicht.

Eines Tages war er dagewesen. Niemand wußte so recht, woher er gekommen war und wovon er lebte. Er mußte sein Auskommen haben, denn er lebte nicht schlecht. Irgend jemand hatte in Erfahrung gebracht, daß sein Vater Regierungsrat und sein Bruder Leutnant war. Er war also ein Mensch, mit dem man verkehren konnte. Man wunderte sich sehr, daß er nirgendwo Besuche machte. Nicht bei Kommerzienrats, nicht bei Amtsrichters, bei Assessors und Doktors. Nirgendwo. Er lebte ganz für sich und kümmerte sich um niemand. Das verdroß die Bürger. Er hatte stets ein maliziöses Lächeln um den Mund, wenn er durch die Straßen kam. Er schaute vor sich hin und lächelte.

Dann kam der Sonntag, an dem sich das Entsetzliche ereignete.

Rat Schnödelkrum war immer einer der ersten auf der Promenade. Er ging sehr stramm, drückte die Knie bedeutend durch und hustete tief von unten herauf. Exakt setzte er die Fußspitzen nach auswärts, trat immer mitten auf die Trottoirplatten und vermied es peinlich, auf den Strich zu treten, wo die Platten aneinanderstießen.

Assessor Bleffke, der auch immer recht zeitig auf der Allee war, versuchte den Rat zu überholen, um ihn zu grüßen. Seine Beine waren zu kurz; er kam ihm nicht bei. Dazu kam, daß ihm das Schuhbändel an einem Schuh losgegangen war und am Fuß herumbaumelte. Er tat, als ob er es nicht bemerkte, mußte aber aufpassen, daß er nicht auf das Bändel trat und hinschlug.

Was hatte Rat Schnödelkrum auf einmal? Er mochte

etwa die Mitte der Allee erreicht haben, als er plötzlich haltmachte und mit dem größten Interesse nach irgend etwas scharf schaute, nach irgend etwas am Fuß einer dicken Kastanie. Dann hustete er tief von unten herauf und schaute sich wie suchend um.

Seltsames Gebaren! Nun schüttelte er einigemal den Kopf und ging sinnend, langsam, mit schleppenden, nachdenklichen Schritten weiter, nur wenige Schritte, machte kehrt und ging zum Baum zurück.

Assessor Bleffke hatte mit ansehnlichem Erstaunen das Gebaren Schnödelkrums verfolgt und beeilte sich seinerseits, zu sehen, was das Interesse des Rats in solchem Maß in Anspruch nahm. »Nil admirari« war sonst der Wahlspruch Bleffkes, der den Leutnant nicht mochte. Es mußte etwas Außergewöhnliches sein, was ihn nun gleichfalls wie Schnödelkrum an dem Baum festhielt. Erst stutzte er, dann verlangsamten sich seine Schritte, schließlich blieb er stehen und schaute gespannt nach dem Baum hinüber. Erst versuchte er verzeihend zu grinsen, dann aber wurde er ernst, und sein Gesicht bekam einen seltsamen, nervösen, fast angstvollen Ausdruck. Er machte einen Schritt nach vorne, trat auf das Schuhbändel und fiel platt auf das Gesicht: wie tot blieb er liegen.

Es war ein schöner Tag. Die ganze Stadt war auf den Beinen. Mehr und mehr füllte sich die Promenade.

Was hatten nur die Leute? Ernst und würdig wie sonst schob der Strom der Bürger und Bürgerinnen über die Allee – bis zu jener Stelle, die Rat Schnödelkrum und Assessor Bleffke bereits festgehalten.

Kamen die Leute in die Nähe der geheimnisvollen Kastanie, verlangsamten sich ihre Schritte, ihre Gesichter nahmen einen verblüfften Ausdruck an, der dann bald einer seltsamen Starre wich, sowie man dicht am Baum angelangt war. Krampfhaft waren alle Augen auf etwas am

Fuße der Kastanie gerichtet. Den umgefallenen Assessor beachtete niemand.

Eine furchtbare Spannung sprach aus aller Augen.

Dichter und dichter wurde der Kreis um den Baum. Die neu ankamen, befragten flüsternd die zunächst Stehenden. Einige hastig zugeraunte Worte ließen sie in die gleiche unheimliche, rätselhafte Starre verfallen.

Wie ein Bann lag es auf den tüchtigen Leuten von Banausingen.

Was ging vor sich?

Schnödelkrum stand noch immer an der gleichen Stelle vor dem Baum. Hypnotisiert stierte er immer auf einen Punkt. Sein Gesicht war hektisch gerötet. Seine Brust hob und senkte sich in entsetzlicher Weise. Ein furchtbares Ringen in seinem Innern, und keuchend, ächzend stieß er hervor: »Weum, weum gehört düses Stöckerl? Weum, frage ich, weum?«

An dem dicken Kastanienbaum stand schlicht und bescheiden ein dünnes Spazierstöckchen, mutterseelenallein, als ob es jemand soeben dort hingestellt hätte, um es gleich wieder abzuholen.

»Weum gehört düses Stöckerl?« schrie, stöhnte Schnödelkrum qualvoll.

Der Besitzer des Stöckchens war nirgendwo zu sehen.

»Bubenspääähhße«, quetschte jemand grimmig hervor.

»Weum, weum?« Dringender, flehender klang des Rates Stimme. »Weum . . .« Und plötzlich, mit einem gräßlichen Aufschrei, mit einem gigantischen Schwung stellte sich Schnödelkrum auf den Kopf und tanzte ruckweise emporschnellend in dieser unwürdigen Lage einen entsetzlichen Tanz; dröhnend schlug der Kopf auf dem Pflaster auf. Höher, höher flog die Gestalt. Ovaler, ovaler wurde der Kopf. Die ganze Gestalt nahm eine ovale Form an, drückte sich zusammen, sackte sich. Noch ein grandioser Sprung, und

Schnödelkrum hing mit einem Knie hoch oben in der Kastanie.

Bescheiden, schlicht lehnte das Stöckchen noch immer am Baum.

Die Starre der Menge war einer furchtbaren Raserei gewichen.

Mit den Schirmen stachen sich die Bürger selbst in die Augen. Andere krochen am Trottoirrand herum und versuchten von den Basaltsteinen Stücke abzubeißen, wieder andere hackten sich mit rostigen Beilen die Finger ab, manche zogen die Schuhe aus und ließen sich Siegellack auf die nackten Füße tropfen.

Ein Delirium hatte die Leute befallen.

Bescheiden, schlicht lehnte das dünne Stöckchen noch immer am Baum, mutterseelenallein.

Niemand blieb verschont; keiner konnte es verwinden. Alle gingen an Nervenzerrüttung zugrunde. Nur dem Leutnant war es gelungen, sich nach Hause zu retten. Als ihm aber plötzlich die erleuchtende Idee kam, man hätte doch einfach die Feuerwehr alarmieren sollen, trank er vierzehn Flaschen Likör und fünf Flaschen englische Sauce und starb auch. Es war schade um ihn, er hätte es sicher zum Hauptmann gebracht.

Zwei Bürger, die an diesem Tage nicht auf der Promenade waren – der eine hatte die Influenza, der andere Blinddarmentzündung –, erlagen ihren Leiden.

Über die einsame, menschenleere, grasbewachsene Allee spazierte still vor sich hin lächelnd Toni Schamlos.

Die Diva und die Notbremse

Vor nichts in der Welt hat der Mensch einen so unbedingten heiligen Respekt wie vor der Notbremse. Sie erscheint ihm wie eine geheimnisvolle unbekannte Kraft, die, von tollkühner Menschenhand gelöst, mit schwerer Vergeltung den übermütigen Täter trifft. Eltern weisen Kindern mit erhobenem Finger bedeutsam den geheimnisvollen Hebel, warnen sie, ihn zu berühren oder auch nur anzuschauen.

Lepra oder Cholera oder die Pest erscheint den Menschen als leichter Schnupfen im Vergleich zu der Katastrophe der Auslösung der unheimlichen Gewalt der Notbremse.

Die schreckliche Furcht basiert im Urgrunde auf einer atavistischen Veranlagung oder einer Infektion mit dem Respektbazillus, der uns schon von Jugend auf im Blute gärt, sich mit den Jahren fortgesetzt vermehrt und diese hektische Subordination und zitternde Scheu vor der amtlichen Verordnung hervorbringt. Protokoll! Amtliche Sistierung! Diese Worte sind Keulenschläge. Diese Worte lassen die Menschen mit Schauder überlaufen.

Diese Veranlagung hatte die Opernsängerin Julie Briendöpke in ausgesprochenem Maße.

Die Beschäftigung am Theater gebiert ja sowieso in kurzer Zeit äußerste Nervosität. Auf dieser Basis wachsen schon unbedeutende Mißhelligkeiten des Alltags zu gesteigerten Tragödien. Ein stehengebliebener Schirm, eine auf das Seidene verschüttete Soße, ein heruntergefallener Zopf, eine im Rücken geplatzte Bluse oder andere solcher nichtigen Miszellen genügen, nervöse Evolutionen hervorzurufen.

Die Opernsängerin Briendöpke war an dem Theater einer mittleren Provinzstadt engagiert. Der Operndirektor der benachbarten Residenzstadt hatte ein Auge auf sie geworfen und schlug ihr eines Tages ein Engagementsgastspiel an seiner Bühne vor. Sie sollte die Brünhilde singen. Ein Ereignis für sie, das natürlich eine außergewöhnliche nervöse Spannung bei ihr auslöste. Es konnte ihr passieren, daß sie an einem Fuß einen gelben Halbschuh und am anderen einen schwarzen Lackstiefel anhatte, wenn sie ausging.

Tag und Nacht übte sie ihre Rolle bei offenem Fenster. Fünfmal bekam sie ein Strafmandat à 5 Mark wegen ruhestörenden Lärms auf die Anzeige der Nachbarn bei der Polizei hin.

So kam der Tag vor dem Gastspiel. Sie war unruhiger und konfuser als je. Sie goß sich Tinte statt Rum in den Tee, bestrich den Toast aus Versehen nicht mit Butter, sondern aus der Gesichtscremebüchse. Dabei sang sie Passagen aus der Brünhilde, daß die Hunde in der Nachbarschaft heulten.

Sie mußte um sieben Uhr spätestens in der Oper in der Residenzstadt sein. Es bedurfte einer halbstündigen Straßenbahnfahrt, um aus dem Villenvorort zum Bahnhof zu kommen. Die Diva war nach einer schlaflosen Nacht schon um fünf Uhr in der Frühe auf den Beinen und lief hastig in ihrer Wohnung auf und ab. Sie versuchte die Stimme. Erst nach dem Verschlucken von zehn rohen Eiern und fünf Schachteln Caruso-Pillen gelang ihr Meisterstück, auf dem dreigestrichenen f zu trillern und das viergestrichene e zu singen. Sie beschämte mit dieser Höhe die italienische Sängerin Lucrezia Agujari und den Eiffelturm. Die Nachbarn waren der Ansicht, der Foxterrier sei mit dem Schwanz zwischen die Tür gekommen.

Halb vier schlug es am Nachmittag, als Julie Briendöpke

die Diva

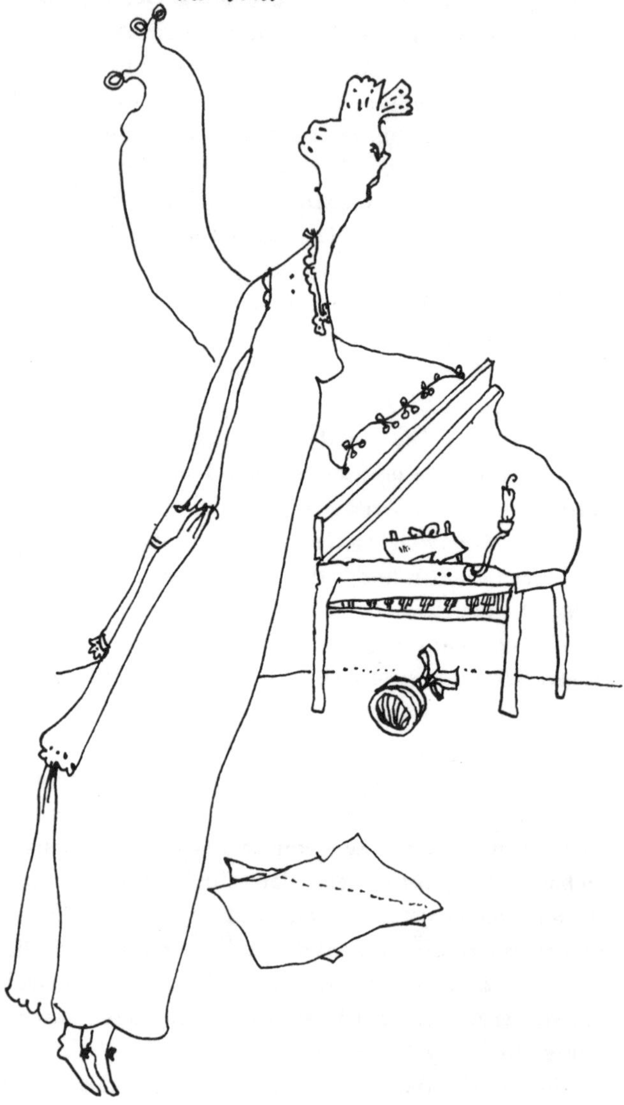

köstlich frisiert und poliert, prangend im neuen Staat zur Haltestelle lief. Plötzlich zuckte ihr eine furchtbare Erkenntnis durch das Hirn. Sie hatte ihre Partie und die Tasche mit der Börse vergessen. Ohne Besinnung machte sie kehrt.

In Telemarksprüngen stürzte sie nach Hause. Mit schiefer Frisur kehrte sie zur Haltestelle zurück. Himmeldonnerkiel! Der Wagen war abgefahren. Seine Rückseite grinste die Ärmste aus der Ferne höhnisch an. Wetterleuchten eines Weinkrampfes zeigte sich auf ihren Zügen. Dabei begann es zu regnen. Sie war ohne Schirm. Den Pleureusen auf dem Hut war der Regen wenig nützlich, sie wuchsen nicht davon wie Blumen. Wirklich, ein böses Geschick wirkte gegen die Diva. Sie kauerte sich an ein Straßenbäumchen. Mit der nächsten Bahn würde sie um halb acht in die Residenzstadt kommen. Wenn sie sich sputete, würde noch alles werden. Aber ihr Optimismus stand auf schwachen Beinen.

Der nächste Wagen kam. Jäh, das linke Schienbein anstoßend, stieg Julie Briendöpke ein. Sie atmete ein wenig auf. Aber eine nervöse Angst vor neuem Mißgeschick quälte sie. Sie zupfte sich mit zitternden Händen die derangierte Frisur zurecht.

Zehn Minuten mochte man gefahren sein.

Päng kling! Ein Ziegelstein flog plötzlich klirrend in ein Fenster, daß die Scherben nur so flogen. Er riß einem Gendarmen den Helm vom Kopf und prallte am Busen einer äußerst korpulenten Milchfrau ab, ohne ihr Schaden zu tun. Ein zweiter Ziegelstein traf in einen Korb mit Eiern, den ein altes Bäuerlein auf dem Schoße hielt. Es war wie die Explosion einer Granate. Nach allen Seiten spritzten die geplatzten Eier. Niemand im Wagen wurde verschont.

Julie Briendöpke hatte einen Dotter im Auge und einen

Nervenschock. Ein alter Herr war glänzend mit Eiweiß überzogen, dessen Stoff er sowieso schon selbst in hohem Prozentsatz produzierte. Der Gendarm sah aus wie Rührei mit Schinken, was ihn aber nicht hinderte, sofort heldenmütig seine Pistole und sein Seitengewehr zu ziehen.

Wüste Trunkenbolde, die keine Autos und Bankguthaben hatten, warfen haßerfüllt diese Ziegelsteine. Der Waffenübermacht des Gendarmen gelang es, die Rebellion niederzuschlagen. Vor allem wurden die Augenzeugen notiert.

Julie Briendöpke war dem Wahnsinn nahe. Aber, Gott sei Dank, der Wagen fuhr wenigstens mit beschleunigtem Eiltempo weiter. Vielleicht, vielleicht gelang es noch! Sie flehte inbrünstig zu allen guten Geistern.

Ein Ruck! Plötzlich, in voller Fahrt, stoppte der Wagen! Die Insassen schlugen mit den Köpfen zusammen, mit holzigem Klang, wie wenn man Kegelkugeln aneinanderschlägt. Ein neues Unheil!

Über den Schienen lag ein totes Pferd!

Entsetzt richteten sich aller Blicke auf dieses schauerliche Hindernis. Einsam lag diese Tierleiche an dem Eingang der grauen Vorstadtstraße. Nur wenige Gassenbuben standen staunend dabei. Ein kleiner Pausback schlug das tote Pferd mit einer Kinderpeitsche. Der Schaffner stieg aus und schloß, nachdem er mit prüfender, sachverständiger Miene den Kadaver lange beschaut hatte, das Pferd sei tot.

Julie Briendöpke starrte stier, völlig fassungslos auf dieses tote Pferd. Mit dem gellenden Schrei: »Ein Königreich für ein Pferd!« sprang sie auf, stürzte aus dem Unglücksvehikel und raste in sinnloser Hast in irgendeine Richtung, wo sie den Bahnhof vermutete.

Das tote Pferd stand ihr grauenhaft quälend fortgesetzt vor Augen. Verfolgte sie nicht diese furchtbare Vision? Es war grausige Wahrheit. Hufschläge folgten ihr, näher und näher hörte sie hinter sich das Klappern dieser toten Hufe auf dem Pflaster, das Schnaufen aus den welken Nüstern.

Die letzte Hoffnung: Sie sah den Bahnhof vor sich. In wahnwitzigen Sätzen überquerte sie den Vorplatz. Sie spürte schon den giftigen Atem des toten Pferdes im Nakken. Sie stürzte ohne Billett durch die Sperre in den bereitstehenden und schon abgerufenen Zug, das Keuchen und Klappern des Pferdes hinter sich. Ein zwingendes Muß ließ sie beim Einspringen in ein Frauenabteil nach dem gräßlichen Verfolger umschauen. O Schrecken! – aus dem Pferde war ein unheimlicher, tiefschwarz gekleideter Mann von unbestimmbarem Alter geworden, mit einer schwarzen Brille, durch die seine Augen sie wie glühendes Mineral mit grünen Blicken stachen. Er sprang mit mächtigem Satz in das nebenliegende Nichtraucherabteil.

Ermattet, aber befreit, warf sie sich in die Polster. Hier konnte ihr nichts mehr geschehen. Ein Molikül von Hoffen ward in ihr. Aber plötzlich fiel ihr Blick auf die unverriegelte Tür des Waschraumes zwischen ihrem Abteil und dem Nichtraucherabteil. Ein Sprung, ein Schrei und den Riegel vorgeschoben!

Gleichzeitig ein Klopfen, ein Tasten am Griff von innen. Das Klopfen wurde stärker. Schwere Schritte und Stöße drohten die Tür zu sprengen. Eine Spalte entstand, die Tür würde weichen und sie dem gräßlichen Wüterich mit der Brille in die Hände fallen. Starren Blicks, wie gelähmt, hing sie an der Tür des Waschraums, der ihr Verderben barg. Was tun? Hinausspringen aus dem fahrenden Zug? Hals- und Beinbruch würde die Folge sein.

Ihr irr suchender Blick fiel plötzlich auf einen Hebel an der Wand. Notbremse! gellte es in ihr. Ihre Augen weiteten sich. Notbremse! Immer schwerere Tritte gegen die Tür, die im nächsten Augenblick zersplittern mußte. Blitzschnell flog ihr die Gewißheit durch die Seele, daß es etwas

Schlimmes, Entsetzliches sei, von ewigem Fluch belastet, die Notbremse zu ziehen. Sie fürchtete dieses unverständliche Gesetz von Jugend an. Ein Schreckbild dünkte ihr dieser geheimnisvolle Hebel. Lieber aber die furchtbare Folge der tollkühnen Berührung der Notbremse, als diesem grauenhaften Vampir in die Fänge fallen und einen qualvollen Tod finden.

Von einer überirdischen, enormen Energie gepackt, warf sie den Hebel herum. Ein jäher Ruck, und der Zug hielt. Ein Weinkrampf befiel sie.

Ihr Geschrei wies sofort dem herbeistürzenden Zugführer und den zwei Schaffnern, wo der Bremser war. Sie rissen das Frauenabteil auf. »Ich habe die Notbremse gezogen! Der schwarze Mann, das tote Pferd! Helfen Sie mir!« schrie ihnen die Diva entgegen. Das Gepolter im Waschraum erweckte die schreckliche Vorstellung eines einstürzenden Wolkenkratzers. Der Zugführer zog mit der vorgehaltenen Pistole den Riegel von der Tür, auf alles gefaßt.

Julie Briendöpke vergrub ihren Kopf in den Polstern. Wie Peitschenhiebe drang plötzlich gellendes Gekeife auf sie ein. Eine weibliche Stimme war's. Die Diva schaute erschreckt auf. Eine elegante Dame, grün vor Wut, sprang auf sie los, packte ihr ins Haar mit krallenden Fingern, daß die Nadeln und Kämme flogen. »Beschweren werde ich mich!« schrie sie wie eine Dampfpfeife und zerkratzte der Diva das Gesicht. In dieser erwachte ein entsetzlicher Haß. Um dieses Weibes willen zog sie die Notbremse? Mit der Wut eines Kannibalen warf sie sich auf ihre Feindin, riß ihr die Ärmel aus der Bluse und schlug ihr die Frisur herunter. »Und wegen so was zog ich die Notbremse, ich Blöde, mit tollkühnem Griff, der Furchtbares zur Folge hat!«

Die Eisenbahnbeamten versuchten die Streitenden zu trennen. In der Tür des Waschraumes erschien der schwarze Mann mit der Brille, der von dem Zugführer respektvoll gegrüßt wurde, es war ein Apotheker aus der Residenzstadt, ein harmloser Mensch. Mit sanfter Stimme erkundigte er sich, was passiert sei.

Die Exaltation der beiden hysterischen Frauen ging über in ein reumütiges Heulen. Sie fielen den Schaffnern an die Brust und weinten ihnen die Uniformen naß. »Ich habe die Notbremse gezogen!« schrie schluchzend, von Tränen erstickt, die unglückliche Diva.

»Ja, das haben Sie getan, ich muß Sie an der nächsten Station vorführen«, kündigte in strengem, dienstlichem Beamtenton der Zugführer an. Er verließ mit den Schaffnern das Abteil, und der Zug setzte sich wieder in Bewegung.

Vorgeführt sollte sie werden? Himmel, das durfte nicht geschehen. Lieber die Flucht oder den Tod, wurde sich die Diva klar.

Plötzlich hielt der Zug wieder mit einem Ruck. Irre stierte Julie Briendöpke auf den Griff der Notbremse. Hatte sie wieder in ihrem Wahn unbewußt die Notbremse gezogen? Der Zug hielt auf freiem Felde vor einer Weiche. Raus! Fort! Und schon schwang sie sich aus dem Coupé. »Ich Unglückliche habe die Notbremse gezogen! Was kümmert mich Brünhilde, was kümmert mich mein Gastspiel! Fort, nur fort! Ich habe die Notbremse gezogen!« schrie sie fortgesetzt. Zur fixen Idee war ihr das schreckliche Tun geworden. Fremde Leute, die ihr begegneten, wandten sich erschreckt zur Seite, schüttelten den Kopf und machten sich schleunigst aus dem Staube.

»Notbremse gezogen, Notbremse, was heißt das?« murmelten andere verstört vor sich hin und schauten der flüchtigen Diva nach. Die Diva sprang sinnlos in eine elektrische Bahn, die ihren Weg kreuzte. Neben ihr saß ein altes Mütterchen mit einem Kapotthut und gütigen, wohlwollenden blauen Augen; die würde Verständnis für ihr Unglück haben. Laut schluchzend wandte sie sich an die Nachbarin: »Denken Sie, meine Gute, ich habe die Notbremse gezogen; ich bin verloren.«

Erschreckt schaute die alte Frau auf, verließ so behende, wie es ihre Gicht erlaubte, den Platz neben der Diva und setzte sich in die äußerste Ecke des Wagens. Die Diva folgte ihr in ihrer zwingenden Hysterie, sich von dem drükkenden Alp zu befreien, dorthin: »Haben Sie Erbarmen, ich habe die Notbremse gezogen.«

Die alte Frau rief hilfeflehend nach dem Schaffner, zu halten und sie aussteigen zu lassen. »Ich habe nie die Notbremse gezogen«, jammerte beteuernd das alte Mütterchen. Sie zeigte mit der bedeutungsvollen Geste nach der Stirn, auf die Diva weisend.

Julie Briendöpke verfiel völlig der furchtbaren fixen Idee der eingeschalteten Notbremse. Unentwegt, in grausamer Beharrlichkeit, murmelte sie: »Ich habe die Notbremse gezogen.« In lichten Momenten versuchte sie unbewußt, das dreigestrichene f zu trillern und das viergestrichene c zu singen. Aber gewöhnlich sah man sie in dem Garten des großen, grauen, vielfenstrigen Hauses, in dem sie untergebracht worden war, gebeugt dahinschreiten, fortgesetzt schuldbewußt vor sich hinsagend: »Ich habe die Notbremse gezogen!«

Von Männern, die an Schaltern sitzen

Vor nichts in der Welt habe ich einen so gewaltigen Respekt wie vor jenen Männern, die hinter Schaltern thronen.

Es ist merkwürdig damit!

Solche Männer mögen uns in der elektrischen Bahn gegenübersitzen oder am selben Tisch ihr Bier trinken oder im Dampfbad neben uns schwitzen – ihre harmlosen Gesichter werden uns nicht beunruhigen oder auch nur den geringsten Eindruck auf uns machen. Wir werden ihnen vielleicht mit den Ellenbogen in die Seite rennen oder ihnen auf die Füße treten oder ihnen mit der brennenden Zigarre in das Gesicht laufen und uns nur matt entschuldigen. Unsere Ehrfurcht ist gering.

Aber es wird anders, wenn diese Menschen hinter ihrem Schalter sitzen.

Sie erscheinen uns jetzt wie die Priester eines starren Prinzips, einer kosmischen Institution, die hinter der Schalterwand wie in heiligen Tempelnischen sitzen, abgesondert von der Welt. Nach ihrem ewig weisen Dünken lüpfen sie ab und zu ein wenig den Vorhang, der sie den fürwitzigen Augen der Menge entzieht, um der Herde Begehr, die sich an dem geweihten Orte drängt, zu erkunden.

Es gibt trotzige Menschen, die selbst vor Assessoren und Leutnants keine unbedingte Hochachtung haben, sich der Autorität der Schaltermänner aber demütig beugen.

Es ist eine Tatsache, daß das einfältige, unbedeutendste Gesicht unter der Suggestion der *splendid isolation*, hinter einem Schalter aufgebaut, einen Zug von starrer Größe und Ehrfurcht heischender Überlegenheit erhält.

Aus Herrn Patriz Mönkmöller wird Napoleon, aus

Herrn Tobias Sodbrand Cäsar, die nichtssagenden Züge Clemens Bartliebs straffen sich zu der Monumentalität Friedrichs des Großen.

Man hat vor dem Schalter das unbedingte Gefühl: Gnade, Gnade, Gnade ist es, wenn dieser Mann deiner Bitte willfährt. Ich habe alles mögliche getan – trotz größter Anstrengungen und vernünftiger Reflexion bringe ich es nicht fertig, meine außerordentliche, direkt krampfhafte Beklommenheit vor jedem Schaltermenschen zu überwinden.

Ich muß ehrlich sagen, ich mache lieber noch einmal mein Einjähriges oder lasse mich impfen oder spiele mit einem eingewachsenen Nagel am großen Zeh Fußball, als gezwungen zu sein, mich zur Erledigung einer Angelegenheit an einen Schalter begeben zu müssen.

Wer die schreckliche Tragödie meines Lebens kennt – und ich muß sie verkünden –, wird meine Schalterbeamtenidiosynkrasie verstehen und auch verzeihen.

Ich hatte die Bekanntschaft einer sehr schönen Dame gemacht – in der Hundeausstellung vor einem preisgekrönten Wurf Deutscher Doggen. Die Dame war sehr fein angezogen und trug einen Topfhut von einem halben Meter Höhe mit langen, wallenden Straußenfedern. Sie konnte mit dem Hut in viele Räume nicht hinein oder höchstens in der Kniebeuge. Sie sagte, sie sei eine Gräfin.

Ich war stolz auf meine Bekanntschaft. Ich meine wohl, daß man das sein konnte. Außerdem war ich verlobt mit der höchst uninteressanten, schon bejahrten, dafür aber um so unerfreulicheren Tochter eines recht wohlhabenden Mannes, eines Herrn Pröbster, der eine vorzüglich gehende Gießkannenfabrik betrieb.

Ich war mit der Gräfin übereingekommen, postlagernd zu korrespondieren. Sie hatte betont, daß sie mir ihre Adresse nicht geben könne, und etwas von einem alten

Von Männern, die an Schaltern sitzen ..

Grafen gemurmelt. Ich wagte auch nicht, verdächtige Briefe zu Hause zu empfangen. Ich wohnte bei meiner Tante Selma Huckepack, die die Sache mit der Gießkannenfabrikantentochter eingeleitet hatte und sich heftig darum sorgte, daß ich mir diese gute Partie nicht verderbe.

Beim Abschied in der Hundeausstellung stellte die Gräfin mit Entsetzen und Tränen fest, daß ihr ihre Börse (sie sagte mit spitzen Lippen: »Böööhrse«) abhanden gekommen sei. Ich wagte, ihr zwanzig Mark anzubieten, welche die charmante Frau errötend und sich ein wenig sträubend annahm.

Ich sollte ihr unter: O. D. M. Sch. 48 (das hieß »O du mein Schnuckelchen« – 48 war der Gräfin Schuhnummer) schreiben, während ich ihre Briefe unter N. K. N. K. 72645 (»Na Kleener, na Kleener« war das Lieblingslied der feingeistigen Schönen und 72645 die Nummer ihres Badeabonnements) abholen sollte.

Ich hatte bereits zwei Briefe unter den angegebenen Buchstaben losgelassen und nahm an, daß nun mittlerweile auch eine Antwort der Gräfin meiner harre.

Ich war im Grunde doch ein ekelhaft biederer Mensch, und die Schalen abgestandener, philisterhafter Moralbegriffe hafteten mir noch an. Eine starke Anwandlung eines Moralischen befiel mich plötzlich auf dem Wege zur Post, gepaart mit einer unheimlichen Unruhe, mein loses Tun könne herauskommen. Nur einer meiner Bekannten brauchte mich auf der Post zu beobachten! Postlagernd zu korrespondieren hatte immer einen verdächtigen Beigeschmack! Es war das erstemal in meinem Leben, daß ich es wagte.

Je mehr ich über alle Möglichkeiten nachdachte, die mir aus meinem Leichtsinn erwachsen konnten, um so nervöser und verhetzter wurde ich.

Zitternd und bebend wie ein Verbrecherdilettant

drückte ich mich in die Post. Jetzt nur schnell, schnell, damit ich wieder fortkam. Ich drängte mich kopflos in eine dichte Ansammlung von Menschen, die ein Schalterfenster umlagerten. Viele dieser Leute hatten lange, schmale Bücher in der Hand, in denen Packen rosafarbener Karten steckten. Sie warteten ergeben, und ihre Mienen waren ohne Hast.

Anders wurde es, als ich mich in blindem Drängen in die Menge schob. Das verdroß die Leute, und ein unwilliges Murren erhob sich. Ein Mann mit einem Athletenvereinszeichen am Rock trat mich auf die Füße, schlug mir mit der Faust meinen steifen Hut unendlich tief in den Kopf, obgleich der Hut wirklich ganz gut saß, und versprach, mich auch noch in den Bauch zu treten. Da ich das nicht so gerne mochte, ließ ich mich von feindselig harten Ellenbogen zurückschubsen. Da stand ich nun verdöst von dem erhaltenen Schlag und stierte auf den Rücken eines vor mir stehenden Mannes, dem der Rockaufhänger heraushing und die Krawatte munter zu Kopf stieg.

Warum stand ich nun eigentlich hier und vor mir ein Mann mit dem Aufhänger am Hals und der klimmenden Krawatte? Was hatte das zu bedeuten?

Langsam schob sich die Menge vor, unendlich langsam. Ab und zu löste sich jemand von der Schar, der sein Geschäft erledigt hatte. Schauerlich langsam. So stand ich still und ergeben drei Wochen. Von Zeit zu Zeit wurde das Schalterfenster aufgeschoben und wieder zugeknallt. Man hörte das Geräusch von Geldzählen, ergebenes Murmeln, dann eine sehr laute, herrische Stimme, die unerfreulich und scharf sagte: »Können Sie nicht lesen?« oder: »Glauben Sie, wir hätten unsere Zeit gestohlen?« Dann schlich sich immer jemand klein, bescheiden und beschämt von hinnen, sichtbar gealtert.

Ich stand völlig im Bann einer unglaublichen Schüchternheit. Ich wagte gar nicht zu protestieren, wenn sich neu Ankommende einfach vor mich stellten. Ich war geduldig und wartete – mein Bart und Haupthaar wuchsen. Und es vergingen weitere drei Wochen.

Jetzt erst fing ich an, Obacht zu geben, und ließ niemand mehr vor mich. Ich kam dem Schalter langsam näher.

Ich hatte mit der Resignation eines Philosophen um mich gestiert und zu meiner Freude plötzlich bemerkt, daß neben dem so bedrängten Schalter sich eine Reihe anderer Schalter anschloß, an denen niemand stand.

Schnell hatte ich meinen Platz verlassen und war zum ersten besten dieser Schalter geeilt. Er war mittels einer gerippten Glasscheibe geschlossen. Man sah, wie sich jemand dahinter bewegte, den Arm in Kopfhöhe hob und senkte. Ich stellte mich dicht an das Fenster und bewegte mich hin und her. Dann begann ich nach einiger Zeit laut zu husten und mich zu räuspern. Nach zwei Wochen nahm ich mir endlich ein Herz und klopfte an das Fenster, erst leise, dann heftiger und ging schließlich mutvoll in ein kräftiges *Cake-walk*-Tempo über. Räng, päng! Das Fenster flog nach oben, und ein wutverzerrtes, schlecht rasiertes Antlitz, mit dem lähmenden Blick der Medusa und Brotkrumen am Kinn, ließ mich zusammenklappen, und eine metallene Stimme drang schauerlich auf mich ein: »Können Sie nicht lesen?« Räng, päng! Das Fenster wurde wieder zugefeuert.

Es dauerte lange, bis ich wieder zu mir gekommen war. Wäre ich nur an dem ersten Schalter geblieben, ich wäre längst drangekommen! Ich versuchte mein Heil an den anderen, ebenfalls freien Schaltern, vermochte aber nur durch Husten meine Anwesenheit auszudrücken. Aber ohne Erfolg, kein Fenster tat sich auf. Verzweifelt war ich von Fenster zu Fenster geeilt, etwa acht Tage lang, als endlich ein Mann mit einer Beamtenmütze und einem Uniformrock, der offenstand und eine Zivilweste aus Cheviot und eine Deckkrawatte sehen ließ, von irgendwoher zu mir kam, mich streng anguckte, einen Rotstift hinter dem Ohr wegnahm und mich anschrie: »Können Sie nicht lesen?« Noch ein strenger Blick traf mich, und der Mann verschwand wieder.

Nachdem ich mich halbwegs gesammelt hatte, bin ich dann reumütig zu dem ersten Schalter geschlichen und habe geduldig gewartet, bis etwa vierzig Menschen vor mir erledigt waren. Darüber vergingen zwei Wochen.

Je mehr ich mich dem Schalterfenster näherte, um so nervöser und aufgeregter wurde ich. Ich wiederholte krampfhaft für mich fortgesetzt die Chiffre.

Eine alte Frau, die vor mir stand und eine Marke kaufen wollte, hatte ihren Groschen fallen lassen und suchte ihn verzweifelt zwischen den Füßen der Leute. Die Stimme aus dem Schalter schrie befehlend: »Der nächste!« Das war ich. Ich stotterte los: »En Ka, En Ka, En Ka 72645.« Scharfe, fragende Augen trafen mich. »En Ka, En Ka, Ka, Ka«, ich stotterte, vergaß die Zahl – hinter mir sagte jemand mitleidig: »Ein armer Taubstummer« –, und ich stieß in meiner Not hervor: »Postlagernder Brief!«

»Können Sie nicht lesen?« ertönte das metallene Organ des Mannes am Schalter. Des Mannes Augen quollen aus dem Kopf, die Adern schwollen an zu Würsten, in der Ecke fiel ein Schirm um, irgendwo spielte jemand falsch Klavier, und der Schaltermann brüllte wieder los: »Können Sie nicht lesen? Der nächste!« Ich wurde fortgeschoben und stand da wie ein gebrochener Mann.

Da kam eine gute Seele, ein Greis, seines Zeichens Hühneraugenoperateur und Warzenentferner, der mich damals, in meiner Jugend, gesehen hatte, wie ich an dem Schalter wartete. Der hat mich auf den Schoß genommen; er hat mich getröstet und mich belehrt, postlagernde Briefe

Von Männern, die an Schaltern sitzen

hole man am Postamt vier. Das könnte ich auf einem klitzekleinen Plakat dort hinter der Tür lesen.

Ich aber sah in diesem Ungemach auf der Post eine Strafe des Himmels ob meines lasterhaften, nichtswürdigen Benehmens und schwor bei allen Heiligen, mich um die Gräfin und diese unsaubere Korrespondenz nicht mehr zu kümmern.

Auf der Straße wurde ich von der Polizei aufgegriffen, die mich im Auftrage meiner Tante und des Gießkannenfabrikanten fortgesetzt gesucht hatte, und nach Hause geschafft.

Ich bin ein guter Mensch, zu gutmütig. Ich würde ein friedliches Leben leben, wenn ich mich nur nicht zu solch unmöglichen Kommissionen hätte bestimmen lassen.

Der Gießkannenfabrikant bat mich eines Tages, 125 Mark bei der Versicherungsgesellschaft »Volldampf« für ihn einzukassieren und dann noch Theaterbilletts für seine Familie zu besorgen. Für die Versicherungsgesellschaft bekam ich einen Ausweis.

Ich ging. Ich rannte zu meinem Unglück noch meinem Freund Engerling Daumentrost in den Hals. Seine Frau hatte soeben ein Kind gekriegt; er bat mich dringend, die Anmeldung bei dem Geburtsamt zu übernehmen. Dabei drückte er mir die entsprechenden Dokumente in die Hand und raste, Dankesworte ausstoßend, weg.

Ich war eben ein gutes Luder! Na, dann auch noch zum Meldeamt.

An der Kasse der Versicherungsgesellschaft mußte ich lange warten. Es war ein großer Schalter mit Gitterwänden in dem Kassenraum. Ich konnte sehen, wie viele Männer an hohen Pulten saßen, sich in der Nase bohrten oder sich die Nägel schnitten oder Apfelsinen schälten oder einfach dösten. Sie guckten mich alle streng und vorwurfsvoll an.

Als es mir zu lange dauerte, habe ich mit dem Papier,

das mir Herr Pröbster mitgegeben hatte, auf dem Schalterbrett geraschelt und mich geräuspert. Dann kam schließlich ein Herr in einer Lüsterjoppe und fragte mich, wie ich heiße, und verschwand dann. Er ging zu dem, der sich in der Nase bohrte, und zeigte ihm das Blatt. Der ließ das Bohren und kam langsam zum Schalter. Er wollte auch wissen, wie ich heiße, und verschwand dann. Irgend jemand rief: »Herr Feger.« Der Mann, der Apfelsinen aß, kroch von seinem Pult unwillig und verdrossen zum Schalter. »Sie müssen Ihren Namen angeben, Vor- und Nachnamen, Geburtsjahr, Geburtsort«, brummte er mich an. Er hatte etwas von der Apfelsine zwischen den Zähnen, er saugte zischend, es loszubekommen. Dann bohrte er sich mit einem gespitzten Bleistift im Mund. Er ging darüber wieder an seinen Drehstuhl, bohrte und bohrte und besah sich ab und zu die Bleistiftspitze, ob seine Bohrung erfolgreich gewesen sei. Dabei machte er mit der Zunge klatschende Geräusche. Plötzlich schlug eine Uhr. Der Mann, der das Papier genommen hatte, kam zurück und sagte, jetzt sei Kassenschluß; Herr Kohlrabi sei an der Unterschrift, ich möchte wiederkommen, sie hätten sich meinen Namen notiert.

Ich bin kopfschüttelnd und verwirrt weggegangen und zum Meldeamt geeilt.

Ich hätte das wirklich lieber bleiben lassen sollen, denn wenn man nichts weiß über ein Kind – ob Junge oder Mädchen –, wenn man nicht die allergeringsten Angaben machen kann, da einem der Vater versehentlich anstatt die richtigen Papiere Metzger- und Gasrechnungen und ein altes Mietbuch in die Hand gedrückt hat, so ist man für diese Mission ziemlich ungeeignet. Erst wurde ich von Schalter zu Schalter gehetzt, von «Für Sterbefälle« zu »Für Wasserleitung«, von »Für Straßenreinigung« zu »Für Armenpflege«, bis ich endlich an den Schalter »Für Geburten« kam und mich entsprechend blamierte, Schmähreden und Anschnauzer einheimste und bald, wie mit einem Brett vor den Schädel geschlagen, draußen stand.

Und dennoch hatte ich nach allen diesen Enttäuschungen noch die Courage, zur Theaterkasse zu gehen.

Die Theaterkasse war schwer bedrängt von Menschen. Mein Schalterkoller befiel mich wieder prompt und verwirrte mein Denken. Der Verkehr an dem Schalter war so geregelt, daß sich die Leute vor der Kasse durch einen komplizierten Gang von eisernen Spiralen winden mußten. Auf diese Weise konnte sich niemand vordrängen. Von dem Zickzack-Gehen war ich völlig blöde im Kopfe geworden; und als ich endlich am Schalter stand, faselte ich dem Mann etwas vor von dem Kind meines Freundes Engerling, und der Brief läge unter En Ka, En Ka, und Herr Pröbster bekomme 124 Mark. Der Mann wurde ungehalten, machte mit der Hand eine auffordernde Bewegung, ich möchte mich fortscheren, rollte auch mit den Augen und runzelte die Stirn. Als er mich noch anschnauzte, wie ich heiße und ob ich verrückt sei, kam eine maßlose Wut über mich. Ich packte den Mann beim Kopf, zog ihn durch das Fensterchen und riß den Schieber herunter. Pfitsch, ein Blutstrahl, der Kopf rollte zu Boden. Mit gräßlichem Blick schauten mich die Augen noch einmal an, und eine furchtbare Angst, ein qualvolles Entsetzen packte mich. Flucht, Flucht, war mein einziger Gedanke. Ich stürzte los, aber die Geländer der Verkehrsspiralen hemmten meinen Weg. Im Zickzack raste ich auf und ab, die Geländer entlang und wieder zurück, und ich fand mich nicht heraus. Und ich rase noch immer auf und ab und werde wohl von der Feuerwehr abgeschossen werden müssen.

Jetzt hieß es ein Auto beschaffen

Das neue Auto

»Was der kann, das kann ich auch«, sagte der schwerreiche Brauereibesitzer Emil Kiste selbstbewußt, als er hörte, daß sich sein Nachbar, der Konsul Edgar von Wirsing, ein prächtiges Luxusauto mit einer Leistung von 100 PS angeschafft hatte.

Er, Emil Kiste, sollte sich von diesem Wirsing übertrumpfen lassen? Der Konsul war ihm ein Dorn im Auge. Aber bisher war es ihm immer gelungen, dem eingebildeten, hochmütigen Menschen zu zeigen, wer er war.

Der Konsul legte in seinem Garten eine Hühnerzucht an; Emil Kiste folgte sofort mit einer Paradiesvogelfarm. Bei Wirsings wurden eines Tages die Lanzenspitzen des Vorgartengitters vergoldet; Herr Kiste ließ sofort das ganze Vorgartengitter vergolden. Kistes bestrebten sich, ihre Nachbarn mit dem vornehmen Namen in allem unbedingt zu überbieten. Als Frau Konsul ein Baby bekam, folgte ihr Frau Kiste schleunigst mit Drillingen.

Jetzt hieß es ein Auto beschaffen, welches das neue Luxusauto von Wirsing weit in den Schatten stellen und alle Autos, die je gebaut wurden, als alte Karren erscheinen lassen sollte.

Er wandte sich an die renommiertesten Automobilfabriken des In- und Auslandes. Er war enttäuscht, denn alle Wagen, die ihm von diesen Firmen angeboten wurden, übertrafen in keiner Weise das Auto des Konsuls von Wirsing. Es wurmte ihn schwer, daß er in diesem Falle seinen Nachbar nicht übertrumpfen konnte.

Indes, der Zufall wollte, daß eines Tages ein Herr, der mit englischem Akzent deutsch sprach, sich bei Emil Kiste als Mister John C. Blotting-Paper aus Amerika vorstellte: »Oauh, Mister Kiste, Sie wollen kaufen eine Auto, wie niemand bisher hat. *Well, you see.* Ich bin *the inventor* –das uill heißen – Erfinder auf eine ganz neue Autotyp, das Gigantic Mammoth Auto. *Well, you see* – ich bin der *representative* – das uill heißen – Vertreter der Gigantic Mammoth Auto Co. Ltd. Meine Autos haben eine Leistung von 2000 PS mit 50 Zylinder.«

Das ist mein Mann, schoß es Emil Kiste durch den Kopf.

2000 PS gegen die 100 PS des Wirsingschen Autos! Er wuchs empor im Bewußtsein, daß er auch dieses Mal wieder diesen ekelhaften Konsul auf das entschiedenste übertrumpfen würde. Unklar war ihm aber, was es mit diesen vielen Zylindern für eine Bewandtnis hatte.

»Well, wir machen eine *velocity* – uill heißen – eine Höchstgeschwindigkeit von 2000 Kilometern in der Stunde, wo die anderen Autos, die alten Autos, sich mit nur 120 Kilometern in der Stunde hinschleppen. Oauh, wir bringen *something quite new* – uill heißen – eine neue Sensation. Mammoth-Auto kann Farbe wechseln wie Chamäleon und sich einstellen auf die Nuancen der Toiletten der Ladys in dic Wagen. Dieses Wunderauto hat 40 Räder mit Pneumatiks, so dick, daß drei Männer sie nicht umfassen kann, wie eine berühmte Baum in Kalifornien. *Well, you see*, Mister Kiste. Sie uerden eine einzige Auto haben in die ganze *world.* Mammoth-Auto braucht kein Benzin. Aus eine Wunderextrakt, mit der Trade Marke *Semper idem*, eine absolute secret – uill sagen – Geheimnis der Gigantic Mammoth Auto Co. Ltd., eine Extrakt, der sich immerfort aus sich selbst erneuert, *never* – uill sagen – niemals alle wird und eine ungeheure Kraft entwickelt und die Motoren zu dieser höchsten Leistungsfähigkeit der Mammoth-Automobile bringt. *Well, you see*, Mister Kiste, Sie uerden

Das neue Auto

eine Weltrekord machen mit unsere Autotyp. Zwar eine äußerst komplizierte Maschinerie. Sehr kompliziert, bei jedes Stück Auto werden bei der Konstrukschen regelmäßig zwanzig Ingenieure und hundert Monteure irrsinnig. *You see, the prize* von diese Gigantic Mammoth Auto beträgt 300 000 Dollar ohne Skontoabzug, Scheck auf New York. Sagen Sie *allright*!«

Kiste sagte *all right.*

Was lag ihm an einem Milliönchen und mehr für diesen endgültigen Triumph über den unsäglichen Protz von Wirsing.

Mister John Blotting-Paper gab telegraphische Weisung nach Hamburg, wo in einer leeren Luftschiffhalle das von Amerika mitgebrachte Mammoth-Auto eingestellt war.

In siebenundzwanzig Minuten brauste schon das Gigantic Mammoth Auto, Häuser erzittern machend, heran und hielt vor Kistes Palast.

Mister John C. Blotting-Paper hatte nicht zuviel behauptet. Diese Maschine war in der Tat eine absolute Offenbarung des letzten Aufschwungs der Technik ins Gigantische, wo die Grenze des Irrsinns beginnt. Mister John C. Blotting-Paper sagte: »Mister Kiste, *you unterstand* – uill heißen – Sie verstehen? Ich werde Ihnen das Auto und seine Handhabe erklären, zu Ihrer Richtschnur, damit Sie können lernen den Zweck der Maschinerie.«

Diese Erklärung währte acht Stunden. Emil Kiste wußte danach gerade so viel wie vorher.

Von dem achtstündigen Geschwätz stark heiser, spuckte Mister John C. Blotting-Paper ein verkautes Stück Sen-Sen-Gummi aus und sagte: »Oauh, Mister Kiste, haben Sie *understand* – uill heißen – verstanden meine Explikation?« Kiste wollte sich nicht blamieren und sagte: »Jähs!«

Dann überreichte ihm Mr. Blotting-Paper zwei Broschüren, eine mit der Aufschrift »Was muß der Mammoth-

Auto-Fahrer wissen?« und eine zweite: »Wie bricht der Mammoth-Auto-Fahrer sich nicht den Hals?«

Der amerikanische Chauffeur, der das Auto von Hamburg gebracht hatte, war in den Preis einbegriffen.

Nie hatte Emil Kiste vor etwas so viel Respekt gehabt wie vor diesem neuen Mammoth-Auto. Wenn ihm auch alte Grundsätze aus seiner Brauburschenzeit wie »Die Axt im Haus ersetzt den Zimmermann!« – »Selbst ist der Mann!« aufstießen, so war er doch im stillen froh über den amerikanischen Chauffeur. Zwar äußerte er so obenhin, daß er wohl auch allein mit dem Auto fertig würde. Mister John C. Blotting-Paper bekam seinen 300 000-Dollar-Scheck auf New York, sagte *»Good bye*, Mister Kiste!« und reiste mit dem nächsten Ozeandampfer ab.

Emil Kiste war dem Chauffeur und dem unheimlichen Automobil hilflos überlassen.

Eine liebe Genugtuung war es ihm nur, als er hörte, daß der Konsul von Wirsing im Bett lag und höchstwahrscheinlich aus Wut über seine Niederlage krank geworden sei.

Die erste Ausfahrt. Das ganze Hausgesinde war um das Auto versammelt. Neugierige hingen lebensgefährlich aus den Fenstern. Frau Kiste bestieg als erste in roter Robe das Auto, und allsogleich nahm das bisher gelbe Auto die Farbe ihrer Robe an, aber nur die rechte Hälfte des Autos reagierte auf Rot, während die linke Hälfte, wo Herr Kiste in einem gelben Paletot Platz nahm, ihre gelbe Farbe behielt.

Diese erste Fahrt ging ohne erheblichen Zwischenfall vor sich. Man fuhr im Leichenzugtempo, im Schnelligkeitsminimum der Mammoth-Autos, hundert Kilometer in der Stunde, wie der Geschwindigkeitsmesser anzeigte. Waren protokollsüchtige Polizisten auf dem Wege, zog der Chauffeur die Staubpuste, wodurch das ganze Auto sofort in eine dichte Staubwolke eingehüllt wurde. Ein Erkennen des Wagens oder der Nummer war unmöglich.

Außer einem unvorsichtigen Dackel, der an einer Kurve in das Auto lief, brachte das Auto auf dieser ersten Fahrt weiter nichts zur Strecke.

Kiste saß bei den ferneren täglichen Ausfahrten immer neben dem Chauffeur, um das Geheimnis des Autofahrens zu ergründen. Auf einer Rekordfahrt mit der Maximalgeschwindigkeit, 2000 Kilometer, blieb das Auto plötzlich stehen. Die Signalsirene schrie gellend auf, das Auto drehte sich um sich selbst, sauste los wie ein Pfeil und hielt dann plötzlich mit einem scharfen Ruck. Emil Kiste und der Chauffeur flogen in hohem Bogen aus dem Auto. Dabei schrie die Sirene ein heiseres, furchtbares Lachen.

Der Chauffeur, kreideweiß, riß seinen Handwerkskoffer unter dem Sitz hervor und kroch unter das Auto. Emil Kiste stand zitternd, mit offenem Mund dabei und stierte auf die unter dem Auto hervorgestreckten Füße des Chauffeurs. Eine halbe Stunde beschäftigte sich der Chauffeur unter dem Auto. Schweigend, mit einem krampfhaft verzerrten Zug im Gesicht, nahm er seinen Platz wieder ein. Emil Kiste bibberten die Beine. Die Heimfahrt mit 1000-Kilometer-Geschwindigkeit verlief glatt.

Der Schrecken über diesen seltsamen Vorfall steckte Emil Kiste noch lange in den Knochen. Als bei den weiteren Fahrten nichts Derartiges mehr passierte, beruhigte er sich. Der Chauffeur aber machte noch immer ein bedenkliches Gesicht. Jeden Tag kroch er mehrere Male unter das Auto und hantierte mit seinen Werkzeugen im Bauch des Autos.

Drei Monate besaß Kiste nun das Mammoth-Auto, und er hatte noch immer nicht die Courage, selbst zu fahren. Er schämte sich vor sich selber und vor seiner Familie wegen seiner Unentschlossenheit. Eines Morgens erschien beim Frühstück ein Eisbär mit einer riesigen Brille. Die Kinder flüchteten sich schreiend. Es war Vater Kiste im Autopelz.

Endlich entschloß er sich, eine Fahrt allein zu wagen. Die ganze Nacht studierte er in den beiden Broschüren. Er fühlte sich wohlgewappnet. Der Chauffeur schüttelte sehr bedenklich den Kopf und schloß sich in seinem Zimmer ein.

Kiste ließ vor der Abfahrt das Sirenensignal nach allen Kräften johlen, um den Konsul an das Fenster zu locken, um diesen Angstwurm, der nie ohne Chauffeur fuhr, zu beschämen.

Voller Zuversicht bestieg er den Führersitz. Er drückte einen Hebel vor, der ihm der richtige dünkte. Es war natürlich die Staubpuste, die er in Tätigkeit setzte und alle, die seine Abfahrt umstanden, mit Staub bedeckte.

Dann gelang es ihm, den richtigen Hebel zu finden.

Ein tolles Geknatter, ein Knall, eine Rauchwolke, und im selben Moment sahen die Hinterbliebenen das Mammoth-Auto in der Ferne als kleines Pünktchen verschwinden. Emil Kiste hatte den Hebel auf die Maximalgeschwindigkeit geschaltet.

Wanderer retteten sich auf Telegraphenstangen, die Leute in den Dörfern auf die Dächer. Plötzlich mäßigte sich die Geschwindigkeit des Autos ohne Zutun von Kiste, es rumpelte ein wenig, dann drehte es sich plötzlich um sich selbst, lief ein Stück ganz schnell zurück und fuhr in gemäßigter Geschwindigkeit weiter. Kiste graute es. Man kam in eine kleine Stadt. In einer stillen Straße sprang das Auto plötzlich auf das Trottoir und zerquetschte einen von ungefähr daherkommenden Kassenboten – den einzigen Menschen auf der Straße – an der Häuserwand wie eine Fliege, drehte sich dann mit einem grellen Sirenenschrei um, rannte einige 100 Kilometer weiter und blieb schließlich wie festgenagelt stehen.

Entsetzen packte Kiste. Sein Kopf wurde eiförmig. Ein Pneumatik hatte sich vom Rade losgelöst und kroch wie eine Schlange über den Weg. Er begann zu beten. Wer half ihm? Was war das mit dem Wagen? Alle seine Energie nahm er zusammen. Was blieb ihm übrig, als selbst die Hand anzulegen? Selbst ist der Mann! Was konnte die Ursache sein? Er rekapitulierte alle die Störungen, wie sie die Broschüren aufführten. Die Düse verstopft, die Zündkerze verrußt, die Kolbenringe gelockert, die Lager ausgelaufen, die Kühler heiß – was wußte er? Er kroch mit dem Handwerkszeug unter das Auto. Dieses sinnlose Röhrenwirrwarr im Bauche des Autos, diese ganze Maschinerie war ihm ein schauriges Rätsel. Er lag unbequem auf dem Rücken. Fortgesetzt tropfte ihm ein dickes, stinkiges Öl ins Gesicht. Dort an einem gebogenen Rohr bewegte sich etwas, eine runde, weiche, gallertartige, grüne Masse in der Größe eines Zehnpfennigstückes, mit einem Stachel in der Mitte, der fortgesetzt einen gelben Saft spritzte. Mit Schrecken sah Emil Kiste, daß das ganze Rohr löcherige Stellen zeigte, die wohl durch den Saft dieses Tieres verursacht wurden. Und jetzt bemerkte er mit stierem Entsetzen, daß der ganze Mechanismus von diesem furchtbaren Ungeziefer verseucht war, überall klebten diese Zerstörer. Das war die Ursache des irren Benehmens des Autos. Davon stand nichts in der Broschüre. Er nahm seine letzte Kraft zusammen und versuchte mit dem Hammer diese Viecher zu zerdrücken. Wie am härtesten Granit glitt der Hammer ab. Unaufhörlich tropfte auf den geplagten Kiste das Öl, es war wie unter einer Brause. Eines von den scheußlichen Tieren geriet ihm in den Halskragen und begann am Rückgrat seine bohrende Tätigkeit. Kiste war dem Wahnsinn nahe. Sein Selbstbewußtsein war zum Teufel. Er verfluchte die Axt im Hause ... Warum ließ er den Chauffeur daheim? Der ahnte das Unheil. Gedankenlos stierte er auf die Pneus, die überall eitrige Stellen wie Geschwüre aufwiesen. Völlig mit Öl getränkt, befahl er sich Gott, kletterte mit der ehernen Resignation eines, dem alles egal ist, auf sein Unglücks-Auto und schaltete tollkühn mit einem Ruck die Maximalgeschwindigkeit ein. Das Auto sprang vier Meter hoch, bäumte sich auf wie ein wildes Pferd, wandte sich dann plötzlich und raste, rückwärts fahrend – wie ein Orkan – mit 2000 Kilometern Schnelligkeit los. Über Berg und Tal ging die irre Fahrt, Gegenden verwüstend und entvölkernd, Dörfer und Städte einreißend. Emil Kiste verhungerte schon bald und wurde an einer Kurve hinausgeschleudert in das All. Er hätte sowieso nicht mehr lange gelebt, die Autobazillen hatten auch ihn ergriffen.

Vier Jahre raste das Auto allein durch die Welt, ohne zu halten, in unerschütterlicher Beständigkeit. Eines Tages vollendeten die furchtbaren Bazillen ihr zerstörendes Werk – von einem Tag zum anderen verringerte sich die Schnelligkeit des Autos, mühsam schleppte es sich auf den zerfressenen Pneus hin, humpelnd wie ein Schwerkranker, und dann fiel es endlich in sich zusammen. Millionen von diesen furchtbaren Auto-Bazillen, die ihm den Tod gebracht hatten, bedeckten die Straße.

Alle diese Stelle passierenden Autos infizierten sich und gingen demselben Verfall entgegen. Diese Epidemie verbreitete sich über die ganze Welt. Zehn Jahre nach ihrem Ausbruch gab es kein Auto mehr.

Die vorzügliche Kaffeemaschine

Jeden Mittag giftete sich der Vater über den Kaffee, den ihm die Mutter nach dem Essen brachte.

Dieses labbrige Gesöff sei kein Kaffee, es sei wohl braun und auch heiß, aber trotzdem kein Kaffee. Er danke auf die Dauer dafür.

Die Mutter verteidigte sich und sagte, sie habe drei Lot hineingegeben und gründlich ziehen lassen. Außerdem sei zu starker Kaffee nicht gesund.

Das war jeden Mittag dieselbe Geschichte.

Tante Rösele Blätterteig, die immer im Wohnzimmer auf einem erhöhten Sitz am Fenster saß und beharrlich graue Socken zweimal rechts und zweimal links strickte, mischte sich regelmäßig in diesen Disput. Warum wolle man nicht auf sie hören und einmal ihr Rezept versuchen: den gemahlenen Kaffee in einen alten Wollstrumpf tun und durch diesen dann das kochende Wasser gießen? Das gebe einen vorzüglichen Kaffee.

Den könne sie von ihm aus eimerweise trinken, schnauzte der Vater die Tante an, er danke dafür. Er habe die Sache aber jetzt endgültig satt. Wenn es noch nicht einmal möglich sei, zu Hause eine anständige Tasse Kaffee zu trinken, pfeife er auf die ganze Haushaltung.

Die Mutter weinte und sagte, sie könne ihm keinen anderen Kaffee vorsetzen. Sie habe getan, was sie tun könne, den besten Kaffee genommen, der in der Stadt zu haben sei, zwei Mark achtzig das Pfund. Dreiviertel Lot habe sie auf eine Tasse genommen.

Er liebe sie nicht mehr, er solle es ihr doch gleich ins Gesicht sagen.

Diese leidige Kaffeegeschichte drohte das Eheglück der Eltern ernstlich zu gefährden.

Der Vater war sehr cholerischer Natur. Eines Tages hatte er im Zorn die gefüllte Tasse, dazu noch die feine Tasse mit der Aufschrift »Dem Hausherrn«, gegen die Wand geworfen und geschworen, von nun ab seinen Kaffee im Kaffeehaus zu trinken.

Die Mutter wollte ins Wasser gehen.

Übermorgen war der Geburtstag des Vaters. Das war der rechte Tag zur Ausführung dieses Entschlusses. Dann würde man sie tot aus dem Wasser ziehen und die Leiche dem Vater ins Haus bringen, und er würde jetzt einsehen, was er verloren und wie unrecht er ihr stets getan habe. Zu spät, zu spät, würde er aufstöhnen und sich über sie werfen. Die Tränen liefen ihr über die Backen, als sie sich das alles so vorstellte.

Es sollte anders kommen.

Die Mutter hatte einmal ein Bild gesehen: »Die Lebensmüde«, eine Frau, ganz in Schwarz gekleidet, mit einem Spitzentuch um den Kopf, die im Begriff stand, von einer Brücke in den Fluß zu springen.

Ganz in Schwarz, ja, so wollte sie auch sterben, mit einem Spitzentuch um den Kopf. So hatte sie auch im Theater die Rebekka West gesehen. Das gab dem Tod etwas Tragisches.

Nun fiel ihr aber auf einmal ein, daß sie kein Spitzentuch hatte. Das war doch zu dumm. Es war eigentlich eine Schande, daß sie kein Spitzentuch besaß. Alle ihre Freundinnen hatten eins. Nichts hatte sie als den altmodischen Wollschal, wenn sie zum Theater oder Konzert ging. Sie ärgerte sich so darüber, daß sie ganz und gar von ihrer Selbstmordidee abkam.

Dann sprangen ihre Gedanken über zu dem Wollschal; und es fiel ihr ein, daß dieser auch mal wieder gewaschen

Die vorzügliche Kaffeemarschine.

werden müsse. Ende der Woche würde ohnehin gewaschen, dann könne das gleich mit geschehen. Nur müsse man der Waschfrau recht auf die Finger sehen, daß sie ihn nicht zu heiß wüsche und er einliefe oder verfilze. Gott ja, man hatte so seine liebe Last mit fremden Leuten! Auch die Schlafzimmergardinen hätten es nötig, gewaschen zu werden, fiel ihr noch ein.

So reihte sich eine häusliche Sorge an die andere und entfernte sie immer mehr von ihrem düsteren Vorsatz.

Dann gedachte sie der sechzig Pfund Preiselbeeren, die sie seit einigen Tagen schon im Hause hatte und die unbedingt jetzt eingekocht werden mußten.

Gott ja, Fruchtzucker und praktische Einmachgläser waren noch zu besorgen. Da wollte sie sich aber mal sofort auf die Beine machen.

Schleunigst kleidete sie sich zum Ausgehen an und stürzte, an nichts anderes als an ihre Preiselbeeren denkend, in die Stadt.

Die Einmachgläser hatte sie gekauft. Sie war gerade im Begriff, den Laden zu verlassen, als ihr Blick auf ein großes Plakat fiel, das an einem Gegenstand aus Nickel angebracht war. »Die beste Kaffeemaschine der Welt! In fünf Minuten ein vorzügliches Täßchen Kaffee!« las sie; und wie ein schwarzes Gespenst tauchte ihre häusliche Tragödie in ihrer ganzen Furchtbarkeit urplötzlich vor ihr auf. Aber gleichzeitig durchzuckte sie auch ein Strahl freudiger Hoffnung angesichts des vielversprechenden Plakats vor ihr.

»Wir garantieren für diese Kaffeemaschine«, sagte ihr der Ladeninhaber, »es ist das Beste, was zur Zeit auf dem Markt ist. In fünf Minuten haben Sie ein vorzügliches Täßchen Kaffee, gnädige Frau, ohne irgendwelche Mühe. Schauen Sie her, hier dieser Behälter wird mit Spiritus gefüllt, hier hinein kommt der gemahlene Kaffee. Dieser Zylinder ist mit Wasser zu füllen, dann wird hier angezündet, und in wenigen Minuten durchzieht der würzige Duft des Kaffees Ihre Stube. Frau Geheimrat Schnaube hat vergangene Woche zwei dieser Maschinen gekauft, sie ist ganz entzückt davon. Achtundzwanzig Mark ist kein Preis für diese Maschine. Rein Nickel, wird nie gelb.«

Der Mutter erschien diese Kaffeemaschine als Rettungsanker in ihrer häuslichen Misere. Sie würde sie ihrem Gatten zum Geburtstag schenken und ihn mit einer vor seinen Augen hergestellten vorzüglichen Tasse Kaffee versöhnen.

Sie kaufte also diese Wunderkaffeemaschine für achtundzwanzig Mark.

»Beobachten Sie genau die Gebrauchsanweisung«, schärfte man ihr im Laden nochmals ein, »vor allen Dingen geben Sie immer Obacht, daß dieser Hahn hier zu, jenes Ventil stets offen ist. Auch der Ablauf hier muß immer offengehalten werden.«

Es war doch ein Glück, daß sie diese Maschine gefunden hatte. Ihre Absicht, ins Wasser zu gehen, fiel ihr wieder ein. Es wäre doch eigentlich schade um sie gewesen, außerdem – wer hätte dann die Preiselbeeren eingemacht und sich um die Wäsche gekümmert? Schon aus diesen Gründen durfte sie sich als gute Hausfrau in dieser Woche nicht töten. Nun würde ja noch alles gut werden.

Der Geburtstag des Vaters. Die Mutter hatte mit besonderer Sorgfalt den Geburtstagstisch aufgebaut. In der Mitte stand die Kaffeemaschine mit dem Plakat, das sie sich im Laden ausgebeten hatte; auf der einen Seite ein Rodonkuchen, auf der anderen ein Mandelkranz, wie ihn der Vater so gern mochte. Dann zwei Geranientöpfe, eine lange Gesundheitspfeife, ein Paar Plüschpantoffeln, die die Tante mit einem Fuchskopf, dessen Augen aus roten Perlen gemacht waren, bestickt hatte. Weiterhin zwei Pulswärmer, auch eine Arbeit der Tante. Rudi hatte einen Starkasten bebrandmalt, der als Staubtuchbehälter im Hause Verwendung finden sollte. Adele hatte etwas kunstgepunzt: eine echt rindslederne Hausmütze, die zwar nicht sehr bequem war, indessen sehr kleidsam sein sollte. Freilich war sie nicht ganz fertig damit geworden, das hatte sie dem Vater morgens bei der Gratulation weinend gestanden. Der jüngste Bub Erich hatte einen Lampenschirm geklebt: Venedig mit seinen Palästen, deren Fenster ausgeschnitten und mit rotem Seidenpapier beklebt waren.

Der Vater konnte angesichts dieser herrlichen Sachen, Zeichen der Liebe der Seinen – obgleich er wohl den einen oder anderen Gegenstand lieber nicht gehabt hätte –, nicht gut anders, als sich freudig überrascht und gerührt stellen.

Sonniger Friede. Mildes Plätschern trauter Familienharmonie.

Jedes Kind bekam einen Kuß, der nach Zigarre schmeckte. Die Mutter bekam auch der Kinder wegen einen Kuß. Das machte sie mutig.

»Jetzt soll Männe aber auch immer sein gutes Täßchen Kaffee bekommen und nicht mehr unzufrieden sein«, hatte sie gesagt und ihren Arm um den Nacken ihres Mannes geschlungen, und so war sie mit ihm durch das Zimmer gegangen. Dem Vater war das ziemlich lästig, er sagte aber nichts um des lieben Friedens willen.

Das Mittagessen war vorbei.

Jetzt kam der große Moment, wo die neue, vorzügliche Kaffeemaschine in Funktion treten sollte.

Die ganze Familie stand um den Tisch herum, nur der Vater saß im Lehnstuhl, dicht vor der Kaffeemaschine.

Er mußte sich die neue Pfeife anzünden, obgleich er viel lieber eine Zigarre geraucht hätte. Man zog ihm die Pulswärmer und die neuen Pantoffeln an. Adele setzte ihm die neue Hausmütze auf, die ihn wie ein Helm kniff. Er ertrug alles wie ein Lamm. Er wollte keinen Mißklang in das Familienidyll hineinbringen. Er mußte stark an sich halten, denn er war nun einmal sehr cholerischer Natur.

Die Mutter hantierte aufgeregt an der Kaffeemaschine herum. Wie war es doch nur? Hier den Spiritus einfüllen, dort kam der Kaffee hinein und dort das Wasser. Oder war es anders? Wo hatte sie nur die Gebrauchsanweisung?

Die Tante schüttelte den Kopf und nörgelte, weil die Mutter sie nicht mitgenommen hatte, als sie die Maschine kaufte. »Wird schon was Rechtes sein. Dieses neumodische Werk. Ich habe kein Vertrauen zu so was. Hast dir wieder mal etwas anhängen lassen. Es geht nichts über den Wollstrumpf«, brummte sie vor sich hin.

Die Mutter guckte sie wütend an und sagte unwirsch, sie solle doch erst einmal abwarten.

Der Vater sog an der Gesundheitspfeife und sagte nichts.

Ja und dann mit den Ventilen und Hähnen, wie war das nur damit? Was hatte der Mann im Laden gesagt? Die arme Mutter wurde immer verwirrter, sie stieß die Spiritusflasche um, die sich zur Hälfte auf den Tisch und über die Hose des Vaters ergoß.

Der Vater sog an der Gesundheitspfeife und sagte nichts. Er bekam nur dicke Adern auf der Stirn. Dann nahm die Mutter sich ein Herz. So mußte es sein. Sie goß den Rest des Spiritus in den oberen, das Wasser in den unteren Behälter und gab den gemahlenen Kaffee hinein. Hier mußte angezündet werden, das hatte sie behalten. Das Streichholz machte »Zisch« und erlosch. Sie verbrauchte eine ganze Schachtel Streichhölzer; es gelang ihr nicht, die Maschine anzuzünden.

Plötzlich stand der ganze Tisch in Flammen. Sie hatte ein glimmendes Streichholz auf den Spiritusfleck auf der Tischdecke fallen lassen.

Der Vater sprang erschreckt auf und stieß sich dabei die

Pfeife in den Hals. Er war blau vor Wut, sagte aber noch immer nichts.

»Diese modernen Sachen, ich hab es ja immer gesagt«, murmelte die Tante.

Der Mutter gelang es endlich, die Flammen zu ersticken.

Mit zitternden Händen machte sie sich wieder an der Maschine zu schaffen.

Oder mußte unten angezündet werden?

Der Vater hatte sich wieder im Lehnstuhl aufgebaut. Seine Geduld war beängstigend.

Ja, hier an diesem Hahn mußte gedreht und dann der Spiritus angezündet werden.

Wwubb, wwubb schlug eine blaue Flamme aus der Maschine heraus.

Alles flüchtete vom Tisch weg.

Die Mutter stürzte in die Küche nach einem Eimer Wasser und setzte entschlossen die ganze Maschine unter Wasser.

Die gemütliche Stimmung war so ziemlich zum Teufel.

»Ich habe den Spiritus, glaube ich, in den falschen Behälter getan«, preßte die Mutter bebend hervor; »ich habe das verwechselt. So, jetzt weiß ich es wieder. Das werden wir gleich haben, in fünf Minuten dampft der Kaffee auf dem Tisch.«

Sie versuchte krampfhaft, ihre Sicherheit zu bewahren. Sie nahm die Maschine und ging damit in die Küche.

Der Vater sagte noch immer nichts. Die Augen waren blutig unterlaufen. Er gab dem kleinen Erich einen Tritt, daß er mit dem Lampenschirm auf das Klavier flog. Die kunstgepunzte Mütze schlug er der Adele um den Kopf. Er sagte nichts dabei.

Nach kurzer Zeit kam die Mutter mit der Maschine wieder ins Zimmer. Sie brachte reines Tischzeug mit, und bald sah der Tisch aus, als ob nichts geschehen sei.

Der Vater ließ sich wieder im Lehnstuhl nieder. Die

Kinder verkrochen sich hinter die Schränke. In der Maschine summte und brodelte es ganz behaglich. Kaffeeduft erfüllte das Zimmer.

Die Mutter blickte triumphierend um sich.

Der Vater war heute ein Wunder der Selbstbeherrschung. Er war nicht wiederzuerkennen. Es kämpfte zwar noch immer sichtlich in ihm. Er bemühte sich indessen, sogar Interesse für die Kaffeemaschine zu zeigen, und betrachtete sie aus nächster Nähe.

Pfitsch, zischschsch! Ein starker Strahl glühendheißen Kaffees spritzte plötzlich aus der Maschine hervor, dem Vater mitten ins Gesicht.

Im Nu war sein Kopf eine große Brandblase, die mit dem Vater trotz seines verzweifelten Zappelns wie ein Luftballon an die Decke stieg. Die Mutter kletterte auf einen Stuhl, um den Vater an den Beinen herunterzuziehen. Aber der Stuhl fiel um, und sie schwebte jetzt, die Hände um die Beine desVaters gekrampft, gleichfalls in der Luft. Laut heulend stürzten die Kinder herbei und klammerten sich an die Beine ihres geliebten Mütterleins, als plötzlich die Kaffeemaschine mit furchtbarem Knall zerplatzte, so daß durch die Gewalt der Explosion die Wand des Zimmers nach außen gedrückt wurde. Durch die entstandene Öffnung wurde die ganze aneinanderhängende Familie ins Freie geschleudert.

Heiß trafen die Sonnenstrahlen die Luftballonbrandblase und gaben ihr einen rapiden Auftrieb. Mit außergewöhnlicher Schnelligkeit stieg die ganze Familie in die Luft und war bald den Blicken entschwunden. Nie wieder hat man etwas von ihnen gesehen oder gehört. Das Haus brannte völlig nieder.

Im Schutt fand man außer der verbeulten Kaffeemaschine einige verbogene Haarnadeln und Korsettstangen und ein Gebiß: das waren die Überreste der Tante Rösele.

Umzug

In der Salvatorstraße 72 wohnte auf der ersten Etage der Rentner Bertram Pullcke mit Frau und Dackel, auf der zweiten Etage die Witwe Murmel mit den Töchtern Betty, Meta, Paula und Hulda und einem Grammophon. Die dritte Etage bevölkerte der Nähmaschinenagent Kaspar Bötel mit zwölf Kindern. Seine Frau betrieb eine Leinwandmangel, massierte und sagte aus der Hand und dem Kaffeesatz wahr. Als möblierter Herr vegetierte bei Bötels Herr Rupprecht Buschhüter, der Berufsathlet war. Der Hauswirt Jakobus Kraus wohnte im Unterhaus. Er war Witwer und stocktaub und liebte den Kümmel. Er kümmerte sich wenig um sein Haus und seine Mieter. Nur am Ersten war er unerbittlich prompt zur Stelle. Wehe denen, die seine Miete nicht abgezählt bereithielten.

In einem solchen Mietshause, bei so verschiedenartigen Elementen, sind Stänkereien unvermeidlich und eine tägliche Erscheinung. Aus der gemeinsamen, abwechselnden Benutzung der Bleiche, der Waschküche und des Trockenspeichers erwachsen zum Beispiel trotz der festgelegten Hausordnung die schlimmsten Differenzen zwischen den Mietern. Ein ungewöhnlicher Haß entwickelt sich, der sich in raffinierten Schikanen Luft macht. Pullckes bildeten sich ein, da sie von ihren Renten lebten, im Hause die erste Flöte spielen zu können und sich nicht im geringsten um die Hausordnung kümmern zu brauchen.

Jede Partei hatte ihre bestimmten Tage für die Wäsche, Pullckes kam es nun gar nicht darauf an, auch an anderen Tagen als den ihnen gebührenden die Waschküche, Bleiche und so weiter für sich in Anspruch zu nehmen. Das führte zu erbitterten Kämpfen. Schon aufgehängte Wäschestücke der Gegenpartei wurden brutal von den Latten gerissen, in Ballen schonungslos in die schmutzigen Speicherecken geworfen, um der eigenen Wäsche Platz zu machen. Man schlug sich gegenseitig nasse Kissenüberzüge um die Ohren. Lag die Wäsche von Murmels an einem Pullckes nicht genehmen Tag auf der Bleiche, so ließen Pullckes ihren Dackel in den Garten. In lustiger Dackelart tollte er auf der Bleiche, zauste die Dessous der Töchter Murmel und stempelte mit schmutzigen Pfoten die weißen Bettücher. Murmels warfen mit Briketts und leeren Flaschen nach dem unartigen Hund. Oder wenn sie ihn zu packen bekamen, stülpten sie einen Waschkorb über ihn, klemmten ihm den Schwanz ein, wickelten Papier um den Schwanz, steckten es an und ließen ihn laufen. Das furchtbare Gejunkse dieses Hundelieblings ließ Pullckes an die Fenster eilen. »Tierquälerei, gemeines Pack!« schrie das Rentnerpaar und lief zur Polizei. Oft bekamen Pullckes recht, da der Kommissar mit Herrn Pullcke Skat spielte.

Bötels auf der dritten Etage waren im ganzen Hause verhaßt, der zwölf Kinder wegen, die den ganzen Tag im Hause herumrumorten und dumme Streiche machten. Das ordinäre Gekeif der Frau Bötel, das Quietschen der Mangelmaschine, das fortgesetzte Gebumse, wenn der Athlet Buschhüter mit seinen schweren Eisengewichten und Hanteln übte, ließ das Mißfallen der übrigen Hausbewohner gegen diese ruhestörende, schreckliche Familie ins Ungemessene wachsen. Dann waren diese Leute von einer neapolitanischen Unsauberkeit. Nie wurde geputzt, und wenn Bötels wuschen, ließen sie die Kübel und Bütten mit der schmutzigen, gärenden Brühe, nachdem sie ihre verdächtige Wäsche in der Farbe von Mumientüchern durch Eintunken notdürftig gereinigt hatten, vergnüglich und selbstverständlich für die nachfolgende Partei stehen.

Der Kriegszustand im Hause Salvatorstraße 72 währte nun bereits fünf Monate und verschlimmerte sich von Tag zu Tag. Denn alle Beschwerden beim Hauswirt Kraus hatten nicht den geringsten Erfolg. Kraus war taub und fast immer bezecht. Er grunzte die erregten Mieter an und goß sich einen Kümmel hinter die Binde.

Rentner Pullcke war dem Irrsinn nahe. Tagsüber die Lausbübereien von Bötels Gören, die seinem Dackel Kordel zu fressen gaben, die ihm morgens tote Mäuse in den Brötchensack steckten und noch tausend andere Teufeleien antaten; dann bis spät in die Nacht hinein der kreischende Gesang der vier Schwestern Murmel, die sich ausbildeten und, wenn sie ausgeschrien waren, das Grammophon spielen ließen. Er war sich eines Tages klar, daß er bei diesem Leben bald mit einem plötzlichen Herzschlag oder mit einem Wahnsinnsanfall sein Rentnerdasein beschließen würde.

Raus aus dieser Hölle, das war die einzige Rettung! Pullcke kündigte die Wohnung auf den ersten April durch einen Einschreibebrief. Am selben Tage bekamen Murmels eine Depesche vom Lotteriekollekteur Ehrlich, daß sie in der Bunzlauer Dombaulotterie 5000 Mark gewonnen hätten.

Hauswirt Kraus nahm Pullckes Kündigung in stoischer Kümmelruhe entgegen, er hatte die erste Etage soeben zu einem guten Preis an Frau Murmel vermietet, die durch den Gewinn größenwahnsinnig geworden war und bei Gott nicht mehr auf einer poveren zweiten Etage wohnen wollte. Frau Murmel machte die Bedingung, daß »der Bagasch« von der dritten Etage gekündigt würde. Aber das tat der Hauswirt Kraus um so lieber, als er bereits die letzten Monate die Miete bei Bötels hatte pfänden lassen müssen.

Auf ein Inserat, das er mit Hilfe des Milchmanns und des Briefträgers mit schwerer Mühe verfaßte und also lautete: »Zweite und dritte Etage in ruhigem Hause zu vermieten, Salvatorstraße 72, Hauswirt Kraus«, meldeten sich für die zweite Etage ein Oberlehrer namens Küllekopp mit Familie und für die dritte Etage die Hebamme Treske mit ihrem Mann, einem Klavierstimmer.

Großer Umzug! Großer Auszug! Großer Einzug! Die Möbeltransportgesellschaft »Rapid« übernahm den Transport für alle in Frage kommenden Parteien.

Am 1. April um 6 Uhr in der Frühe wurden die Anwohner der Salvatorstraße und des ganzen Viertels plötzlich aus dem Morgenschlafe herausgerissen. Ein schweres Stampfen ließ die Scheiben erklirren und lose Gegenstände, selbst größere Möbelstücke, kleine Hupfer machen.

Die Transportgesellschaft »Rapid« war die einzige Firma dieser Branche in Europa, die Motormenschen nach dem Patent des weltberühmten Professors C. W. U. A. Irishstew beschäftigte. Diese Motormenschen wurden wie Maschinen von einem fremden Willen in Bewegung gesetzt; sie wurden eingeschaltet wie diese. Sie bildeten eine Stufe zwischen Mensch und Maschine. In ihrer Konstruktion dominierte das Viereck, es bildete die Basis, kehrte motivgleich wieder in ihrem Aufbau und gab ihnen mit seiner Verstrebung streng technischen Charakter. So waren ihre Köpfe, ihre Augen und ihr Mund durchgängig viereckig. Der Oberkörper war ein gewaltiges Rechteck. Die Hände, die Graubrote in der geschlossenen Faust zu verbergen vermochten, waren enorme Quadrate, desgleichen die Füße, die wie Bleiplatten wirkten und sie wie eine Gußeisensäule aufrecht stehen ließen, Stehaufmännchen ähnlich, mit denen Kinder spielen. Diese Motormenschen der Gesellschaft »Rapid« waren natürlich wortkarg. Drei Worte bildeten ihren Wortschatz: »Einen Hupp« und »Schabau!«

Zwanzig Männer von der Möbeltransportgesellschaft »Rapid«, gefolgt von zwei gewaltigen Möbelwagen, an kolossale Mammute aus dem Jung-Tertiär erinnernd, zogen mit schweren Schritten in die Salvatorstraße. Das kraftvolle Aufklatschen der vierzig viereckigen Füße der Möbeltransporteure sprengte das Pflaster, so daß die Straße wie ein zerrissenes Geröllfeld erschien.

Vor dem Haus 72 wurde ruckweise haltgemacht. Die Männer bewegten sich mit einer Regelmäßigkeit, die schon fast mathematische Exaktheit war, wie von einer einheitlichen motorischen Kraft getrieben.

Erst mußte ihr Räderwerk geschmiert werden! Rauh und metallisch klang einstimmig der Ruf in den Morgen: »Schabau!« Eine große Flasche Fusel ging rund bei den zwanzig Männern.

Der Agent der Transportgesellschaft gab, als er die Umzüge bei den verschiedenen Parteien aufnahm, die felsenfeste Zusicherung, daß alles aufs beste erledigt werde, daß der Auftraggeber sich um nichts zu kümmern brauche und am Abend des Umzuges seine neue Wohnung fix und fertig eingerichtet finden werde, das Abendessen auf dem Tisch, als Aufmerksamkeit seiner Firma. Auch sei es nicht notwendig, die Schränke und Kommoden zu räumen oder zerbrechliche Sachen einzupacken, es könne ruhig alles in den Schränken bleiben. Dafür garantiere seine Gesellschaft. Er könne Referenzen vorlegen. Er hatte sie aber im Büro vergessen, und man glaubte seinen treuen Augen. Die neuen Mieter – und auch Frau Murmel und ihre Töchter – verließen sich auf die Versprechungen des Agenten und hielten sich den ganzen Tag von dem Umzug fern. Nur Rentner Pullcke und Frau blieben in ihrer alten Wohnung zurück. Wenn sie auch volles Vertrauen in die renommierte Gesellschaft »Rapid« hatten, so wollten sie doch wenigstens bei dem Umzug dabei sein. Bötels hatten sich in der Nacht heimlich gedrückt, ohne die rückständige Miete und die Reparaturkosten für eingeschlagene Fenster, abgerissene Tapeten, eingetretene Türen und andere Zerstörungen in der Wohnung, auf die sie verklagt waren, zu bezahlen. Den Athlet Buschhüter ließen sie in seinem Verschlag ruhig in die Wirrnisse des Umzugtages hineinschlafen.

Was war also zu bewerkstelligen? Erste Etage: Pullckes zogen aus. Zweite Etage: Murmels zogen auf die erste Etage. Die Wohnung Bötels auf der dritten Etage war zu leeren. Küllekopps und Treskes, die neuen Mieter, zogen in die frei gewordenen Etagen, die zweite und dritte.

Das war der klare und logische Feldzugsplan, auf den die Möbeltransporteure eingestellt waren. Auf vier Kolonnen mit je fünf Mann war die Gesamtarbeit verteilt. Kolonne 1 hatte Pullckes Möbel aus der ersten Etage auf die Straße zu schaffen, Kolonne 2 den Umzug des Murmelschen Hausrats von der zweiten Etage in die erste Etage zu bewirken. Kolonne 3 war geschaltet, den Möbelwagen mit Küllekopps Mobiliar auszupacken und die Möbel auf die zweite Etage zu transportieren, Kolonne 4 den Möbelwagen von Treskes zu leeren und deren Sachen in die dritte Etage zu schaffen.

Das Auspacken der beiden Möbelwagen durch Kolonne 3 und 4 geschah ohne Hast, mit einer gewissen Brutalität gefühlloser Mechanik. Manches abgebrochene Stuhlbein oder Tischbein, eingedrückte Schränke, zersprungene Spiegel, verkratzte Polituren und sonstige Schäden waren das Resultat dieses Systems.

Das Nußbaumbüfett, das Prachtmöbel der Pullckeschen Einrichtung, verließ als erstes Stück die Wohnung. Man hatte gutgläubig alles Porzellan und Kristall im Büfett gelassen, im Vertrauen auf den Agenten mit den treuen Augen. Das Büfett mußte schräg transportiert werden, weil es sich auf der Treppe sperrte. Der zerbrechliche Inhalt rutschte mit dumpfem Geklirr, dem Gesetz der Schwere

Der Umzug

folgend, bei diesen fortgesetzten schiefen Lagen des Büfetts hin und her. Öfters machte es innen »kling – päng«.

Das Ehepaar Pullcke stand am Fuß der Treppe zur Begrüßung seines Büfetts nach dem schwierigen Abstieg. Frau Pullcke hielt in der rechten Hand mit krampfig ausgespannten Fingern ein Fischglas mit zwei Goldfischen, einigen Ameiseneiern und einer Blechente und im linken Arm eine Gipsstatue des Trompeters von Säckingen, dem sie soeben beim Heruntergehen am Treppenpfeiler die Trompete aus dem Mund gestoßen hatte. Eine Träne lief ihr über die Wange. Das war ein schlechtes Vorzeichen; sie hatte einst diese Figur als Brautgeschenk von ihrem Bertram bekommen. Herr Pullcke hielt den Dackel im Arm.

Das waren geliebte Gegenstände, die sie fremden Leuten nie anvertraut hätten und unbedingt selbst tragen mußten.

Der Transport des Büfetts ging gut bis zum letzten Treppenabsatz, nur an zwei Stellen war das Treppengeländer eingedrückt worden. So, jetzt um die Ecke zur letzten Treppe! »Einen Hupp!« riefen die Transportmänner, und schon entglitt das Büfett ihren schwitzigen Quadratklammerfäusten und hupfte, sich überschlagend, mit dem Lärm eines Hauseinsturzes und einer Janitscharenmusik allein die Treppe hinunter und bedeckte wie eine Lawine das unglückliche Ehepaar Pullcke. Krachen von Brustkörben, Klirren von Gips und Gläsernem. Nur die beiderseits in Zugstiefeln steckenden vier Füße schauten unbeschädigt unter dem Büfett hervor. Der Dackel war drei Meter länger geworden. Pullckes waren platt wie Spekulatiusfiguren und mausetot. Die Männer stellten das Büfett auf und rollten das platte Ehepaar wie Mäntel zusammen und legten es in eine Lade des Büfetts. Sie trugen das Prunkstück der Verunglückten auf die Straße und stellten es zwischen die ausgepackten Möbel der Neueinziehenden, dann begaben sie sich wieder mit motorisch eingestellter Bewegung auf die erste Etage, um den Auszug Pullckes fortzusetzen. Kolonne 2 brachte ihrer Schaltung entsprechend die Möbel aus Murmels Wohnung und stellte sie in der ersten Etage auf. Ein langes, mit Rosen geblümtes Sofa stand wildfremd neben einem grünen Plüschsessel von Pullckes selig. Küllekopps und Treskes Möbelwagen waren endlich ausgepackt. Die Möbel standen im wirren Durcheinander auf der Straße und versperrten den Fahrdamm. 248 Wagen, 700 Autos, 2 Droschken, 798 Radfahrer und eine tausendköpfige Menge stauten sich vor dem Hindernis. Fremde Leute besahen sich wohl die Möbel und nahmen leicht Transportierbares mit. Straßenkinder schaukelten sich in den unter den Möbelwagen angebrachten Hängekasten, kletterten auf den Möbeln herum und zogen die Laden aus den Kommoden. Hunde benutzten die Ecken des Klaviers von Küllekopps.

Kolonne 3 und 4 begannen die Möbel der beiden neuen Mieter ins Haus zu tragen, die von Küllekopps auf die zweite Etage, die von Treskes auf die von Bötels verlassene dritte Etage. Kolonne 4 fand hier nur etliches unbrauchbares Gerümpel. Athlet Buschhüter, den die Männer aus seinem Bett aufscheuchten, machte keine Anstalten, die Wohnung zu verlassen, wurde vielmehr renitent und griff zu einem Gewicht von tausend Kilogramm, um damit zu werfen. Mit der unerschütterlichen Konsequenz ihrer maschinellen festen Struktur packten die Männer der Kolonne 4 mit der Kraft einer 20 000-H.P.-Klemme den Athleten und transportierten ihn wie ein Klavier die Treppe hinunter. Vorher schlugen sie ihm mit einem schweren Hammer auf den Kopf.

Der Auszug und Einzug und Umzug war in vollem Gange. Diese allgemeine Möbelbewegung hatte etwas Irres. Ohne Unterschied schleppte Kolonne 1 in dem immer mehr sich steigernden Paroxysmus ihrer mechanischen

Funktion sowohl Pullckes als auch die bereits in die erste Etage geschafften Möbel von Frau Murmel auf die Straße. Kolonne 3 und 4 trugen planlos aus dem Möbeldurcheinander auf der Straße, an dem alle Parteien beteiligt waren, mit dem starren, unerschütterlichen Trieb der Maschine irgendwelche Stücke in die von Küllekopps und Treskes gemieteten Etagen. In der zweiten Etage räumte wiederum mit einer ausgeprägten Gewissenhaftigkeit Kolonne 2, die Murmels umzog, gleichzeitig wildfremde Möbel mit aus, die von der Straße für Küllekopps heraufgetragen worden waren.

Wie von einer in Bewegung gekommenen, unaufhaltsam wirkenden Kraft schienen diese zwanzig Männer von der Transportgesellschaft »Rapid« ergriffen zu sein. Ein *Perpetuum mobile* schien sich in ihrem Mechanismus entwickelt zu haben. In hoffnungslosem Kreislauf trugen zehn der Männer die Möbel auf die Straße, um von den andern zehn Männern wieder in die verschiedenen Etagen planlos und ohne Ordnung hingestellt zu werden. Immer sah man das geblümte Murmelsche Sofa und das Pullckesche Büfett wiederkehren.

Es war 2 Uhr nachts geworden, bis die neuen Mieter und die Familie Murmel das Haus Salvatorstraße 72 erreichten. Es war fast unmöglich, durch die ungeheure Menschenmenge und die Ansammlung der Fahrzeuge, die noch immer die Straße füllten, durchzudringen. Sie waren stutzig geworden, es packte sie eine stille Vorahnung von nichts Gutem. Würde man wohl mit Sicherheit in der behaglich eingerichteten neuen Wohnung das zugesagte Abendbrot und die garantierte Behaglichkeit finden? Es sah nicht danach aus. In wachsender Angst schauten die Mieter diesem seltsamen, nutzlosen Treiben der zwanzig Männer zu. Was ging hier vor? War es ein Spuk? Stöhnende Fragen, entsetzte Zurufe prallten ungehört an der ehernen Indolenz der Möbeltransporteure ab. Unerbittlich wie das Schicksal setzten sie ihr Tun fort. Soeben war wieder Murmels Sofa in der Haustür erschienen, die Rosen des Überzuges hatten im Mondlicht eine fahle Farbe. Mit gellem Schrei fielen Mutter Murmel und ihre Töchter über ihr Sofa her und liebkosten es wie einen lieben Freund. Es stellte für sie in dieser verlassenen Lage die Quintessenz trauten Heimes dar. Oberlehrer Küllekopp versuchte in einer langen, mehrere Stunden dauernden Rede in gutem Deutsch, die er zur besseren Übersicht in verschiedene Abschnitte – mit a, b, c, e, f, g und weiteren Buchstaben, mit römischen Zahlen und arabischen Ziffern bezeichnet – einteilte, den zwanzig ungehemmten Männern das Unlogische ihres Tuns klarzumachen. Aber vor dieser unheimlichen Unerschütterlichkeit wurde er heiser, resignierte er schließlich völlig ermattet. Er kletterte mit seiner Familie auf sein Klavier, wobei er mit den Füßen auf die Tastatur geriet und zwei mächtige Mollakkorde anschlug. Herr Treske war in einer Sitzbadewanne eingeschlafen. Seine Frau ging ihrem Beruf nach.

Als am Morgen die Mieter erwachten und geneigt waren zu glauben, daß alles ein böser Traum gewesen sei, sich die Augen rieben, mußten sie zu ihrem Entsetzen gewahren, daß das Verhängnis weiter seinen schrecklichen Lauf genommen hatte. Eine Starre kam über die Unglücklichen, eine Lähmung, die alle Energie, jedes Denken unterband. Wie eine unabänderliche kosmische Manifestation erschien ihnen diese Katastrophe, gegen die jedes Aufbäumen zwecklos und jeder Versuch einer Hemmung ein irrsinniges Beginnen war. Wie gescheuchte Fledermäuse verbargen sie sich zusammengekauert in einem der Möbelwagen.

Tage, Wochen vergingen, und immer noch trugen mit unerschütterlicher Ewigkeitsgebärde die zwanzig Motormänner der Transportgesellschaft »Rapid« die Möbel rein und raus. Der Hauswirt Kraus, der ahnungslos über das, was in seinem Haus vorging, seine Tage in dumpfem Kümmelrausch verbrachte und erst am 1. Mai zur Einkassierung der Mieten aus seiner Parterrehöhle hervorkroch, verfiel sofort, angesichts der erdrückenden Tatsache des schrecklichen, beharrlichen Tuns der zwanzig Männer, in dieselbe Starre wie seine Mieter draußen. Er kroch mühsam auf die Straße und zu den Unglücklichen in den Möbelwagen. Dieselbe Resignation befiel ihn wie diese Leidensgenossen.

Auch sein Mobiliar entging der Transportwut der Männer nicht. Seine Möbel gerieten ebenfalls in den schauerlichen Kreislauf.

Der Sommer verging, der Herbst kam, und in einer Nacht fiel der Schnee und zeigte den Winter an. Schwarz wuchsen die beiden Möbelwagen in der beschneiten Straße auf. Die Möbel waren mit Schnee bedeckt. Unerschütterlich – wie unter einem höllischen Fluche – wanderten die Möbel treppauf, treppab, rein und raus, raus und rein.

In einer Nacht, als das Thermometer 20 Grad Kälte zeigte, erfroren die armen Mieter und der Hauswirt Kraus in dem ungeheizten Möbelwagen.

Am nächsten Tag brachte den zwanzig Transportmännern ein roter Radler Botschaft, daß die Möbeltransportarbeiter in den Streik getreten seien. Sofort stockte die Tätigkeit der zwanzig; jeder ließ das Möbelstück fallen, das er gerade transportierte, und im Zuge marschierten sie zusammen, je fünf in einer Reihe, mit klatschenden, das Pflaster aufwühlenden Schritten zum Streikbüro.

Die Möbel stehen jetzt noch auf der Salvatorstraße.

Wie ich mich entschloß, auf Händen zu gehen

Ich war ein glücklicher und zufriedener Mensch, bis mir mein Onkel William Feesemupp aus Amerika zu meinem Geburtstag eine kleine längliche Schachtel schickte mit der Aufschrift: *Fountain-pen.*

In der Schachtel befanden sich ein etwa zehn Zentimeter langes schwarzes Stöckchen und ein mit englischen Worten bedruckter Zettel, der eine Erklärung des rätselhaften Stöckchens zu geben schien. Dieser Zettel war für mich von keinem Nutzen. Außer *yes* verstand ich kein Wort Englisch.

Es beunruhigte mich unsäglich, über den Sinn und Zweck des mysteriösen Geschenkes meines Onkels nicht im klaren zu sein. Gott, was war das nur? Onkel William war ein praktischer Mann, der mir nur Nützliches schenken würde.

Immer wieder nahm ich die dem Stäbchen beigefügte englische Erklärung vor; ich stierte auf den mir völlig unverständlichen Zettel. Da waren immer die entsetzlichen Worte: *pull out, put in, pull out, put in,* die mir wie ein höhnender Zuruf, ein Spott erschienen, *fountain-pen* – Tag und Nacht quälte mich dieses Wort, es nahm mir alle Tatkraft. Ich hörte auf, mich zu rasieren und die Wäsche zu wechseln. Zusammengekauert saß ich in der Ecke und grübelte.

Meine Magd Protuberanze Zahnlücke beobachtete mit Schrecken die seltsame Veränderung, die mit mir vorging. Mit den köstlichsten Leckerbissen versuchte sie vergebens, mich aus meiner Grübelecke zu locken, selbst Schinken mit frischem Spargel und Rheinsalm mit Gurkensalat vermochten nicht, mich meiner Lethargie zu entreißen und die alten Lebensenergien wieder aufzuwecken.

Dieser furchtbare Zustand, in den ich durch das wohlgemeinte Geschenk meines Onkels geraten war, dauerte nun bereits mehrere Wochen.

fountain-pen – pull out, put in, pull out, put in – hämmerte es fortgesetzt in meinem Hirn.

Unbedingt wäre ich dem Irrsinn verfallen, wenn nicht zufällig eines Tages mein Freund Abel Hülskilbe zu mir gekommen wäre. Er ließ vor Monaten seine Gummischuhe bei mir stehen und kam jetzt, um sie abzuholen. Er war ein guter Kerl, aber sehr zerfahren und vergeßlich.

Durch Protuberanze erfuhr er sofort an der Haustür, was geschehen war, von dem Verhängnis, das durch das Geschenk meines Onkels über mich gekommen war.

Abel war mir stets ein hilfsbereiter Freund gewesen. Ich hatte Vertrauen zu ihm, und sein Erscheinen wirkte auf mich wie ein Strahl von Hoffnung.

Ich reichte Abel erwartungsvoll die Schachtel. Er entfaltete den beigefügten Zettel und gestand nach längerer Prüfung, daß diese Erklärung in englischer Sprache verfaßt sei.

Was *fountain-pen* und *pull out, put in* nun eigentlich hieß, wußte er ebensowenig wie ich. Wie mir, so war auch ihm das Stöckchen ein Rätsel.

»Da müssen wir im Wörterbuch nachschlagen«, sagte er nach längerem Nachdenken, »ich habe ein englisches Wörterbuch, das ich dir schicken werde.«

Das war die Rettung. Man konnte die unheimlichen Worte nachschlagen und den Sinn des Geschenks ergründen.

Wir tranken vor allem fünfzehn Flaschen Pale-Ale und zwei Flaschen Whisky, rauchten englischen Tabak aus englischen Pfeifen und leckten zum Schluß von zehn Rollen englischem Pflaster den Leim. So glaubten wir uns in der richtigen Weise vorzubereiten und eine empfängliche Basis für englische Art und Sprache zu schaffen.

Wir bereiteten uns zu gründlich vor.

Abel wurde wie ein toter Gegenstand von der trefflichen Magd und dem Chauffeur in ein Auto verladen und in seiner Wohnung abgegeben. Ich erwachte am nächsten Nachmittag unter dem Tisch in einer Wasserlache, den Mahagoniständer, auf dem sonst ein Fischglas stand, in den Armen.

Um mich herum lagen zerstreut Scherben. In der geballten Hand hielt ich einen toten Goldfisch.

Protuberanze stand vor mir und heulte gottsjämmerlich. Sie schüttelte verzweifelt den Kopf. Ein vermaustes Zöpfchen hing ihr in den Nacken.

Mit ihrer Hilfe gelang es mir, auf die Beine zu kommen und in einem Klubsessel zu landen.

Fountain-pen, pull out, put in – schon fing es wieder an in meinem Schädel, dieses schreckliche Karussell.

Ich versuchte mit Whisky, mit sehr viel Whisky, das Karussell zum Stillstand zu bringen. Protuberanze rang die Hände.

Abends brachte ein roter Radler das versprochene Buch von Abel Hülskilbe. Aus dem qualvollen Sinnieren wurde ich jäh herausgerissen. Freudigen Mutes und voller Zuversicht stürzte ich mich auf das Buch, das mir die Lösung des Geheimnisses *fountai-pen* bringen sollte.

Aber wie sollte ich enttäuscht werden!

Heiter und sicher schlug ich das Buch auf, und gleich auf den ersten Seiten kam neue Unruhe über mich. Die Namen und Zahlenreihen, die vor meinen Augen tanzten, wollten mir nicht klarwerden. Und je mehr ich forschte, suchte, blätterte, vorwärts und rückwärts, um so unverständlicher wurde mir dies alles. Meine Augen bohrten sich stierend in die Seiten, auf denen es wie von kribbelnden Ameisen wimmelte. Viele Nachtstunden hielt mich das Buch wie gebannt. Doch als das Grau des Tages in das Zimmer floß, fand ich aus einer tollen Wut heraus die Kraft, das Buch von mir zu schleudern und mit meinem Browning in tausend Fetzen zu zerschießen.

Die Schüsse verhallten.

Fountain-pen schien es aus den Ecken zu höhnen. Ich mußte Ruhe haben, wenn ich nicht dem Wahnwitz anheimfallen wollte. Ich schlug meinen Kopf einige Male fest auf die Marmorfensterbank und sank betäubt in den Klubsessel. Irgendwo fiel eine Bowle herunter.

Die Sonne stand am nächsten Tage schon recht hoch, als ich erwachte. Vor mir stand Abel Hülskilbe und betrachtete mit großem Interesse eine Beule, die sich wie eine blaue, faustgroße Frucht an meinem Kopf gebildet hatte.

»Du bist natürlich mit dem Buch nicht zurechtgekommen«, begann Abel ein wenig schuldbewußt. Ich ballte die Fäuste und sah ihn fragend an.

»Daran ist dein Whisky schuld; ich habe dir versehentlich das Reichskursbuch von 1901 geschickt!«

Schon packte ich Abel mit starken Armen und warf ihn zum Fenster hinaus. »Ich weiß, was *fountain-pen* heißt!« schrie er stürzend.

Kaum sammelte ich mich ein wenig, ich keuchte noch von der Anstrengung, als Abel wieder in das Zimmer trat. Er war unverletzt, nur der steife Hut war eingedrückt. Er war mit Gottes Hilfe in eine Karre mit Unrat gefallen. Mein Zorn legte sich.

»Roher Mensch! *Fountai-pen* ist ein Taschentintenfüllfederhalter. Der dir gesandte hat eine von den bisherigen im Handel befindlichen Systemen ganz und gar abweichende Form. Das war wohl der Grund, daß ich ihn nicht in seinem Zweck erkannte. Der Füllfederhalter ist eine praktische, äußerst praktische Erfindung. Jederzeit schreibbereit. Hätte ich mir eben das Genick gebrochen, hättest du es nie erfahren. Gib mir den Zettel, der in der Schachtel lag, wir lassen ihn bei Miß Ashkees, die sich mit Übersetzungen befaßt, ins Deutsche übertragen«, so sprach Abel sachlich, ruhig, ohne Groll und verließ mit dem Zettel das Zimmer.

Also schenkte mir mein Onkel einen Taschentintenfüllfederhalter. Das ist ein praktisches, zeitgemäßes Instrument, das jeder Mensch, der sein Brot mit der Feder verdient, besitzen muß. Es war doch eine Schmach, daß wir die Bedeutung des *fountain-pen* nicht gleich erkannten. Abel hätte das aber sofort wissen müssen.

Abel kam bald mit der Übersetzung der Gebrauchsanweisung und zwei großen Flaschen Tinte zurück.

»Ich habe die Gebrauchsanweisung in der Elektrischen bereits genau geprüft, überlasse es mir, den Federhalter mit Tinte zu füllen und gebrauchsfertig zu machen«, schlug mir Abel vor. Ich war wohl damit einverstanden. Ich verfolgte genau das Tun meines Freundes.

So, die vordere Kapsel war abzunehmen, das war als erstes vorgeschrieben. Gott, was war vorn, was war hinten? Natürlich machte Abel es verkehrt und schraubte die Kapsel auf der falschen Seite ab. Ein kleiner Stift mit einem Kopf aus Messing, der in der Mitte des Halters angebracht war, sollte bei der Füllung des Halters heraus- und wieder hineingeschoben werden, fortgesetzt raus und rein (so hatte Miß Ashkees *Pull out, put in* übersetzt). Abel hielt nun den Halter in die Tintenflasche und machte an dem Messingknöpfchen *pull out, put in* – wohl eine gute halbe Stunde. Es geschah nichts, die Tinte blieb in der Flasche. Abel ließ aus Versehen dann den Halter in die Flasche fallen. Wir gossen die Tinte in einen Suppenteller und fischten den Halter wieder heraus. Mein Vertrauen zu Abel begann zu wanken. Der Halter sei waagerecht zu füllen, stand in der Gebrauchsanweisung. Das hatte Abel übersehen. Er verteidigte sich und meinte, es sei wohl unwesentlich, aber man könne es ja versuchen. Er legte den Halter schräg in den mit Tinte gefüllten Suppenteller und machte an dem Knöpfchen *pull out, put in.* Sogleich stiegen dicke Tintenblasen auf, die mit einem schluchzenden Geräusch platzten und Abel Tinte ins Gesicht spritzten. Der Halter schien tief zu atmen, er zuckte hin und her. Es war in der Tat unheimlich. Dann schoß plötzlich ein Strahl Tinte wie ein Springbrunnen aus dem Suppenteller. Abel mitten ins Gesicht. Abel riß den Halter aus der Tinte, der stöhnende Laute von sich gab.

Abel konnte einen Neger beschämen, aber er verlor nicht die Geduld, sich weiter mit dem Halter zu beschäftigen und ihn gebrauchsfähig zu machen. Ich bekam nichts ab von dem Tintenstrahl, hatte nur Tinte an den Fingern.

»Vielleicht hast du die Kapsel an der verkehrten Seite abgeschraubt?« warf ich ein.

Stillschweigend schob Abel die abgenommene Kapsel auf und streifte die Kapsel am anderen Ende ab. Eine goldene Feder kam zum Vorschein, in die ein Röhrchen endete. Das Ende mit der Feder mußte waagerecht in die Tinte getaucht werden. Abel tat es, machte am Messingknöpfchen *pull out, put in*, und gierig begann der Federhalter zu saugen. In wenigen Minuten war der Teller geleert. Man goß die zweite Flasche Tinte nach, die ebenso schnell im Halter verschwand. Als der letzte Tropfen aufgesogen war, begann der Federhalter in gräßlicher Weise zu knirschen und sich aufzublähen. Wir sandten Protuberanze weg, schleunigst noch zehn Flaschen Tinte zu holen.

Prompt saugte der Füllfederhalter auch dieses Quantum. Es war uns unerklärlich, wo die Tinte blieb. Erst nach der zwölften Flasche beruhigte sich der Halter ein wenig. Um immer gerüstet zu sein, bestellte ich auf den Rat von Abel in einer Tintenfabrik dreißig Hektoliter Tinte.

»So, mein Lieber, jetzt ist der Federhalter schreibbereit, gefüllt und in Ordnung. So, ich stecke ihn dir in die obere Tasche deiner weißen Weste. Schmeiß deine Tintenfässer und deine Taschenbleistifte, die immer abbrechen oder einen in der Tasche stechen, in die Müllkiste. Du hast jetzt das unentbehrlichste Requisit des modernen Schriftstellers und Journalisten. Stets schreibbereit.« Er klopfte mir dabei auf die Schulter und schüttelte mir zum Abschied die Hand. Er ging, sich mit Bimsstein, Schmirgel, schwarzer Seife und einer Wurzelbürste zu versehen. Er wollte nicht Neger bleiben.

Ich mußte mich bei meinem Onkel bedanken. Das wurde der erste Brief mit dem *fountain-pen.* Schon war Tinte durchgesickert in die Tasche. Es bildete sich ein großer Fleck. Der Halter triefte vor Tinte. Ich putzte ihn an der Gardine ab und setzte mich an meinen Schreibtisch. So, jetzt mit Schwung die Überschrift: Lieber Onkel! Anstatt einer deutlichen Schrift wurde es nur ein Gekratze auf dem Papier. Die Feder blieb trocken. Es lief keine Tinte. Dafür tropfte mir aber aus dem anderen Ende des Halters Tinte in den Ärmel. Ich schüttelte den Halter, erreichte aber nur, daß überall Tinte herausspritzte, nur an der Feder nicht. Na, wird schon mal kommen. Die Tinte muß sich setzen. Ich putzte den Halter wieder an der Gardine ab. Ich zog eine neue Weste an und steckte ihn in die obere Westentasche.

Ich tröstete mich mit dem Gedanken, daß so eine Feder erst mal eingeschrieben und die Mechanik richtig erkannt werden muß.

Ich hatte mich lange nicht im Kaffeehause am Stammtisch sehen lassen. Da mußte doch der eine oder andere sein, der über Füllfederhalter informiert oder im Besitz eines solchen war. Zu den Kenntnissen Abels hatte ich kein Vertrauen mehr.

Ich ging ins Kaffeehaus. Man war am Stammtisch ziemlich vollzählig erschienen. Nur Feodor Nießwurz vom »Tageblatt« und Doktor Kurt Druckknopf vom »Journal« fehlten. Ein seltener Gast saß heute auch mal wieder am Stammtisch, der bekannte, aber auch gefürchtete Psychiater Professor Doktor Bastian Kopfschupp. Er galt auf dem Gebiet der Psychiatrie allgemein als Autorität. Zwar wußte man, daß er weniger aus menschenfreundlichem Interesse als aus Vorliebe für die Grotesken gestörter Gehirne gerade dieses Gebiet zum einzigen Feld seiner wissenschaftlichen Tätigkeit und Forschung machte. Seine Belasteten waren ihm ergötzliche Marionetten. Manische, Irre jeglicher Sorte und Schattierungen wurden bei ihm zu Akteuren in einer köstlichen Posse. Er besaß in hohem Maße hypnotische und telepathische Fähigkeiten. Die Methode, alles, was in der Welt geschieht, alle Ausdrucksformen, alle Erfindungen auf technischem oder wissenschaftlichem Gebiet auf Bazillen im Gehirn zurückzuführen, stammt von ihm. Nachahmung und Verbreitung neuer Erkenntnisse nannte er Folgen von Infektionen. Er sprach vom Sportbazillus mit seinen vielen Abarten, vom Kunstbazillus, vom Erfindungsbazillus, vom Zeitungsbazillus, vom militärischen Bazillus und so weiter. Dann auch glaubte er an eine bestimmte Infektion bei der Benutzung von sogenannten patentierten Gebrauchsgegenständen, wie von Taschenfeuerzeugen, Füllfederhaltern, unexplosiblen Lampen, Taschenmessern mit Musik und tausend anderen für den modernen Menschen unentbehrlichen Gegenständen. Patienten, die von einem solchen Bazillus befallen waren, schätzte er sehr als Objekte zu Versuchen auf die Groteske und für die Therapie der Anpassung und Einstellung auf den Gegenstand.

Wie ich mich entschloß, auf Händen zu gehen.

Ich hatte den Rock ein wenig geöffnet.

Professor Kopfschupp erzählte von der Infektion eines eifrigen Fußballspielers, der von früh bis spät den Ball trat. Nach einigen Monaten war er nicht mehr in der Lage, normal zu gehen. Er konnte sich nur noch in großen Tretsprüngen auf der Straße bewegen. In Ermangelung eines Balles riß er oft Leuten die Hüte vom Kopf. Das war ein typischer Fall.

»Sie tragen einen Füllfederhalter«, sagte plötzlich Professor Kopfschupp, meine Tintennägel sarkastisch betrachtend, »bitte, was haben Sie für ein System?«

Ich war stolz, mit meinem *fountain-pen* renommieren und ihn vorführen zu können. Ich griff in die Weste. Ich faßte in Feuchtes. Meine Weste war auf dieser Seite völlig mit Tinte getränkt. Ich hatte das, weiß Gott, nicht bemerkt. Auch daß mir die Tinte am Bein hinunterlief und die Schuhe füllte, konnte ich feststellen.

Kopfschupp lächelte milde: »Ja, ein *fountai-pen*, amerikanisches Fabrikat, schwerer Fall.«

Er versuchte auf dem Tischtuch mit meinem Halter zu schreiben. Die Feder blieb trocken. Er machte an dem Messingknopf *pull out, put in* und versuchte dann noch einmal zu schreiben. Jetzt kam wohl Tinte in die Feder, aber viel zuviel. Es gab nur Kleckse.

»Ja, ja, ich kenne das System. Sie müssen, um unerwünschte Tintenabsonderung zu vermeiden, auf den Händen gehen. So bleibt ihre Füllfeder stets schreibbereit. Schauen Sie«, der Professor wies zur Tür, »da kommen die Herren Nießwurz und Druckknopf. Sie haben beide Füllfederhalter verschiedenen Systems. Um das Ausfließen der Tinte zu vermeiden, muß Nießwurz im rechten Winkel nach vorne, Druckknopf rechtwinklig zurückgebeugt einhergehen. Das ist meine Therapie, und die Herren fahren wohl dabei.«

Die beiden Erwähnten näherten sich in der durch ihre Füllfederhalter bedingten Stellung, setzten sich unter großen Schwierigkeiten an unseren Tisch und schrieben, unbekümmert ob der seltsamen Lage, mit wohlfunktionierenden Füllfederhaltern ihre Kritik über die Premiere, von der sie gekommen waren.

Professor Kopfschupp schmunzelte mit Wohlbehagen.

Er wies auf einen korpulenten Herrn, der am Nebentisch saß. Es war ein Familienromanschriftsteller. Er schrieb Tag und Nacht, wo er ging und stand, seine Romane für Haus und Familie. Er fand keine Zeit zum Eintunken. Er trug auf bloßem Leibe, vorne und hinten, über den Schultern mit einem blauen Band zusammengehalten, zwei flache Gummisäcke mit Tinte gefüllt, aus denen Schläuche zum Federhalter führten. So brauchte er kein Tintenfaß. Er war eben ein Mann, der nicht eintunken wollte, gar nicht eintunken.

Professor Kopfschupp schmunzelte auch angesichts dieses Patienten. Dann nahm er einen kleinen, stumpfen Bleistift aus der Tasche und notierte sich meinen Namen.

Ich akzeptierte den therapeutischen Vorschlag des Psychiaters, mich und meinen *fountain-pen* betreffend, und gehe jetzt und immerdar auf den Händen. Ich ertrage es gern und habe mich daran gewöhnt. Mein Füllfederhalter saugt zwar enorme Tintenmengen, funktioniert aber soweit einwandfrei.

Immer wenn mich Kopfschupp auf der Straße sieht, schmunzelt er.

Die geteerte Straße

Da waren eines Morgens in aller Frühe um 6 Uhr Männer angekommen, die einen vollgepackten Karren und einen auf Rädern laufenden schwarz verrauchten großen Ofen mit sich führten.

Sie gebärdeten sich laut, klirrten bedeutsam mit ihren Werkzeugen, scheuchten die Bewohner der stillen Straße aus den Betten und ließen sie erschreckt ob des ungewohnten Lärms zu so früher Stunde an die Fenster eilen.

Auch Herr Bender war aufgesprungen, um zu schauen, was da draußen vor sich ginge. Er hatte sich in der Hast am Nachtschränkchen den Zeh gestoßen, was seine Laune über die frühe Störung keineswegs verbesserte. Wütend hatte er gebrummt: »Geht denn diese Malefizbuddelei wieder los? Soll man nie zur Ruhe kommen? Was soll denn das jetzt schon wieder? Kanal, Gas, Wasser, Telephon und elektrische Lichtleitung: das liegt doch alles schon!«

Vater Bender hatte schon recht. Es war in den letzten Jahren ein ununterbrochenes Aufreißen und Zuwerfen und immer wieder Aufreißen und immer wieder Zuwerfen gewesen, bis alle Leitungen, die in eine moderne Stadt gehören, endlich untergebracht waren.

Wie manches unschuldige Kind, wie mancher gebrechliche Greis oder manche Greisin waren dabei zu Schaden gekommen und waren wie reife Pflaumen in die Gräben gestürzt. Wie mancher Versonnene, der abends heimkehrte, hat sich in dem Gewirr von Balken, Geräten und Erdwällen verlaufen und wurde dann verhungert oder an Körper und Geist gebrochen aufgefunden.

Ja, das waren immer schlimme Zeiten, an die die Anwohner mit Schrecken zurückdachten.

Und jetzt sollte es wieder losgehen?

Was sollte denn um Himmels willen nun gemacht werden?

Gerade vor der Wohnung von Benders machten die Männer halt. Sie redeten laut durcheinander und gestikulierten wild mit den Armen. Sie konnten nicht darüber einig werden, wo sie sich mit ihrem Kram aufbauen sollten. Erst nachdem sie einige Male mit dem Karren und dem Ofen die Straße auf und ab gefahren waren, entschlossen sie sich für den Platz vor der Wohnung von Benders. Natürlich sah das Herr Bender höchst ungern, er krakeelte in häßlicher Weise im Hause herum.

Eine enorme Truhe ohne jeden Altertumswert, mehrere Kisten, Fässer, schwarz und weiß gestreifte Holzblöcke und zwei Gestelle wie Marterl wurden von den Männern von dem Karren geladen und auf der Straße aufgebaut. Gemächlich, ohne Hast.

Dann wurde aus der Truhe mit der ernsten Gebärde der Tat ein Kochkessel hervorgeholt, unter dem fahrbaren Ofen Feuer gemacht und Kaffee gekocht, den einer der Männer, er schien der Anführer zu sein, jedem in seine emaillierte Blechkanne zuteilte. Pakete in fettigem Zeitungspapier zerklafften zu monumentalen Butterbroten. Man lagerte sich und frühstückte gründlich mit dem heiligen Ernst und Eifer einer rituellen Verrichtung.

Mittlerweile war es halb neun geworden, als man begann, sich entschlossen zu recken und laut von »Anfangen« zu reden. Der Ofen wurde geschürt mit dem Erfolg, daß bald dicke, ätzende Rauchwolken die Straße füllten und in die Häuser drangen.

Vater Benders Stimmung wurde lebensgefährlich.

Die Männer holten die Werkzeuge aus der Truhe und

Die geteerte Straße

klirrten damit. Die Marterl, auf deren Votivtafel »Gesperrt« stand, und die Holzböcke wurden an das Straßenende geschleppt und dort mitten auf dem Fahrdamm aufgestellt. Alles taten die Männer mit großen, wichtigen Gesten, ohne Überstürzung.

Dann erschien plötzlich ein dicker Mann mit einer Beamtenmütze und einer Pelerine. Er zog gleich ein dickes Notizbuch und einen gelben Maßstab hervor und tat sehr wichtig. Mit seinem gebogenen Spazierstock aus Natureiche, den er vorher am Arm eingehakt getragen hatte, zeigte er auf der Straße herum. Auf sein Geheiß wurde dann alles zusammengepackt, auf den Karren geladen, fünf Häuser weiter gefahren und dort wieder aufgebaut.

Der dicke Mann leitete den Transport mit Feldherrngebärde, steckte sich, als die Tat geschehen, aus einer zerknüllten Papiertüte eine Zigarre an und ging, einen letzten Blick über die Männer und ihr Gerät werfend, hoch erhobenen Hauptes von dannen.

Die Männer standen beratend zusammen und kritisierten die Anordnung des dicken Mannes mit der Beamtenmütze. Dann wurde der Kaffeekessel aufgesetzt, neue Butterbrotpakete geöffnet und vor allen Dingen mal gründlich gefrühstückt.

Darüber war es halb elf geworden.

Man hatte sich Zeit genommen mit dem Frühstück, aber schließlich hatte man sich gereckt und allen Ernstes wieder von »Anfangen« geredet. Die Männer erhoben sich, machten sich an den Werkzeugen zu schaffen, liefen geschäftig hin und her. Die Marterl und die Holzböcke wurden von dort, wo man sie zuerst hingestellt hatte, fortgeholt und am entgegengesetzten Ende der Straße aufgebaut.

Unbedingt, auf den Männern lag jetzt der Wille zur ernsten Arbeit.

Plötzlich waren sie dann auf einen Zuruf des Anführers zusammengelaufen. Es wurde laut durcheinandergeredet, zwischen den Kisten und den Geräten suchend herumgestöbert und immer wieder kopfschüttelnd der Ofen angeschaut. Es schien etwas zu fehlen.

Nach einer Weile begannen die Männer die Werkzeuge in die Truhe zu räumen und die Sachen zusammenzurükken. Nachdem dieses geschehen war, zogen sie sich die Röcke an und gingen weg.

An diesem Tage sah man die Männer nicht mehr. Aber die Marterl und die Böcke ließen sie stehen. Der Milchmann, der Eismann, der Biermann, der Bäcker und der Doktor, alle schimpften, daß sie mit ihren Wagen nicht in die Straße fahren konnten.

Vater Bender ging auf der Straße auf und ab und inspizierte racheschnaubend das Gerät der Männer.

Am nächsten Tag in aller Frühe um 6 Uhr kündete lautes Stimmengewirr die Rückkehr der Männer an. Zwei Säcke mit Kohlen brachten sie auf dem Karren mit. Die hatte man am Tage vorher vergessen.

Umständlich wurden die Werkzeuge ausgepackt, es wurde gestikuliert und vor allen Dingen gründlich gefrühstückt. Dann wurde von »Anfangen« gesprochen, aber nicht so recht Ernst damit gemacht. Man müsse auf den Inspektor warten. Das war der dicke Mann mit dem gelben Maßstab. Gegen 10 Uhr begann es zu regnen.

Die Männer zogen ihre Röcke an, räumten die Werkzeuge in die Truhe, stellten das Gerät zusammen und gingen weg.

Es regnete zwei Tage, und die Männer ließen sich nicht sehen. Nur bei Anbruch der Dunkelheit kam ein Mann und stellte eine Laterne auf die Truhe.

Dann eines Morgens wieder in aller Frühe kamen die Männer zurück. Und an diesem Tage sollten die geängstigten und mit Spannung wartenden Anwohner den Zweck und die Absicht der Männer erfahren.

186 Fässer wurden zerschlagen, aus denen eine zähe schwarze Masse hervorquoll, der Ofen wurde geschürt, ein großer Kessel aufgesetzt und aus der schwarzen Masse ein Brei gekocht. Ein blauer, undurchdringlicher Rauchnebel lag in der Straße. Bei Kuhlenkamps, gegenüber von Benders, erstickten eine alte Frau und ein Dackel. Herr Ignaz Windlicht riet, man müsse Watte essen.

Vater Bender rannte mit dem Gewehr durch das Haus und schrie und schwor, er würde die Männer, einen nach dem andern, abschießen. Und man möge ihn halten. Die Familie zitterte, klammerte sich an ihn und hielt ihn zurück. Es wäre aber nicht nötig gewesen, denn Vater Bender hätte nie geschossen, er war viel zu bang.

Der Männer Zweck und Sinn aber war, die Straße zu teeren. Und sie taten es mit großen Besen und mit unvergleichlichem Ernst. Mancher versuchte, durch einen individuellen Pinselstrich seiner Arbeit eine persönliche Note zu geben. Drei Wochen haben die Männer an der Straße gestrichen, bis die ganze Straße dalag im Spiegelglanz ihres Staub tötenden Teerüberzuges.

Es war 7 Uhr abends, als die Männer fortzogen. Die Straße wurde dem Verkehr übergeben.

Vater Bender, der während der letzten Wochen aus seinem Verdrußkoller nicht herausgekommen war, hatte den Abzug der Männer mit Freuden begrüßt und die Lina weggeschickt, drei Liter Bier zu holen. Sie holte das Bier gleich um die Ecke. Es verging eine Stunde, und die Lina war noch nicht da mit dem Bier. Der Vater wurde ungemütlich. Adam, der Älteste, wurde ausgeschickt, zu schauen, wo die Person bliebe. Auch Adam kam nicht wieder. Das war ja äußerst seltsam. Jetzt mußte das Finchen los, dann der Hubert, der Döres, der Karlemann und schließlich selbst

Tante Firlefinzchen. Aber niemand kam zurück. Dann mußte Mutter Bender, die schon im Bett lag und die Gicht in den Beinen hatte, heraus auf die Jagd nach der Lina. Auch sie kam nicht wieder.

Was ging da vor sich?

Schließlich war es Vater Bender zu dumm geworden. Da mußte er selbst mal nachschauen.

Ein entsetzliches Schauspiel bot sich ihm dar. Im fahlgrünen Mondlicht ein Gezappel und Armwerfen von Gestalten, die alle am Boden gebannt schienen. Hilfloses Rekken qualvoller Leiber. Unkluge, die die frisch geteerte Straße betreten hatten und wie Fliegen an einer Leimtüte klebengeblieben waren.

Es war ein schauerlicher Anblick.

Seine ganze Familie fand Vater Bender hier, zappelnd, um Hilfe wimmernd. Noch viele Bewohner der Straße waren von dem gleichen Malheur betroffen. Selbst der Revierschutzmann war unter den Geleimten.

Alle Versuche, die Unglücklichen zu befreien, waren erfolglos. Mehreren Festgeklebten hatte man bei den Befreiungsversuchen die Arme ausgerissen.

Schließlich wurde in der Stadtverordnetenversammlung beschlossen, die armen Menschen absägen zu lassen. Die Arbeit wurde auf dem Submissionswege dem Schreinermeister Klabau übertragen.

Der Fremde wundert sich über die vielen Leute ohne Füße in jener ruhigen, aber geteerten Straße.

Splendid Isolation

Der Blinddarm – ein Fluch!

Man hat mich in eine Irrenanstalt gesteckt, und ich bin doch wirklich nicht irrsinnig. Bitte, meine Herren Psychiater, das kann ich doch wohl selbst beurteilen. Dritte reitende Feldartilleriebrigade – Donaudampfschiffahrtsgesellschaft– Artaxerxes kann ich ohne Silbenstolpern fehlerfrei sagen. Ich meine, das genügt. Was?

Gott ja, ich gebe zu, ich war damals ein wenig heftig. Aber wer die Tragödie meines Lebens kennt, wird mich verstehen. Das Wort Blinddarm soll man in meiner Gegenwart nicht aussprechen! Dann kribbelt es mir in allen Gliedern, und ich kann verdammt unangenehm werden. Aber deswegen gehöre ich noch lange nicht in eine Irrenanstalt! Ich bin ein beklagenswertes Opfer der Psychiater.

Einst war ich ein Mensch, der glücklich und froh war, seine 250 Pfund wog und dessen schwerste Sorge die war, daß um Gottes willen die Poularde zu Mittag weich und köstlich und der Moselwein recht spritzig sei.

Man nannte mich ein Faultier und einen Tagedieb. Aus Neid natürlich. Ich lebte eben ganz nach meinem Gusto. Und mein Gusto war: nichts tun, gut essen und trinken, schlafen und träumen. Wer sich das nicht leisten konnte, wurde natürlich leicht ein gehässiger Kritiker meines Lebenswandels.

Gott, ich hatte wirklich auch recht schwere Jahre hinter mir, wo es hieß, für das tägliche Brot zu sorgen. Das war eine üble Zeit. Pfui Teufel, wenn ich daran zurückdenke! Der Kampf ums Dasein ist mir verflucht schwergefallen. Jede Art von Betätigung war mir bei meinem angeborenen Hang zur Beschaulichkeit ein entsetzlicher Greuel.

Da kam eines Tages das Glück. Meine Tante Hieronyma Ameisenei in Altenbeken starb, und mir fiel aus der Erbschaft eine jährliche Rente von zehntausend Mark zu.

Geld verdienen, sich abhasten, Ellenbogen benutzen: diese häßlichen Worte spielten keine Rolle mehr. Ich war frei und unabhängig. Meinen Traum von jeher, die Sehnsucht meines Lebens, mein Dasein fern vom Getriebe der Welt in süßem Nichtstun zu verbringen, sah ich erfüllt.

Ich schaffte mir eine Köchin an, um die mich Brillat-Savarin beneidet hätte. Herrliche Weine lagen in meinem Keller. Ich besaß ein fabelhaftes Bett und das Wunder eines Diwans, geräumig, mit weichen, kosenden, indischen Decken belegt.

Bis in den Tag hinein schlief ich. Wenn ich mich nicht den Sensationen kulinarischer Genüsse hingab, lag ich rauchend und träumend auf meinem herrlichen Diwan.

Oh, ich war völlig glücklich zu jener Zeit!

Monatelang verließ ich nicht meine Behausung. Ich kam aus dem Pyjama nicht heraus.

Meine *splendid isolation* von allen Störungen des Alltags, von jedem Mißklang in der Harmonie meiner Tage war vollkommen. Alle wohlmeinenden Bekannten mit Ratschlägen, verdächtigen Altruismen und ehrlicher Freundesentrüstung hatte ich mir allmählich vom Halse geschafft. Man gab mich auf und sprach schlecht von mir.

Was kümmerte mich das? Ich hatte den Alltag überwunden. Ich lebte dem Vergessen der Miseren des Lebens.

Dann platzte eines Tages mein alter Schulfreund Sebald in mein Idyll. Ich hatte ihn seit Jahren nicht gesehen.

Es war gegen 12 Uhr vormittags, ich lag noch im Bett und sann wollüstig darüber nach, welche Leckerbissen mir meine Köchin wohl heute vorsetzen werde.

Sebald setzte sich ohne Umschweife an mein Bett und erzählte, er sei Arzt geworden und habe sich in dieser Stadt niedergelassen. Von alten Erinnerungen sprach er dann, leitete allmählich zu mir und meiner Lebensweise über, über die er genau informiert schien, und war auf einmal daran, mir in ernstem, vorwurfsvollem Ton mein Leben vorzuhalten.

Ich wurde unruhig. Diese Anzapfung paßte mir sehr wenig. Aber Sebald sprach so ehrlich und herzlich. Ich versuchte ihm wissenschaftlich zu kommen und mein Leben im Hinweis auf die indischen Yogis zu rechtfertigen. Ich hätte dieselben Maximen: Abrücken von dem Gehaste der Welt und allen Leidenschaften, Sichversenken in Meditationen und ins Nirwana. Ganz ginge ich natürlich nicht mit den Indern. Asketischen Unfug, Glas und Erde essen, mich mit dem Kopf nach unten aufhängen, auf nägelgespickten Brettern liegen und solche Sachen wies ich als aufgeklärter Mensch natürlich weit von mir. Ich käme ohne diese Gewaltmittel in die göttliche Trance allen Vergessens.

Meine Ausführungen machten keinerlei Eindruck auf Sebald. Er schüttelte den Kopf und machte ein recht bedenkliches Gesicht. Plötzlich nahm er meine Hand, fühlte den Puls und sah mir prüfend in die Augen.

Ich wurde nervös. Ich entzog ihm meine Hand und bat dringend, diese Faxen zu unterlassen.

Ob ich Schmerzen im Bauch hätte, in der rechten Seite, fragte er, ohne meinen ablehnenden Einwurf zu beachten.

Was sollte das? Ich brauste auf. »Ich habe dich nicht konsultiert. Verschone mich mit ungewünschten Ratschlägen. Mische dich bitte nicht in mein Leben. Außerdem finde ich es rücksichtslos und zudringlich, mich mitten in der Nacht zu überfallen. Ich will jetzt meine Ruhe haben.«

Sebald erhob sich verletzt, zuckte mit den Achseln und sagte: »Du tust mir leid, du wirst deinen Unverstand bereuen!« Damit schickte er sich an, das Zimmer zu verlassen. An der Tür drehte er sich noch einmal um: »Wenn du mich brauchst, so telephoniere Amt III, Nummer 3145. Du wirst mich bestimmt brauchen! Adieu!«

Was sollte dieser Blödsinn? Plumper Patientenfang! Ich verstand Sebald nicht, früher war er doch der ehrlichste und anständigste Mensch! Auch heute hatte sein Benehmen noch immer etwas Treuherziges.

Ich fühlte mich kerngesund. Aß, trank und schlief vorzüglich. Schmerzen im Bauch? Keine Spur.

Ich ertappte mich plötzlich dabei, wie ich schüchtern an meinem wohlgerundeten Bäuchlein herumzudrücken begann. In der Tat, wenn ich an eine Stelle in der rechten Seite kam, glaubte ich ein gelindes Unbehagen zu verspüren.

Dummes Zeug. Es war ja auch nicht nötig, am Bauch herumzuklopfen. Dennoch kam eine eigentümliche Unruhe über mich. Das wäre ja schrecklich, wenn ich nun doch tatsächlich krank wäre, ein Leiden in mir trüge! Jetzt, wo ich alles hatte, was mein Herz sich wünschte!

Zum erstenmal wollte es mir nicht so recht schmecken, zum erstenmal kam ich auf dem Diwan nicht zur träumerischen Ruhe. Der quälende Gedanke an eine Krankheit begann sich in mir festzusetzen. Immer wieder befühlte ich meinen Bauch, und je mehr ich ihn untersuchte und knetete, um so mehr empfand ich dabei, nicht nur an der rechten Seite, sondern überall ausgeprägte Schmerzen. Ich fühlte den Puls, beschaute mich im Spiegel, lief aufgeregt im Zimmer umher. Mit meiner göttlichen Behaglichkeit und Sorglosigkeit war es aus. Meine Köchin war fassungslos. Selbst frische Langusten und gebackene Austern ließen mich kalt.

Was mochte das für eine Krankheit sein? Ich stöberte im Konservationslexikon herum und fand, daß in der rechten Seite der Blinddarm säße. Ein wahnsinniges Entsetzen packte mich. Blinddarmentzündung? Diese furchtbare

Krankheit grassierte ja jetzt allenthalben und forderte unzählige Opfer. Warum sollte mich Sebald eigentlich in einer so ernsten Sache täuschen?

Mehrere Tage verbrachte ich in qualvollen Reflexionen. Schreckliche Visionen verfolgten mich. Die herrlichsten Leckerbissen ließ ich unberührt. Ich beschaute stundenlang meinen Bauch. Wenn es darin kollerte, zuckte ich jäh zusammen. Oh, wenn ich nur Klarheit hätte! Ich konnte den grauenhaften Zustand der Ungewißheit nicht mehr ertragen und ließ an Sebald telephonieren.

»Ich wußte, daß du dich meldest«, begann er überlegen, als er seinen Mantel ablegte.

Er untersuchte mich, drückte mit seinen kalten Händen an meinem warmen Bauch herum und nickte an der Stelle in der rechten Seite ernst und bedeutsam mit dem Kopfe. Ich verging vor Angst.

»Ja, ja, wie ich dachte! Schwere Blinddarmreizung! Eine Perforation ist jeden Augenblick zu befürchten! Eine sofortige Operation ist unbedingt geboten! Du hast wohl viele Kirschen mit Steinen gegessen?«

Ich hatte seit meiner Jugend keine Kirschen gegessen.

»Du wirst einen Kirschkern, Emaillesplitter vom Kochtopf oder ein Gummiteilchen vom Verschluß von Mineralwasserflaschen im Wurmfortsatz haben.«

Ich trank seit Jahren kein Mineralwasser, und meine Köchin kochte nur in rein Nickel.

»Also, wie gesagt, da muß sofort operiert werden. Jeder Aufschub kann eine tödliche Komplikation zur Folge haben.«

Grün und gelb wurde es mir vor Augen. Mein ganzes Empfinden lehnte sich auf gegen den Gedanken an eine Operation. Lieber dann schon eingehen, als eine solche Marter ertragen! Mein Heim verlassen? Mich in das Grauen eines Krankenhauses begeben? Niemals.

Ich nahm meine ganze Kraft zusammen und schrie: »Scher dich zum Teufel mit deiner Diagnose! Raus, raus!«

Sebald versuchte, mich in aller Milde und Geduld zu beruhigen und mir das relativ Harmlose einer Blinddarmoperation, die enorme Geschicklichkeit der heutigen Chirurgen auseinanderzusetzen. Ganz behaglich sei es in einem modernen Krankenhause, und nach der Methode von Professor Weichteil sei die ganze Affäre in acht Tagen erledigt.

Ich hatte für nichts ein Ohr. Mit jedem Wort, das Sebald sagte, wuchs mein sinnloser Zorn. Ich sah in Sebald lediglich den bewußten Störer meines harmonischen Daseins, den Vernichter meines Seelenfriedens, meiner göttlichen Ruhe. Wie ein wildes Tier brüllte ich auf ihn ein.

Dann wurde es ihm doch zuviel. »Ich lehne jede Verantwortung ab«, rief er. »Du tust mir leid in deiner Verbohrtheit. Mach meinetwegen, was du willst!« Sebald warf die Tür ins Schloß und ging weg.

Stundenlang kauerte ich weinend in einer Ecke und stierte vor mich hin. Oder ich irrte wie ein von Gespenstern Verfolgter durch die Wohnung. Oder es packte mich eine wahnwitzige Wut, und ich stürzte mich auf irgendeinen Gegenstand. Eingetretene Schranktüren, zerschlagene Fischgläser und Lampen, zertrümmerte Fenster, Spiegel und Vasen, abgebrochene Stuhlbeine klagten von meinem Wüten. Ich warf mich dem Alkohol in die Arme und trank Kognak aus Biergläsern.

Dieser Zustand währte etwa drei Wochen. Ich hatte keinen Kognak mehr, und meine ganze Einrichtung war zerstört.

Da kam ich einen Augenblick zu mir. Das konnte so nicht weitergehen. Dieser entsetzliche Zustand führte zum Wahnsinn! Dabei nahmen die Schmerzen im Bauche immer mehr zu. Mein Eigensinn war gebrochen. Ich schrie nach Sebald. Sebald war ein guter Kerl und kam.

Willenlos und ohne jeden Widerstand ließ ich mich von ihm in einer Droschke in das Krankenhaus des Herrn Professor Weichteil schaffen.

Mit großer Freundlichkeit empfing man mich im Krankenhause. Ich wurde stutzig. War das bemitleidende Güte, die man einem Aufgegebenen, einem Verlorenen entgegenbrachte?

Ich mußte Personalzettel ausfüllen. Die neugierigen Rubriken wollten das Unmöglichste wissen. Ob meine Amme eine gute Turnerin gewesen sei, ob mein Großvater Schuppen auf dem Kopf habe, ob in meiner Familie ein Neger sei.

Wildfremde Männer in weißen Mänteln kamen herbei. Sie rochen nach Äther, Karbol, Zigarren und Kognak. Ich mußte mich hinlegen, und sie tasteten mit ernsten Mienen und kalten Händen an meinem Bauch herum. Sie sprachen dann lateinisch mit bedenklichen Gesichtern. Einer klopfte mir auf die Schulter und sagte: »Nur Mut, wird schon werden!« Ein anderer lachte mich gütig an und sagte leise »*Moribundus.*«

Von einem breitschultrigen Mann mit brutalen Zügen und Händen wurde ich mit rauher Unerbittlichkeit gewaschen, gebürstet, geseift. Er tat es mit dem Wohlbehagen eines sadistischen Henkers. Als er mein Zimmer betrat, hatte er ein amputiertes Bein bei sich, welches er in die Ecke stellte.

Dann legte man mich in ein blütenweißes Bettchen, über dem ein frommes Bild hing. Ich wurde wehmütig und weinte.

Die wildfremden Männer in weißen Mänteln kamen wieder und klopften an meinem Bauch herum. Kalte Hände hatten sie noch immer.

Plötzlich erschien ein langer Mann mit einem verwahrlosten Vollbart, einer Brille und einer schlechtsitzenden

Hose. Es war der berühmte Professor Weichteil. Die weißen Männer machten ihm respektvoll Platz. Er trat an mein Bett, blickte zerstreut über mich weg und fragte obenhin: »Also, das ist die Frau mit dem Tumor?«

Vorsichtig bemerkten die Männer, ich wäre männlichen Geschlechtes. Weichteil hob ernst und stumm meine Decke auf, besah sich mein rechtes Bein und erklärte: »Ja, ja, höchste Zeit, das Bein muß amputiert werden. Gute Nacht.« Die Männer klärten ihn unterwürfig auf, daß es sich wohl nach ihrer bescheidenen Ansicht um eine Appendizitis handele. Der Professor richtete sich auf und sagte fest und bestimmt: »Dann muß der Appendix heraus!« Die weißen Männer neigten demütig zustimmend die Häupter, und alle entfernten sich.

Ich weinte die ganze Nacht. Womit hatte ich dieses gräßliche Geschick verdient? Ich war schon mehr tot als lebendig.

Am nächsten Morgen kam der Professor, gefolgt von den weißen Männern. Er untersuchte – natürlich mit kalten Händen – meinen Bauch und konstatierte: »Die linke Niere muß raus, muß sofort raus.« Ich richtete mich jammernd mit letzter Kraft auf und stöhnte: »Blinddarm, Blinddarm.« Darauf fiel ich in meine Kissen zurück. Es dauerte eine Weile, bis die weißen Männer Professor Weichteil richtig informiert hatten. Er wollte die Niere nur ungern fallenlassen.

Punkt elf schob mich der Henkersknecht, der mich geseift hatte, auf einem weiß angestrichenen Krankentransportwagen in einen großen, hellen Saal. Hier war es scheußlich heiß, und es roch übel nach Chemikalien. An den Wänden standen hohe Glasschränke mit bösartig glänzenden Instrumenten. Eine große Zange fiel mir besonders ins Auge, sie schien mich zu fixieren und ihre Kiefer nach mir zu weiten. Ein riesiges, nach Blut schreiendes Messer ließ mich erzittern. Die weißen Männer hatten sich weiße Mützen aufgesetzt und das ganze Gesicht vermummt. Grause Furcht packte mich.

Plötzlich stülpte man mir heimtückisch von hinten etwas über die Nase, ohne daß ich darum gebeten hatte. Ein widerlich süßlicher Geruch drang auf mich ein. Ich hörte, wie jemand neben mir sagte: »Drei Mark zwanzig habe ich gestern im Skat verloren.« Dann noch eine andere Stimme: »War es das linke oder rechte Bein?«

Ein gräßlicher Krampf schüttelte mich. Ich wollte schreien. Ich verlor das Bewußtsein.

Als ich wach wurde, lag ich in meinem Bett. Eine Krankenschwester saß neben mir und häkelte etwas, das durch das Klappern der Holzstäbchen immer länger wurde. Ich wollte fragen, ob ich tot sei, brachte aber keinen Ton heraus. Ich schlief wieder ein. Als ich aufs neue erwachte, saß die Schwester noch immer da und häkelte.

Professor Weichteil war ein unbedingter Vertreter der Theorie der schnellen Heilung. Höchstens zwei Tage Bettruhe, dann aber schleunigst aufstehen. Vor allem hieß es jetzt, viel spazierengehen, turnen, namentlich Hochsprung schrieb er vor, schwere Lasten tragen. Sich von guten Boxern vor den Bauch boxen zu lassen, das hielt er für vorzüglich nach einer Blinddarmoperation. All diese Übungen fielen mir verflucht schwer. Aber mit dem neuen Lebensmut, der sich allmählich einstellte, wuchs auch meine Energie. Wenn die Methode des Professors nur zur schnellen Heilung beitrug, nahm ich das Unangenehme gern in Kauf.

Leider sollte mir noch ein Mißgeschick passieren, das meinen Austritt aus dem Krankenhaus verzögerte. Bei einem Sprung aus der ersten Etage, mit hundert Kilo schweren Gewichten in der Hand, platzte der Bauch in der Naht, und die Gedärme quollen heraus. Sie hingen mir wie

Der Blinddarm – ein Fluch

aufgegangene Schuhbändel auf die Füße. Ich bemerkte das Unglück erst nicht und bummelte noch durch den Stadtgarten. Kinder machten mich dann auf die auf die Schuhe baumelnden Eingeweide aufmerksam. Ich gab ihnen saure Bonbons, wurde am gleichen Tage wieder zugenäht mit doppelter Naht und mit Stahldraht, außerdem mit Markenpapier verklebt. Die Naht wurde noch, um ein übriges zu tun, mit Zigarrenkistchenbrettern vernagelt. Das hielt, und bald schon konnte ich das Hospital verlassen. Geschwächt, aber guten Mutes und voll neuer Hoffnung und Lebensfreude.

Meine Köchin hatte meine Wohnung in der alten Heimeligkeit und Bequemlichkeit wieder hergerichtet und die exquisitesten Zungen- und Gaumengenüsse zu meinem Empfang vorbereitet.

Ich begann die schlimmen Tage zu vergessen und an ein neues Leben in alter Beschaulichkeit zu glauben. Alles war wie einst, wie in den glücklichen Tagen vor dieser Malefizblinddarmsache. Ich fühlte mich frei und sicher. Das Damoklesschwert war beseitigt. Dort stand es in dem kleinen Einmachglas. Man hatte mir den Blinddarm im Krankenhause in diesem Glase mitgegeben. Ich stellte ein Leiterchen hinein. Wenn es schlechtes Wetter gab, saß der Blinddarm unten, wenn es aber gutes Wetter war, saß er oben.

So lebte ich mein Leben einige Wochen lang in meinen alten Gepflogenheiten, wunschlos, weltfern und glücklich.

Ich lag eines Tages nach einem allzu reichlichen Mahle auf meinem Diwan. Unruhige Gedanken an meine Blinddarmtragödie störten plötzlich mein Sinnieren. War ich nun wirklich gesund? Es war mir eigentlich nicht immer so, wie es hätte sein sollen. Ich fühlte mich häufig beschwert und hatte das Gefühl, daß es in meinem Bauche nicht so recht stimmte. Eine peinliche Sorge um meine Gesundheit quälte mich, die mit jedem Tag stärker wurde. Jede Indisposition geringster Art beschwor die schrecklichsten Vorstellungen und Vermutungen herauf. Ich begann, meinen Körper aufs peinlichste zu kontrollieren.

Ich abonnierte auf medizinische Fachblätter. Das hätte ich lassen sollen, es wurde mein Verderb. Denn eines Tages fiel mir der Aufsatz des berühmten Chirurgen Professor Langebühdel in Jena in die Hände, der unter Beigabe von genauen Statistiken und auf Grund dieser Zahlen nachwies, daß der Prozentsatz der Sterblichkeit unter Blinddarmamputierten erheblich höher wäre als unter normalen Menschen mit Blinddarm. Weiterhin hätte er einwandfrei bei strenger Kontrolle und Beobachtung einer großen Anzahl Operierter konstatiert, daß die Gehirnfunktionen durch die Amputation des Appendix in starkem Maße in Mitleidenschaft gezogen werden. Er resümierte seine verblüffende Theorie: Blinddarmamputation bewirkt vorzeitige Sterblichkeit, ferner Irrsinn und in allen Fällen eine außergewöhnliche Schwächung des ganzen Organismus. Eine Blinddarmoperation sei ein Verbrechen an der Menschheit. Aber er brächte auch den Unglücklichen, die sich in ihrem Unverstand hätten operieren lassen, noch Hilfe mit seiner phänomenalen Erfindung des künstlichen Blinddarmersatzes. Langebühdel setzte anstelle des amputierten Darmes einen aus bestem Gummi hergestellten Blinddarm ein. Auf diese Weise würde das Gleichgewicht des Bauchorganismus wiederhergestellt und die Spannung im Nervensystem aufgehoben.

Ich brach zusammen unter dieser Eröffnung. Die Sorge um mein Leben wuchs ins ungeheure.

Eines Tages saß ich im Zuge nach Jena. Professor Langebühdel schilderte in den schwärzesten Farben die mir drohende Gefahr. Nach schweren inneren Kämpfen gab ich mich ihm in die Hände und ließ mir in einer komplizierten Operation einen Gummiblinddarm »Langebühdel« einsetzen.

Sehr geschwächt, übernervös, achttausend Mark leichter, verließ ich nach einigen Monaten die Klinik in Jena.

Erst nach Monaten begann der Wille zur Beschaulichkeit allmählich die schwarzen, beunruhigenden Reflexionen über meine Gesundheit mehr und mehr zu verdrängen. Ich segelte fast völlig wieder im Fahrwasser köstlicher Harmonie.

Nur noch selten griff ich zu den medizinischen Blättern. Unglücklicherweise mußte mir durch Zufall eines Tages nun doch wieder eine Nummer in die Hände fallen. Ich Unglücklicher! Ich fand einen Artikel des bekannten Geheimrats Möhrenfeind, der als Unterleibsspezialist einen anerkannten Ruf hatte. Er vertrat denselben Standpunkt wie Langebühdel über die gefährlichen Konsequenzen einer Appendixoperation, bekämpfte aber entschieden – als direkt lebensgefährlich – den Ersatz aus Gummi nach Langebühdel. Nur ein Ersatz aus animalischer Materie könnte in Frage kommen. Seine epochale Erfindung »Blinddarmersatz aus Schafsdarm« sei die Lösung dieses Problems. Die Träger von »Langebühdel«-Blinddärmen befänden sich in fortgesetzter Lebensgefahr durch die unbedingt eines Tages eintretende Zersetzung des Gummis.

Ich warf mich vom Diwan und wälzte mich laut schreiend auf dem Boden umher.

Ich flüchtete mich in das Dunkel des Kellers und vergrub mich dort in den Kohlen. So blieb ich drei Tage in Stumpfsinn und völliger Apathie.

Dann löste sich plötzlich die Starre. Neue Lebensenergien regten sich mit Gewalt. Was, jetzt sterben? In den besten Jahren, mit einer Rente von zehntausend Mark?

Hals über Kopf reiste ich, gepeinigt von schrecklichen Ängsten, zum Geheimrat Möhrenfeind.

Wiederum ließ ich mich überzeugen. Ich sah meine einzige Rettung und Hoffnung in einem Blinddarm aus Schafsdarm nach Möhrenfeind.

Fünf Monate lag ich bei Möhrenfeind. Das kostete achtzehntausend Mark.

Gealtert, abgemagert kehrte ich nach Hause zurück. Was war aus mir geworden? Was hatten die Ärzte aus einem sorglosen, glücklichen Menschen gemacht? Ein schrecklicher Haß gegen die ganze Gilde stieg in solchen grüblerischen Stunden mit Macht in mir auf, eine besondere Wut gegen meinen Schulfreund Sebald.

Es kamen wohl Tage, an denen ich über köstlichen Gerichten und schönen Weinen meine Sorgen vergaß. Aber immer wieder bekam die Angst um meinen Leib die Oberhand und ließ keine harmonische Behaglichkeit aufkommen. Der Gedanke – war mein Darmersatz nun das Richtige? – quälte mich unausläßlich.

Mein böses Geschick mußte mich in den Vortrag des berühmten amerikanischen Arztes, des Professors W. C. Manhattan Cover-Coat, führen. Dieses mein furchtbares Geschick, weh mir!

W. C. Manhattan Cover-Coat war eine weltberühmte Appendix-Autorität. Er hatte unlängst die fünfhunderttausendste Blinddarmoperation vorgenommen und war aus diesem Anlaß zum Ehrenvorsitzenden sämtlicher Blindenanstalten der Welt ernannt worden.

Seine Vortragsreise galt einer energischen Propaganda gegen die Theorie der künstlichen Blinddärme.

Die Mehrzahl sämtlicher Ärzte stand hinter ihm. Er führte aus seiner Praxis unzweifelhafte Fälle an, wo die betreffenden Patienten dieser verrückten Erfindung zum Opfer gefallen waren. Er erklärte die Vertreter dieser Therapie für Mörder. Er hielte es für seine Pflicht als Mensch und Arzt, mit allen Kräften gegen derartig lebensgefährlichen

der Blinddarm
– ein Fluch

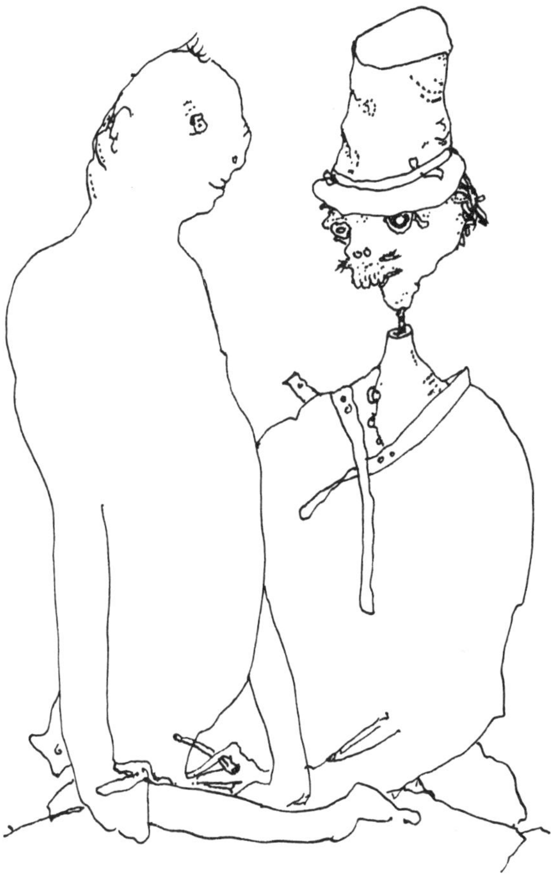

Irrsinn vorzugehen und das Publikum aufzuklären. Den Voreiligen, die bereits Langebühdel oder Möhrenfeind in die Hände gefallen waren und diesen Unglücks-Blinddarmersatz mit sich herumschleppten, könne er nur den Rat geben, sofort diese furchtbare Gefahr entfernen zu lassen. Eile sei unbedingt geboten.

Professor W. C. Manhattan Cover-Coat sprach eindringlich und überzeugend.

Wie ein Keulenschlag traf mich diese Eröffnung. Wie ein Blöder irrte ich zwei Tage durch die Stadt. Ich stand am Fluß mit Selbstmordgedanken. Ich ging in den Wald und aß Moos und Rinde. Ich wollte in Höhlen hausen, fand aber keine.

Dann trieb mich meine Angst willenlos ins Krankenhaus von Professor Weichteil. Raus mit dem Schafsdarm Möhrenfeinds!

Im Krankenhaus war alles wie damals.

Man schob mich nach den bekannten Vorbereitungen auf dem weißlackierten Krankenwagen in den noch immer ungemütlichen Operationssaal. Eine Wut quoll in mir auf gegen die Instrumente, die Ärzte, die Schwestern, die ganze Umgebung. Das war alles medizinische Materie, und die haßte ich gründlich. Einer von den weißen Männern, der sich mit dem Professor überworfen hatte und in den nächsten Tagen das Spital verlassen mußte, trat an mich heran und flüsterte mir zu, daß ich damals bei der ersten Operation überhaupt nichts am Blinddarm gehabt habe. Man hatte sich in der Diagnose geirrt.

Nichts am Blinddarm gehabt? Die ganzen Aufregungen und Quälereien wegen einer falschen Diagnose dieser Ärzte? Eine sinnlose Wut, irrsinniger Jähzorn packte mich. Mein ganzes Leben verhunzt durch diese Nichtswisser!

Ehe es sich jemand versah, sprang ich auf, packte ein

großes blitzendes Operationsmesser und erstach den Professor, die weißen Männer und eine Krankenschwester.

Ein armer Kranker, der, auf einem Krankenwagen liegend, auch eine Operation erwartete, bekam in der Aufregung mehrere Stiche ab. Es war ihm aber egal, da er taubstumm war, außerdem darüber starb. Ich zerschlug noch die Glasschränke, warf die Instrumente zum Fenster hinaus und trank alle Gläser mit Chemikalien aus.

Plötzlich wurde ich von hünenhaften Krankenwärtern gepackt und überwältigt.

Ich kam in das Irrenhaus, wo ich jetzt noch bin.

Ich gebe zu, ich war ein wenig nervös. Wer wäre das nicht geworden, bitte? Aber irrsinnig bin ich nicht, keineswegs!

Man erwähne nur das Wort »Blinddarm« nicht.

Der Tierfreund

Möbus Enterich hatte schon in seiner Jugend eine ausgesprochene Vorliebe für Tiere. Tiere waren ihm lieber als Menschen, sogar lieber als Eltern und Geschwister.

Das erste Tier, das ihn besonders fesselte, war der Mehlwurm. Der Gärtner Felis Grassam von nebenan beschäftigte sich außer mit seinem Gewerbe noch mit der Vogelzucht. Als besondere Leckerbissen für seine Vögel zog er in mit Kleie gefüllten Kisten Mehlwürmer. Möbus, der sich viel bei dem Gärtner herumtrieb, interessierte sich ungemein für diese Tiere, die erst Würmer waren, dann eines Tages kleine, weiße Dinger wie Bonbons und schließlich über Nacht braune Käfer wurden wie durch eine Zauberei. Das war ihm unerklärlich und beunruhigte ihn maßlos. Der Gärtner sagte, das täten die Mehlwürmer immer, vielleicht weil sie sich langweilten, die weißen Bonbons nenne man Puppen. Vater und Mutter Enterich waren ungehalten und verboten ihm, sich mit solchen häßlichen Tieren zu beschäftigen. Die Tante Töpel sagte so was: einmal Wurm, einmal Käfer, das sei gelogen; und Lügen sei eine Sünde. Man schenkte Möbus ein kleines aus Holz gemachtes, mit weißer Watte beklebtes Schäfchen, das auf einem grünen Brett mit vier Rädern lief und, wenn man am Schwanz zog, mäh, mäh hören ließ. Das Schäfchen war Möbus von vornherein schon zu dumm und zu langweilig.

Eines Tages bekam er vom Gärtner Grassam auf fortwährendes Bitten und zehn Zigarren, die er dem Vater gemopst hatte, eine Zigarrenkiste mit Kleie gefüllt, in der 78 Mehlwürmer es sich gut sein ließen. Er stellte die Kiste unter sein Bett. Die Mehlwürmer veränderten sich wie beim

Gärtner. Möbus hatte sie am liebsten als Würmer. Es wurden immer mehr. Eines Tages lief die Kiste über. Möbus wußte sich zu helfen und richtete in der Kommode mittels Kleie eine Stätte für die zweite Partie Mehlwürmer ein. Die Eltern hatten noch nichts gemerkt. Nur ab und zu trat man auf einen Mehlwurm, der seinem Kleieasyl entschlüpft war. Tante Pöbel glitschte auf einem Mehlwurm aus und verrenkte sich das Bein. Der Vater sagte, eine Apfelsinenschale wäre der Grund gewesen.

Möbus durfte mit den Eltern auf acht Wochen zur Sommerfrische in die Eifel gehen. Er versorgte vor der Reise seine Mehlwürmer mit neuer Kleie. Komisch, es wurden immer mehr. In der mit Kleie gefüllten Botanisiertrommel nahm er zweihundertzehn der lieben Tierchen heimlich mit. Neben dem Gasthaus von Jupp Finger, wo die Familie Enterich abgestiegen war, befand sich ein Tümpel. Hier machte Möbus zum erstenmal Bekanntschaft mit Kaulquappen. In einem Einmachglas brachte er eine Faustvoll dieser lustigen Wackelschwänze in das Gasthaus. Heimlich stellte er sie in den Nachtschrank.

Bei Tisch gab es einen großen Krach. In der Suppe fand Postsekretär Stempeltupf fünf Mehlwürmer. Der Wirt Finger blieb dabei, es wären dicke Nudeln, nahm aber die Suppe zurück und brachte andere Suppe. Möbus nahm sein Taschentuch hervor, um dahinter zu lachen. Er dachte nicht daran, daß er eine Handvoll Mehlwürmer in der Tasche hatte und einige Kaulquappen. Die Tiere fielen mit dem Taschentuch heraus und verstreuten sich über den Tisch. Nie ist Möbus so verhauen worden wie jetzt. Man inspizierte das Zimmer, wo Möbus schlief, und fand überall, in allen Ecken Mehlwürmer und kleine Frösche, die zum Erstaunen von Möbus aus den Kaulquappen in unglaublicher Weise entstanden waren. Wieder Tiere, die immer was anderes wurden.

Enterichs mußten am selben Tage mit Verwünschungen der Wirtsleute und der anderen Gäste ausziehen. Für die Beseitigung des Ungeziefers waren hundertfünfzig Mark mehr zu bezahlen. Möbus wurde nochmals schwer verhauen. Als Enterichs nach ermüdender Fahrt, verärgert durch die Schererei in der Eifel, nach Hause kamen und im Hausgang, in allen Zimmern, auf der Treppe, im Klavier, in den Betten, in der Küche, in den Kochtöpfen, im Nähtisch Millionen von Mehlwürmern fanden, die stellenweise fußhoch lagen, erhielt der Tierfreund Möbus wieder Hiebe, wie er sie nie zuvor besehen hatte. Die Mehlwürmer hatten sich irrsinnig vermehrt. Dreißig Kammerjäger kämpften drei Wochen mit den Würmern. Siebzig Pferdekarren voll wurden weggeschafft und in ein leeres Bergwerk geschüttet.

Möbus kam sofort in eine strenge Erziehungsanstalt. Aber seine Vorliebe für Tiere ließ sich nicht austreiben. Immer trug er heimlich einen Frosch oder eine weiße Maus oder ein Rotkehlchen oder eine Kreuzotter oder eine Fledermaus oder eine Hornisse in der Tasche. Nun biß ihn eines Tages eine Viper, die er bei sich trug, und eine schmerzhafte Operation war die Folge.

Für kleines Getier verlor er mit der Zeit die Lust und warf sich mit verstärktem Interesse auf größere Tiere, wie Katzen, Hunde, Enten, Truthähne und Hühner.

Als er seine Studien beendigt hatte, schickte ihn sein Vater zur Ausbildung nach London in das große Bankgeschäft Waterproof Sons Ltd. Die Engländer nannten ihn Möubes Entereitsch. Seine Vorliebe für Tiere war dieselbe geblieben. Er brachte fünfzehn Hühner, zwei Hähne, einen Truthahn, fünf Enten, zwei Doggen und einen Kater nebst Katze, in großen Körben verpackt, mit. Er fand in der Cobbler Street eine Wohnung mit drei Zimmern und großem Balkon auf der vierten Etage. Der Balkon war gerade

Der Tierfreund

recht für seine Tiere. Unbemerkt von dem Hauswirt Mr. Potatoe gelangte Möbus mit seiner Menagerie in die vierte Etage. Er installierte die Hühner, den Truthahn und die Enten auf dem Balkon und gab ihnen Futter. Die Katzen und die Doggen ließ er in der Wohnung. Schon in der ersten Nacht brach das Federvieh, ungewohnt der neuen Aufbewahrung, in ein kakophonisches Konzert aus. Ein jedes klagend in seiner Art. Die Doggen begannen im Zimmer zu kläffen, der Kater sang sein Liebeslied. Fenster wurden allenthalben aufgerissen, und irgendwo fiel ein Schuß, der ein Fenster der vierten Etage zerschmetterte. Möbus sah die Gefahr für seine Lieblinge. Schimpfworte, Drohungen, Rufe nach dem Polizisten schallten durch die Straße. Möbus jagte das Geflügel in sein Schlafzimmer. Mr. Potatoe beschwerte sich schon früh am nächsten Morgen über diese Störung und drohte, falls die Tiere nicht abgeschafft werden, den neuen Mieter samt Viehzeug zu exmittieren. Möbus steckte die Hühner und Enten in den Kleiderschrank, den Truthahn, die Doggen und die Katzen in große Rohrplattenkoffer. Mr. Potatoe, der am Abend revidierte, ob das Viehzeug weg sei, war befriedigt von dem Befund. An den Kleiderschrank und die Rohrplattenkoffer im Schlafzimmer dachte er nicht. Möbus ließ in der Nacht aus Mitleid und Tierliebe die sehr verdrückten Hühner und Enten auf den Balkon an die frische Luft. Ein Huhn hatte ihm in seine Fracktasche ein Ei gelegt. Natürlich erhoben die Freigelassenen sofort ein gellendes, durch die Nacht schneidendes Geschnatter und Gegacker. Allgemeiner Protest. Aufgerissene Fenster. Ein Hagel von Browningschüssen durchbohrte von allen Seiten das Federvieh auf dem Balkon. Mr. Potatoe schlug mit einem Beil die Tür ein. Nur eine tätige Henne, die schnell ins Zimmer gelaufen war, um noch ein Ei vor ihrem Tode zu legen, war seltsamerweise verschont geblieben. Möbus öffnete die Rohrplattenkoffer. Der Truthahn lief, beide Katzen eingekrallt auf dem Rücken, schleunigst auf den Balkon, machte einen Hupfer und sprang über das Gitter von der vierten Etage hinunter auf die Straße. Er vergaß, daß er nicht fliegen konnte, und zerschellte. Die Katzen verschwanden im Kellerloch. Die treuen Doggen bissen den Hauswirt ins Bein, er erschlug sie mit dem Beil. Möbus Enterich saß in der Sofaecke und weinte über das Unglück und den Verlust seiner Lieblinge.

Am nächsten Tage zog er aus.

Er stürzte sich, um die Tiere zu vergessen, in seine Arbeit bei Waterproof Sons Ltd. Das einzige Tier, das er bei sich führte, war ein Dackel. Hunde waren seine unbedingte, ausgesprochene Liebhaberei geworden. So einen wertvollen, unbezahlbaren Rassehund zu besitzen, das war sein sehnlichster Wunsch.

Er spekulierte wie alle Angestellten der Bank Waterproof Sons Ltd. an der Börse. Eines Tages leuchtete ihm das Glück.

Durch seine Gold-Shares gewann er sechzigtausend Pfund. Er war auf einmal ein reicher Mann geworden. Jetzt konnte er seiner Hundeliebhaberei nach Herzenslust nachgehen. Er kaufte sich eine an der Themse gelegene Villa.

Auf einer Hundeauktion in Birmingham, wo die wertvollsten Hunde zum Verkauf angeboten wurden, erwarb er den kostbarsten Hund, der je auf dem Markt war. In allen Almanachen edler Hunde stand an erster Stelle King Bell M. P. Wau-Wau Caro N. L. A. 769, nachgewiesen der längste und krummbeinigste Dackel, der je gelebt hat. Das Stammhaus dieses fabelhaften Dackels war bis in das Jahr 1066 zurückzuführen, wo sein Ahn als steter Begleiter Wilhelms des Eroberers die Schlacht bei Hastings mitgemacht hatte.

Und diesen einzigen Dackel erwarb Möbus Enterich für

10 000 Pfund. Die kynologischen Fachblätter brachten spaltenlange Artikel über King Bell M. P. Wau-Wau Caro N. L. A. 769 und seinen Käufer. Bilder zeigten Möbus und seinen berühmten Dackel. Hundeliebhaber kamen in Mengen, um den Hund zu sehen. Aber es war so schwer wie eine Audienz am Hofe, bei dem Dackel vorgelassen zu werden.

Möbus vergötterte den Dackel. Er engagierte einen Pariser Spezialkoch für die Verpflegung des vornehmen Hundes. Zwei Boys leisteten dem Dackel fortgesetzt Gesellschaft, sie bekamen wie der Koch Ministergehälter. Eines Tages fühlte sich King Bell M. P. Wau-Wau Caro N. L. A. 769 nicht ganz wohl, er ließ die Portion gebackener Austern stehen. Möbus war sehr besorgt. Der erste Tierarzt Englands, Mr. Pain Expeller P. C. C., wurde herbeigerufen. Er machte ein ernstes Gesicht und hielt es für richtig, die Nacht am Lager des Dackels zu wachen. Möbus befand sich in einer entsetzlichen Angst. Daß er nicht daran gedacht hatte, dem wertvollen Hund von Anfang an einen Leibarzt zu bestellen! Er schlug der Tierheilautorität vor, für ein Gehalt von 4000 Pfund pro Monat dieses verantwortungsvolle Amt zu übernehmen. Mr. Pain Expeller P. C. C. nahm das Anerbieten an, forderte aber fünftausend Pfund, die ihm auch bewilligt wurden. Aber trotz der fünftausend Pfund war King Bell M. P. Wau-Wau Caro N. L. A. 769 nicht zu bewegen, die gebackenen Austern, selbst in einer Tunke von Salanganennestern, zu sich zu nehmen.

Möbus war in größter Sorge. Als der Zustand des Hundes immer bedenklicher wurde, kam Mr. Pain Expeller P. C. C. auf die Idee, französischen Champagner, die teuerste Sorte, die die Witwe Cliquot im Keller hatte, mit Dotter von Kiebitzeiern zu quirlen. Das schlürfte der feine Rassehund mit Behagen. Das wurde jetzt seine regelmäßige

Nahrung. Möbus, erfreut über den neuen Appetit seines Dackels, verlieh dem Tierarzt eine Extragratifikation von dreitausend Pfund.

Eines Tages bemerkte man, daß der Hund immer größere Portionen der exquisiten Suppe verlangte und nach dem Genuß dieser doppelten, dreifachen Portionen ausgelassen herumsprang, was sonst seiner vornehmen Art nicht eigen war. Nach vier Monaten zeigte er alle Zeichen eines ausgesprochenen Deliriums. Sein Huschen unter die Schränke, sein wildes Hin- und Herjagen, als ob er etwas fangen wollte, verriet dem berühmten, sich nie täuschenden Arzt Mr. Pain Expeller P. C. C., daß der Hund weiße Mäuse sah.

Das war ein schlimmer Schlag für Möbus, als der Tierarzt ihm das Schreckliche eröffnete. Sein ruhiger, vornehmer Hund von altem Adel hatte Delirium. Was tun? Schon hatte Mr. Pain Expeller P. C. C. einen trefflichen Einfall. In Moskau existierte eine Anstalt, die speziell wegen ihrer heilsamen Delirienkuren weltbekannt war. Nichts war Möbus zuviel. Im Extradampfer, im Extrasalonwagen, begleitet von Mr. Pain Expeller P. C. C., den beiden Boys und dem Pariser Koch, reisten Möbus und sein Dackel nach Moskau. Für die Heilung seines unersetzlichen Hundes gab Möbus die letzten Reste seines Vermögens.

Der berühmte Professor Fedorowitsch Wutki Rumfutsch in Moskau nahm den Dackel King Bell M. P. Wau-Wau Caro N. L. A. 769 für einen entsprechenden Vorschuß in seine Delirium-Abteilung auf. Zwei Monate befand sich King Bell M. P. Wau-Wau Caro N. L. A. 769 in der Behandlung des berühmten Spezialisten. Aber täglich wurde sein Zustand schlimmer, er lief bereits an den Wänden hinauf. Eines Morgens war er tot. Das war für Möbus die schwerste Katastrophe seines Lebens. Schweren Herzens, um seinem Liebling stets nahe zu sein, ließ er sich aus dem

Fell eine Pelzmütze machen. Der Körper wurde in Spiritus gesetzt und dem Britischen Museum gestiftet.

Der Kontoauszug der Bank wies noch einen Kredit von zwei Pfund auf.

Ein seinem verstorbenen Dackel entfernt ähnlicher Hund, den Möbus auf der Straße zu streicheln versuchte, biß ihn in die Hand. Möbus starb an diesem Biß. Der Hund hatte die Tollwut.

Hitze! Hitze!

Man spreche mir nicht von wollenem Unterzeug, von Kamelhaardoppelleibchen, von dicken Schafwollsocken, von Pelzmützen mit Ohrenwärmern, Pulswärmern, Glühwein oder heißen Bettkrügen. Oh, das lasse man lieber, denn ich kann dann sehr ungemütlich und häßlich werden. Ich bin ohnehin aufs höchste gereizt.

Ich bin kein Eisverkäufer oder Selterswasserfabrikant oder Aktionär eines Strandbades oder einer Badeanstalt. Ich profitiere nicht von den Hitzeferien in den Schulen. Ich habe nicht den geringsten Vorteil von der Hitze. Sie quält mich nur auf das furchtbarste und bringt mich dem Irrsinn nahe. Dazu kommt, ich bin schlecht gerüstet gegen dieses afrikanische Wetter.

Vor einigen Jahren starb mein Onkel Hubert. Ich bekam seinen Panamahut. Es war ein wertvoller Panama, so sagten meine Verwandten, die des Onkels goldene Uhr und seine Schmuckgegenstände an sich nahmen.

Man kann Panamahüte so lange tragen, wie man will, sie werden dadurch nicht reiner und ansehnlicher. Ich habe meinen Panamahut getragen, bis er grün wurde. Wir sind auf ein unterhaltsam, lehrreich Blättchen, den »Familienfreund«, abonniert. Da findet man eine Rubrik »Praktische Ratschläge fürs Haus«. Es wird angegeben, wie man Tintenflecken aus Damasttüchern entfernt, wie man aus Zahnstochern und Apfelresten lustige Spielzeuge für die lieben Kleinen machen kann, wie man Gardinen aus Muskeln stärkt, und auch, wie man alte Panamahüte wie neu auffrischt. Ich habe genau nach dem Panamaauffrischungsrezept gehandelt, ich habe stundenlang aufgefrischt. Ich muß irgend etwas falsch gemacht haben. Mein Panamahut ist wohl weiß geworden, ist aber zusammengeschrumpft wie ein Stück Haut. Ich habe ihn von einem befreundeten Architekten zum Hute formen lassen. Er bekam aber nur noch den Durchmesser einer Kaffeetasse und saß mir auf dem Kopfe wie ein Zündhütchen. Ich habe ihn einmal auf Zureden eines Todfeindes aufgesetzt. Alle Welt hat mich geschnitten. Assessor Bleistiftschutz hat ostentativ weggeguckt. Frau Rat Tüllentropf ist schnell in ein Geschäft geflüchtet. Das tat mir weh, sehr weh. Man hat den Hut dann bei uns zum Durchschlagen von Pflaumenmus benutzt.

Ich trage jetzt meinen guten braunen, so häufig verwechselten fünf Pfund schweren steifen Filz. Ich habe das Gefühl, als hätte ich einen brennenden Petroleumkocher auf dem Kopf. Meine Haare werden nur so abgesengt. Mein Kopf ähnelt einer Prärie nach einem Brande.

Man hatte mir als Kind gegen wehe Augen kleine Goldknöpfchen in die Ohren gemacht. Die Knöpfchen sind bei der durch den Filzhut verstärkten Hitze geschmolzen und abgetropft wie Siegellack. Auch ein Stück Ohrläppchen ging verloren, aber nur wenig. Die Ohren sind zu knallroten Blasen, gleich Kinderballons, angeschwollen. Ich sehe nun wirklich merkwürdig aus. Es kleidet mich nicht besonders. Vornehme Leute, die mal sagten, sie wollten mich einladen, haben es nie getan.

Ich habe eine wirklich, eine wirklich schöne weiße Hose gehabt. Ein angenehm kühles Kleidungsstück. Mein Patenonkel Emil Heisterbach, der zwei Häuser weiter auf der gleichen Straße wie wir wohnte, hatte sie auf einer Reise in Ruhrort für sich gekauft. Leichtsinnig, wie der alte Heisterbach immer war, hatte er die Hose nicht anprobiert. Natürlich war sie nachher zu eng, selbst wenn er die Schnalle offenließ. Er hatte sie mir dann zu meinem dreißigsten Geburtstag nebst zwanzig Mark in bar geschenkt. Ein herzensguter Mensch, der Onkel Emil! Er starb bald darauf.

Am Fettherz, der Arme!

Gott, das war eine Prachthose, etwas ungemein Erfrischendes hatte sie. Brachte man sie in die Nähe eines Thermometers, sank es gleich um etliche Grad. Diese Hose war die Kühle, der frische Wind an sich. Sie war ein Wunder, ein unglaublicher Triumph der Kühltechnik. Es lag hauptsächlich im Stoff, ein wenig zwar auch in der Konstruktion. Die Hose hatte messerartige Bügelfalten.

Ich war krankhaft stolz auf die Hose. Ich probierte sie fast täglich vor meinem Spiegel, wagte es aber nicht, darin auszugehen. Ich war sicher, daß es sofort regnen würde, und mit der Schönheit meiner schönen Kühlhose wäre es dann alle gewesen. Oder es konnte ihr anderes Mißgeschick im Getriebe der Straßen widerfahren. Ein Radfahrer konnte gegen mich fahren, Hunde konnten Unheil anrichten, kleine, süße, entzückende Kinderchen ihre mit Apfelkraut verklebten Händchen gegen meine Hose drücken. Ich wäre bald der Wunderhose verlustig gegangen. Schon in pietätvollem Gedenken an den guten Onkel durfte an der so außergewöhnlichen Hose nichts geschehen.

Außerdem stand in unserem »Familienfreund« nichts darüber, wie man weiße Hosen zu waschen habe.

Tag um Tag nahm die Hitze zu. Auf der Straße schmolz man hin wie Wachs. Der Asphalt war aufgeweicht, und die Straßen glichen Morästen. Die Welt draußen war eine Hölle.

Dinge, die man hart liebte, wurden weich, schmolzen; was weich sein sollte, wurde hart, dorrte aus. Butter wurde zu Öl und lief einem vom Brot in den Ärmel. Brötchen, die man, weiß Gott, ohne ein Feinschmecker und Genußmensch zu sein, gerne weich aß, wurden steinhart und erinnerten an Hammerköpfe aus der Steinzeit, wie man sie in

Museen findet. In den Flaschen brodelte der Wein und das Bier. Aus der Wasserleitung lief glühendes Blei, die Rohre verzehrten sich in der Glut. Die Metallplomben schmolzen in den Zähnen. Man sprach unter dem Einfluß der Hitze unwillkürlich einen Kongodialekt. Zigarren und Zigaretten rauchten sich selbst zugrunde.

Ich lag in drei Eisschränke verteilt, die Beine hatte ich in je einem und den Oberkörper und Kopf in einem anderen großen Eisschrank (mit mir zusammen waren noch Würste, Suppenknochen, Käse und ähnliches) und litt dennoch unter der höllischen Hitze. Ich verbrauchte einen Rhonegletscher an Eis. Um mich schnurrten weißglühende Ventilatoren.

Wie ein lähmendes Band legte sich die Glut um mein Denken; wenn ich leise mit dem Kopf wackelte, spürte ich das Gehirn plätschern.

Alles trotz der drei Eisschränke!

Ich mußte mein Gehirn beschäftigen, mußte mich für irgend etwas interessieren, wenn ich nicht im Stumpfsinn ganz vergehen wollte. Ich griff zur Zeitung. »Hitze, Hitze, Hitze«, atmete es mich glühend an aus ihren Spalten. Berichte über Hitzschläge, statistische Vergleiche der bisherigen höchsten Temperaturen, genaue Angaben der Gradhöhe morgens, mittags und abends aus allen Städten, Mittel gegen Hitzschläge, Vorschriften für die Bekleidung, über Hitzeferien, so höhnte es mich an. Was gingen mich alle die Vorschläge an über eine einheitliche Regelung der Hitzeferien! Der älteste Mann der Stadt soll darüber entscheiden! proponierte jemand. Die Vision peinigte mich: ein uralter Mann, höllenhaft schwitzend, auf einem Eiskühler sitzend, einer zweiten Pythia gleich dem fragenden Volke kündend, ob hitzefrei sei oder nicht!

Dem Himmel sei Dank, die Zeitung verbrannte mir in der Hand. Es wäre sonst mein Ende gewesen.

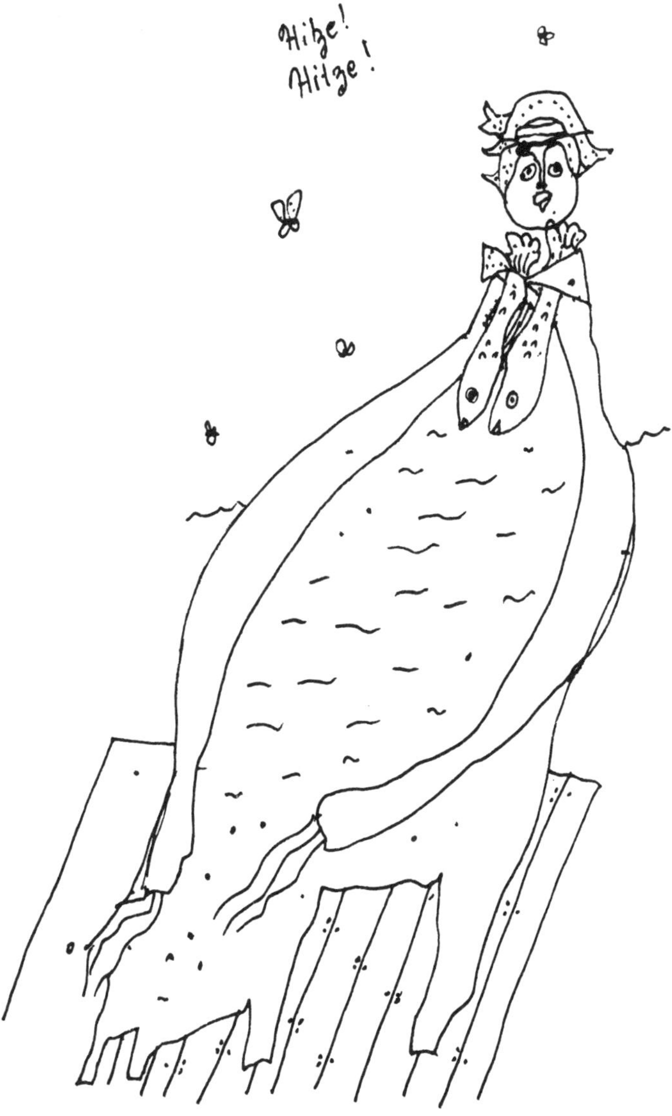
Hitze!
Hitze!

Ich mußte eines Tages allerdings in die Stadt. Ich hatte in der Wohltätigkeitslotterie zum Besten der vom Hitzschlag betroffenen Unglücklichen zwei Pelzkragen, einen Karton Aachener Printen und drei Dutzend Tulpengläser gewonnen. Die Gewinne mußten sofort eigenhändig abgeholt werden.

Es war an dem Tage so heiß, daß das Quecksilber oben am Thermometerrohr herausspritzte und die Wände hinaufkroch. Feuersalamander hörten auf, sich über zu frische Temperatur zu beklagen.

Nach langem Kampfe habe ich mich entschlossen, die weiße Hose anzuziehen. Sie bewährte sich glänzend. Die Strahlen der gierigen Sonne prallten ab an dem Weiß der Unschuld.

Wenn ich nicht den schweren Filz aufgehabt hätte und einen sechs Zentimeter hohen weiß lackierten Patentblechkragen »Schmilzt nicht«, so wäre es noch erträglicher gewesen.

Ich traf auf der Straße ein feuchtes, klebriges, transpirierendes Etwas, meinen Freund Adam Schüttelfrost. Er erinnerte an einen Fürst-Pückler-Eispudding, den das Mädchen aus Versehen angewärmt hat.

Er schwitzte einfach monumental, michelangelesk. Es war ihm so heiß, daß ihm beim Sprechen die Konsonanten in Vokale zerflossen.

Er war auf dem Wege zum Fluß. Er wollte baden. Er hatte noch den Kinderglauben vom »erfrischenden Bad«. Er hat dann auch richtig mit anderen ebenso naiven Unglücklichen den Tod gefunden. Sie sind alle schlicht im Fluß verbrüht. Sie hätten sich geradesogut in glühende Bouillon legen können.

Ich würde schon aus dem Grunde nie öffentlich baden, weil ich X-Beine habe. Zwar hat mir mal eine Amerikanerin in Ostende gesagt, ich hätte *a gotical act*, und es wäre *very nice indeed.* Aber was nutzt mir das, die Leute lachen doch.

Die weiße Hose funktionierte fabelhaft. Wäre ich nicht so unvorsichtig gewesen, mich in einen Korb schwarzer Waldbeeren zu setzen, hätte ich noch lange Nutzen von dieser Wunderhose »Antihitze« gehabt. Aber ich entsetzlicher Tölpel tat das.

Ich war ein gebrochener Mann. Ich habe in meiner Not die Hose gewaschen nach dem Panamawaschrezept aus dem »Familienfreund«, mit dem Erfolg, daß aus der Prachthose eine sehr kleine Schwimmhose wurde, so war die Hose eingelaufen.

Ich gehe jetzt nicht mehr aus und nehme mir die Tracht der Papuas zum Vorbild. Ich liege in meinen drei Eisschränken und beobachte die mit Leim bestrichenen Patentfliegenfänger »Hurra! Hurra!«, bedenke, wie weise die Natur die fehlende Kühle durch um so größere Mengen von Fliegen und Mücken ersetzt und so die Menschen tunlichst davor bewahrt, durch die gräßliche Hitze beeinflußt, in dumpfes Dösen und eine tödliche Lethargie zu verfallen. Alles ist weise eingerichtet. Oje, oje!

Tante Fina ist gegen das geleimte Fliegenband gelaufen. Es klebte ihr im Gesicht fest. Es war schwer, das Band abzumachen. Aber mit Gewalt ging es ab, zwar auch ein Stückchen Backe. Tante Fina schrie schrecklich. Dabei klebten ihr noch vier Fliegen im Gesicht. Die sahen aus wie Rosinen in einem mürben Platz. Ich habe sie abgepolkt und wieder auf den Fliegenfänger geklebt.

Alle, die der Tante Fina geholfen, hatten klebrige Finger. Auch Sebastian. Er hat gleich darauf Klavier gespielt. Die Tasten sind ihm an den Fingern klebengeblieben, er war ein jähzorniger Mensch und hat die Tasten wie Wurzeln ausgerissen.

Der Fliegenleimstreifen hängt an der Lampe herunter.

Ich stiere apathisch, wie die Fliegen so töricht sind und setzen sich auf den Streifen anstatt auf den Porzellanknopf der Hängelampe wie einst. Die Backofentemperatur steigt, steigt. Ich denke mit einem gewissen Behagen in meinen Eisschränken daran, daß ich bei einem solchen Teufelswetter höchst ungern Heizer auf einem Dampfschiff oder Radrennfahrer sein möchte.

Drei Fabeln ohne Moral

Der Fuchs und die Trauben

»Na, ich konnte mir auch denken, daß die Trauben noch nicht reif waren«, sagte der Fuchs und stellte den Stuhl, auf welchen er gestiegen war, um die Trauben zu kosten, wieder an seinen Platz.

Er streckte sich behaglich am Fuße des Weinstockes aus und ließ sich die Sonne auf den Pelz brennen.

Von ungefähr kam der Rabe geflogen. Der Rabe war ein Witzbold, ein kleiner Satiriker; die Tiere meinten, er sei boshaft. Er selbst hielt sich für einen Lebenskünstler; er war stets im *evening dress.*

»Hallo, wie schaut's, alter Freund« – Leute, die man nicht mag, nennt man gern alter Freund –, rief er dem Fuchs zu.

»'n Tag«, erwiderte lässig der Fuchs.

»Ah so, Traubenkur, was?«

»Zu sauer«, gähnte der Fuchs faul.

»Verstehe, verstehe«, kicherte hämisch der Rabe, flog an den Weinstock und pickte eine dicke Beere ab.

»Pfui, Teufel!« Wütend spuckte er aus und flog beschämt davon.

Der Fuchs feixte befriedigt.

Der Hahn und der Wurm

An einem Freitagmorgen sagte der Regenwurm nach dem Morgenkaffee zu seiner Frau: »Höre mal, Traudchen, es wird mir hier unten zu muffig, ich krieche ein wenig nach oben, um Luft zu schnappen.«

»Gott, Kaspar«, ängstigte sich die Regenwürmin, »gib nur beileibe acht, daß dir nichts passiert. Du weißt, speziell Hühner sind so unglaublich roh und rücksichtlos.«

»Ich bin Fatalist«, sagte der Regenwurm kurz und verabschiedete sich von seiner Frau. Leise vor sich hin weinend, schaute die Gute ihrem Gemahl nach, bis er an der Biegung des Ganges verschwand.

Im Hühnerstall krakeelte zur selben Zeit der Hahn mit den Hühnern.

»Ich bin des ewigen Körnerfraßes leid. Wenn derartig nachlässig für mich gesorgt wird, suche ich mir draußen selbst etwas. Wann hatte ich den letzten Regenwurm?« fuhr er sein Lieblingshuhn Mathilde an.

»Um Pfingsten«, stammelte dieses ganz zerknirscht.

Der Hahn warf die Tür ins Schloß und ging auf den Hof. Der Regenwurm war mittlerweile oben angelangt und hatte gerade das Loch verlassen.

»O Schrecken! Ich bin verloren«, murmelte er entsetzt, als er den Hahn gewahrte, der soeben die ersehnte Delikatesse erspäht hatte und in eiligen Schritten auf ihn zukam.

Schon bückte sich der Hahn, um sein Opfer zu verschlingen; da richtete sich der Regenwurm in seiner ganzen Länge kerzengerade auf und schnarrte dem Hahn entgegen: »Verzeihen Sie, ich bin eine Stricknadel.«

Der Hahn prallte zurück. Da er nicht gern Stricknadeln mochte, stammelte er verlegen: »Dann entschuldigen Sie bitte«, machte eine leichte Verbeugung und ging weiter.

Der Wurm lachte sich ins Fäustchen.

Die Rangierlokomotive und der Prellbock

»Sie sind mir im höchsten Grade unsympathisch, um mich nicht schärfer auszudrücken«, sagte die Rangierlokomotive zum Prellbock.

Es war eine Rangierlokomotive ältester Konstruktion, die nur noch dazu verwandt wurde, auf dem Hauptgüterbahnhof Waggons, die entladen werden sollten, in ein sogenanntes totes Gleis zu ziehen, an dessen Ende der Prellbock stand.

»Unsympathisch sind Sie mir«, knirschte sie und rannte absichtlich hart gegen den Prellbock.

»Lassen Sie mich doch, bitte, nicht immer unter Ihrer Unzufriedenheit leiden; ich kann doch nichts dazu, daß man Sie hier auf den Rangierbahnhof gesteckt hat«, meinte der Prellbock gutmütig, »ergeben Sie sich doch Ihrem Schicksal.«

»Ergeben, ergeben – so ein dummes Gewäsch! Man möchte explodieren, wenn man es mit ansehen muß, wie man heute unreifen, unerfahrenen Laffen von Maschinen, kaum der Werkstatt entwachsen, Züge anvertraut. Einen roten Streifen um den Schornstein und all die anderen Firlefanzereien habe ich nicht, Gott sei Dank, es täte mir leid, ich bin eine solide Person. Ich, ausgerechnet ich, bin dazu verdammt, blöde, ungebildete Güterwagen auf und ab auf diesem idiotischen Geleise zu ziehen. Veraltet sei ich! Ha-ha-ha! Ich veraltet! – Und Sie«, fiel sie plötzlich über den Prellbock her, »Sie haben nicht das geringste Verständnis für die Tragik in meinem Leben. Ihre langweilige Physiognomie immer vor Augen, das geht mir, weiß Gott, auf die Nerven. – Sie sind daran schuld! Sie versperren mir den Weg in die Welt! Ha, wie würde ich den Herren vom grünen Tisch zeigen, was die veraltete Lokomotive zu leisten vermag; hätte ich nur freie Fahrt vor mir. Sie – Sie versperren mir den Weg – Sie Reaktionär! Wenn Sie wüßten, wie ich Sie hasse, vom Grund meiner Seele aus hasse. Glotzen Sie nicht so dumm!« Sie rannte wütend gegen den Prellbock.

»Immer Ruhe, Ruhe«, suchte der Prellbock die Aufgeregte zu beschwichtigen. »Sie verbiegen sich nur die Puffer, und das ist schmerzhaft.«

Sein Phlegma erhöhte nur ihren Zorn. Rasend vor Wut pfiff sie gellend auf.

Tag für Tag wiederholten sie diese Szenen, und die Ausfälle gegen den guten Prellbock wurden immer heftiger, so daß es schließlich diesem, der doch eine Seele von einem Kerl war, zuviel wurde. Als wieder mal die Lokomotive in der gemeinsten Weise über ihn hergefallen war und ihn unter anderem ein reaktionäres Mastodon genannt hatte, riß dem Prellbock, der zwar nicht so recht wußte, was ein Mastodon sei, jedoch das Empfinden hatte, daß es ein sehr verletzendes Schimpfwort sein müsse, die Geduld, und er brüllte plötzlich los: »Lassen S' mir mai Ruah! Mai Ruah will i hob'n!«

»Sprechen Sie hochdeutsch mit mir, Sie Flegel!« schrie die Lokomotive und kam in voller Fahrt haßerfüllt auf den Prellbock losgefahren, um sich mit einem empfindlichen Stoß zu rächen. Fast berührten ihre Puffer den Prellbock, als dieser blitzschnell zur Seite sprang; die Lokomotive sauste durch, vergrub sich mit den Rädern im Dreck, überschlug sich und explodierte mit furchtbarem Knall.

»Mastodon. So eine Gemeinheit. Diese freche Person«, murmelte vor Erregung keuchend der Prellbock und hüpfte wieder an seinen alten Platz.

Onkel Bogumil trinkt

Im Familienrat machte man eines Tages Ernst und beschloß definitiv, Onkel Bogumil in eine Trinkerheilanstalt zu schaffen. Das konnte so nicht weitergehen, Onkel Bogumil trank zwanzig Flaschen Rheinwein und zwei Pullen dreisternigen Kognak. Das tat er nun schon seit vielen Jahren.

Seine Nase bekam dabei das Aussehen eines Glühstrumpfes. Der Datterich am Morgen wurde chronisch; und wenn ihn der alkoholhafte Stumpfsinn überkam, konnte es schon sehr schlimm werden.

Dann mochte es ihm gefallen, plötzlich an die Hängelampe zu springen und sich hin- und herzuschaukeln oder die Bilder von der Wand zu nehmen und die Farben abzulecken. Auch versuchte er, auf Schränke zu klettern. Stundenlang hüpfte er auf einem Bein im Zimmer herum, oder er war bemüht, sich auf den Kopf zu stellen. Sah er eine Fliege, so konnte er unbändig lachen. Er trieb noch anderes irres Zeug.

Die Familie hatte ihn jahrelang ruhig gewähren lassen, hoffend, daß ein Herzschlag seinem trinkfrohen Dasein ein Ende machen werde. Als er aber eines Tages anfing, mit den leeren Flaschen aus dem Fenster die Passanten zu bombardieren, sinnlos gegen das Mobiliar wütete, alles zerschlug und nach dreißig Flaschen Wein behauptete, es seien weiße Mäuse in seinem Zimmer, und schrie, man müsse eine Falle aufstellen und Gift streuen, wurde die Familie stutzig.

Den Umstand, daß Onkel Bogumil abends stets sinnlos betrunken war und wie ein toter Klotz unter den Tisch sank, benutzte die Familie, den völlig bewußtlosen Onkel wie ein Möbelstück in ein Auto zu verladen und in die Trinkerheilanstalt des berühmten Professors Sektpropp zu schaffen. Diese Trinkerheilanstalt nannte sich unverfänglich Alkohol-Entziehungs-Sanatorium.

Wenn der ehrsame, wohlsituierte Bürger sich in Sekt, schweren Weinen und schillernden Likören täglich gewohnheitsgemäß betrinkt, so sagt man fast anerkennend so obenhin: »Das ist ein handfester Trinker« oder »Der weiß einen guten Tropfen zu schätzen!« Wenn sich dann eines Tages bei dem handfesten Trinker oder feinen Weinkenner dic weiße Maus zeigt oder andere gesteigerte Verwirrungen, bemühen sich die Angehörigen in zwingender Fürsorge, den Betroffenen in einem Alkohol-Entziehungs-Sanatorium unterzubringen. Der kleine Mann aber mit geringen Revenuen, der dem unmäßigen Genuß gemeinen Fusels frönt, wird mit Abscheu ein Säufer und Trunkenbold genannt; und wenn ihn das Delirium tremens trifft, er Ladenfenster eintritt und sich an Frau und Kindern im Boxen übt, wird er mit staatlicher Fürsorge in einer Anstalt, die man unverhohlen und unbeschönigt »Säuferasyl« nennt, interniert. Als Onkel Bogumil nach zwei Tagen erwachte und um sich starrte, bemerkte er zu seinem Schrekken, daß die lieben weißen Mäuslein nicht wie sonst auf einer mit roten Klatschrosen bemalten Tapete hin und her liefen, sondern auf einer gestreiften Tapete ihr Wesen trieben. In seinem Kopf war es ihm wie ein Gekribbel von Ameisen und Käfern. Wo war er nur? Wo war der Tisch, unter dem er immer erwachte? Wo war seine Morgenpulle Kognak? Stöhnend und alkoholische Schwaden ausstoßend, versuchte er sich aufzurichten, er lag in einem Bett – das war ihm lange nicht passiert.

Zwei Männer in weißen Kitteln traten an sein Bett; es waren Professor Sektpropp und sein Assistent.

Wie Kinderaugen zu Weihnachten angesichts des brennenden Christbaums glänzen, so leuchtete es in den stieren Augen Onkel Bogumils auf, als er in der Hand des Assistenten eine Kognakflasche gewahrte. Man überließ ihm die Flasche, die er gierig hinuntergoß. Das war nicht sein Kognak Dreistern. Er verzog den Mund, pfui! Aber es war immerhin Alkohol. Tag für Tag bekam er allmorgendlich seine Flasche Kognak. Mit jedem Tage wuchs ihm der Ekel vor diesem Kognak, der bei ihm nur Bauchgrimmen und Brechreiz hervorrief. Mit dem Rheinwein, den man ihm gab, ging es ihm geradeso. Ein widerlicher Nachgeschmack, den er nicht los wurde, quälte ihn unsäglich. Dabei gab es nur fade Süppchen und nichts Scharfgewürztes, namentlich keine Salzgurken, die ihm so angenehm den Magen kitzelten. Nach vier Wochen wies er mit Abscheu und Ekel den Anstaltsalkohol zurück. Die Sehnsucht aber gärte in ihm qualvoll Tag und Nacht nach seinem alten Rheinwein und seinem Dreistern-Kognak. Allein seine Versuche, den Wärter zu bestechen, schlugen fehl. Er wurde bewacht wie ein Raubmörder, Flucht war ausgeschlossen.

Geschwächt von all den Quälereien, die der Sektproppsche Wein und Kognak bei ihm zur Folge hatte, verfiel er in eine tiefe Traurigkeit, und ein Moralischer lag auf ihm wie eine Lawine.

Professor Sektpropp war stolz auf seinen Erfolg. Seine Entwöhnungstherapie bestand darin, daß er dem Wein und Kognak ein Geheimmittel in gesteigerten Dosen beimischte, das dem Getränk einen widerlichen Nachgeschmack gab und die Patienten abschreckte. Dazu eine reizlose Kost, wie der Wissenschaftler sagte.

Um einen Rückfall zu vermeiden, hielt Professor Sektpropp eine strenge Internierung Onkel Bogumils auf weitere drei Monate unbedingt für nötig.

Onkel Bogumil hatte das Pech, daß er zu einer Zeit in

onkel trinkt
BOGUMIL

die Trinkerheilanstalt kam, wo allgemein nur diese quälende Art der Alkoholentziehung, wie er sie an seinem Leibe erfuhr, angewandt wurde. Heute geschieht die Entwöhnung auf schonendere Weise, was manchen trinkfesten Leser beruhigen und nicht abhalten wird, einen über den Durst zu trinken.

Eines Tages fragte Onkel Bogumil harmlos den Professor Sektpropp, ob er Sauerbrunnen trinken dürfe. »Aber natürlich, das ist mir sehr recht! Das beweist Ihre radikale Heilung von dem Teufel Alkohol!«

Onkel Bogumil schrieb an einen guten Freund, der auch ein fanatischer Verehrer alten Rheinweins war, ihm umgehend hundert Flaschen Sauerbrunnen mit Inhalt 1868 in das Sanatorium zu schicken.

Dieser Freund verstand den Wink. Und prompt kam das bestellte Mineralwasser an.

Es traf sich gerade, daß der Professor, der mit äußerster Strenge den Betrieb überwachte, auf einige Wochen verreiste und die Obhut über die Patienten dem Assistenzarzt anvertraute. Dieser war eine Zeitlang in derselben Weise wie Onkel Bogumil und viele Insassen des Sanatoriums dem Trunke ergeben gewesen. Seine Passion war auch alter Rheinwein gewesen. Er war dann in dem Sanatorium gründlich von dem Laster entwöhnt worden, so daß der Professor nicht zögerte, ihn als Assistenzarzt in seine Dienste zu stellen. Er baute felsenfest auf seinen neuen Assistenten.

Am Abend nach der Ankunft des Sauerbrunnens hörte man aus der Stube von Onkel Bogumil ungewohntes Grölen, dazwischen Gläserklingen. Der Assistenzarzt machte sich auf, pflichtgemäß zum Rechten zu sehen. Schon im Korridor witterte der feine Weinkenner in ihm den Duft alten kostbaren Rheinweines. Er schnalzte vor Begier mit der Zunge. Aus Onkel Bogumils Zimmer kam dieser Duft.

Er vergaß alle seine starken Prinzipien der Enthaltsamkeit. Mit der lechzenden Sehnsucht eines Verdurstenden in der Wüste stürzte er in Bogumils Stube.

Lautes Gebrüll empfing ihn. Eine Korona entwöhnter und halbentwöhnter Insassen des Sanatoriums hatte – wie den Arzt – der magnetische Duft des alten Rheinweins in das Zimmer Onkel Bogumils gelockt. Eine Flasche Sauerbrunnen nach der andern entstieg der Kiste. Schon bedeckten unzählige leere Flaschen den Boden. Kurz entschlossen riß der Assistenzarzt den mit einem duftenden goldbraunen Etwas gefüllten Humpen an sich. Dieser Sauerbrunnen war eine fabelhafte Rüdesheimer Auslese 1868. Der Freund hatte die Bogumilsche Bestellung richtig aufgefaßt.

Der tägliche Bedarf stieg ins ungeheure. Neue Sendungen trafen täglich ein. Alle Insassen lagen im Banne dieses köstlichen Gesöffs, und bei allen zeigten sich schon wieder jene neckischen bekannten Reaktionen von Alkoholvergiftung. Die Therapie Professor Sektpropps erlitt elend Schiffbruch und wurde mit dieser Massenbezechtheit glänzend *ad absurdum* geführt. Der Assistenzarzt sah zuerst wieder die weiße Maus. Onkel Bogumil lachte schon wieder über Fliegen. Die Berge leerer Sauerbrunnenflaschen im Hof ließen Vorübergehende staunen.

In dem sonst so stillen und friedlichen Sanatorium wütete die sinnlose Betrunkenheit, die sich in Grölen, eingeschlagenen Fenstern, auf die Straße geschleuderten Möbelstücken und Mineralwasserflaschen manifestierte. Es war ein Teufelsspektakel, wie bei einem Hexensabbat – Tag und Nacht. Onkel Bogumil sprang zum Fenster hinaus und brach sich den Hals. Die Bürger mieden die Straßen, wo das Sanatorium lag.

Als Professor Sektpropp von seiner Reise zurückkam und mit Mühe über Berge von Sauerbrunnenflaschen und

Kistenwällen zum Hause vorgedrungen war, machte er große Augen vor dieser Bescherung.

Sein Assistenzarzt schleppte sich auf allen vieren ihm entgegen und bellte ihn an.

Professor Sektpropp gab angesichts dieses völligen Mißerfolges seiner Alkoholentziehungs-Therapie seine Anstalt auf und wurde Weinreisender.

An die See
mag ich überhaupt nicht

Wie kompliziert es war, bis ich in die Sommerfrische kam

Ich hatte alles, was auf der ersten Seite meines Fahrplanes stand und vor dem Gebrauch des Buches zu lesen war, genau gelesen und kam nicht zurecht, ich kam, weiß Gott, nicht zurecht.

Qualvolle Tage, durchgrübelte Nächte, völliges Zerfallensein mit mir selbst, hitzige, erbitterte Dispute mit lieben Bekannten waren vorausgegangen, bis ich endlich zu einem Entschluß gekommen war, wohin ich überhaupt in die Sommerfrische gehen sollte.

Von dreiundachtzig Bekannten waren mir dreiundachtzig verschiedene Sommerfrischen empfohlen worden. Ein jeder behauptete von seinem Favoritenplatz, daß er das entzückendste Fleckchen auf der Erde sei. Man grollte mir, man haßte mich fast, man wandte sich wütend ab und brummte: »Warum fragen Sie mich denn, gehen Sie von mir aus, wohin Sie wollen«, wenn ich mich nicht im selben Augenblick enthusiasmiert für den gepriesenen Ort entschied.

»Nach Norderney müssen Sie gehen«, sagte mir Frau Geheimrat Doddersucht, die von ihren sechs Töchtern bereits vier auf Norderney losgeworden war – alles gute Partien, wirklich ausgezeichnet waren die Mädchen untergekommen. »Man trifft durchweg nur gute Gesellschaft dort. Exzellenzen Mosterts lernten wir vergangenes Jahr kennen, reizende Leute, ganz reizende Leute. Ach, und die Reunions sind so entzückend, wirklich nur nette, charmante Herren mit Lebensstellungen. Ich habe für Tilly und Erna noch neue Ballkleider nachkommen lassen.«

Behüte mich Gott! Das waren Perspektiven, die mir geradezu eine Gänsehaut verursachten.

Borkum – »Ich bin jedes Jahr sechs Wochen mit meinen Kleinen dort. So nett ist das mit dem Kinderbataillon, so herzig, und den Kleinen macht es gar soviel Spaß, so lieb können die Kinderchen mit ihren Eimerchen am Strand spielen«, pries mir Frau Knüsterpüster, Mutter von acht unerwachsenen Kindern, dieses Nordseebad.

Die lieben Kinderchen! Aber ich bin nicht gern der gute Onkel, der ihnen mit Eimerchen im Sand spielen hilft.

»Nach Knocke«, riet mir Herr Selmenkuhl, »man trifft dort immer Leute aus unserer Stadt, das ist zu nett.«

Ich fand das gar nicht so arg nett und dankte.

»Ostende, das ist was für Sie«, suchte mich Herr Huschebold zu begeistern. Ernste Männer nannten ihn einen Windbeutel, einen Schürzenjäger. Am Stammtisch sagte man, er sei ein verdammt toller Kerl, man kniff dabei ein Auge zu und schlug sich auf die Beine.

»Famose Weiber in Ostende, feiner Betrieb, tipptopp.« Er stieß mich in die Seite: »Familienbad!«

Ich will meine Ruhe haben!

»Zoppot! Idyllisch – poetisch«, schwärmte Goliath Bumke, »ha, die Unendlichkeit des Meeres, die Sinfonie des Wassers!« Dabei flog mir ein verkautes Blättchen seiner Zigarre, das ihm von ungefähr in den Mund geraten war, an die Backe; es war eine Angewohnheit von ihm, er tat das immer. »Reisen wir zusammen, ich reise morgen!« schlug er vor.

Auch Bumke gab ich einen Korb.

An die See mag ich überhaupt nicht, denn ich habe X-Beine, die mir nicht erlauben, öffentlich zu baden.

Nach Thüringen – da sind mir zu viele Berliner. In den Harz– da sind mir auch zu viele Berliner. An den Rhein – da ist es im Sommer zu heiß. Scheveningen – da ist es mir zu fein. Zandvoort – da sind nur Holländer. Nach Rügen – das ist mir zu weit, und an den Kreidefelsen macht man sich den schwarzen Anzug weiß. In die Eifel – die ist in den Ferien so überlaufen. In den Hunsrück – da weiß ich überhaupt nicht, wo das ist. In die Schweiz – da geht jetzt jeder hin, außerdem hat man die Schererei mit dem fremden Geld und der Verzollung. In die Bayerischen Alpen – da verstehe ich den Dialekt nicht. In den Spessart – da bin ich zu bange wegen der Räuber. Nach Triberg – da wäre ich nett verrückt.

Ich wußte nicht ein noch aus. Es war entsetzlich. Die wenigen Leute auf der Straße, die Häuser, selbst die Droschkenpferde schauten mich höhnisch an und feixten. Heißer und heißer wurde es in der Stadt. Ich mußte weg, ich mußte jetzt unbedingt weg. Aber um Himmels willen, wohin?

Da kam mein Freund Edeward. Edeward hatte eine Schnauze, gegen die niemand ankam.

»Du fährst in den Württembergischen Schwarzwald, wohlverstanden in den Württembergischen«, legte er los, »ich war in diesem Frühjahr dort, in einem famosen kleinen Nest, hoch auf einem Bergrücken, inmitten wunderbarer Tannenwaldungen. Das ist etwas für dich. Verpflegung tadellos. Dann soll es im Sommer, wenn wir hier am Rhein bald umkommen vor Hitze, gar nicht zu heiß sein, immer weht ein erfrischendes Lüftchen da oben. Und dann vor allen Dingen billig: drei Mark volle Pension. Denke dir, mit Nachmittagskaffee, ist das nicht erstaunlich?«

Mit Nachmittagskaffee, das war ja ganz außerordentlich, verwunderte ich mich, im übrigen schien mir die Sache zu passen. Ich war des weiteren Suchens aber auch völlig überdrüssig und klammerte mich an Edewards Vorschlag, nur um aus dem furchtbaren Dilemma herauszukommen.

»Du mußt über Karlsruhe fahren, dann Karlsruhe–Pforzheim, du findest es leicht in jedem Kursbuch«, hatte Edeward noch gesagt und war dann gegangen.

Du findest es leicht – so eine Gemeinheit. Ich saß jetzt

in der zweiten Nacht vergraben in einen Stoß von Kursbüchern und kam nicht zurecht und kam absolut nicht zurecht. Ganz blöde war es mir im Kopfe; die Zahlen tanzten mir vor den Augen.

Bis Köln – ja, das fand ich, dann fing es schon an; links- und rechtsrheinische Strecken, daraus soll jemand klug werden! Dann war am Kopf der Zahlenrubrik ein W oder ein L oder ein D oder Gabel und Messer oder ein Fahrrad oder ein Stern, oder die Zahlen hörten mitten in der Kolonne ganz auf. Dann paßten die Stationsnamen nicht zu den Zahlenreihen, weil die eine Seite zu hoch oder zu niedrig geheftet war. Mainz hatte ich endlich gefunden, und ich freute mich schon riesig; da merkte ich, daß ich den Dampferfahrplan aufgeschlagen hatte.

Leicht zu finden – ich lachte gellend und verfluchte alle Eisenbahnen, alle Kursbücher, alle Sommerfrischen, mich selbst, Edeward und wer mir noch gerade einfiel.

Dann hatte ich Mainz wirklich, fand auch Karlsruhe irgendwo ganz hinten, verblätterte die Seite mit Mainz wieder, wußte nicht mehr, ob ich links- oder rechtsrheinisch nachgesehen hatte, verlor auch noch Karlsruhe wieder und fand zum Schluß überhaupt gar nichts mehr. Die dicken Tränen standen mir in den Augen. Dann raffte ich mich auf und griff zu einem Kursbuch, speziell für Süddeutschland. Da war wieder Köln und Mainz nicht zu finden. Ich ging vorsichtig von Karlsruhe aus, alles klappte, bis ein Pfeil in eine Nebenrubrik zeigte, und alles war wieder verloren. Ich schrieb ganze Zahlenkolonnen ab, ich blätterte wie im Wahnwitz, griff immer zu neuen Kursbüchern, steckte meine sämtlichen zehn Finger als Lesezeichen in die Bücher, stierte mit weit aus dem Kopf stielförmig hervortretenden Augen in das Zahlenchaos und murmelte mechanisch: »Köln, Bonn, Remagen, Bingerbrück, Mainz, Mainz, Mainz . . .«

Ich dachte ernstlich an Selbstmord.

Am dritten Tag fand ich den Anschlußzug von Mainz nach Karlsruhe. Von Karlsruhe weiter nach Pforzheim, das kümmerte mich vorläufig nicht, wenn ich nur schon mal in Karlsruhe war. Wie ein Besessener sprang ich auf, kletterte vor Übermut auf den Kleiderschrank, stellte mir eine brennende Kerze auf den Kopf und sang Wanderlieder, bis ich völlig außer Atem war.

7 Uhr 20 am nächsten Morgen würde ich fahren. 7 Uhr 20, eine traute Zahl! Das war meine Zahl, ich war ganz stolz; 7 Uhr 20, wie das klang, welche Phonetik!

Den ganzen Tag über war ich in einer fieberhaften Tätigkeit. Ich kaufte mir schon ein Billett bis Karlsruhe, um am anderen Morgen freie Hand zu haben, stopfte meinen Kram in den großen Koffer und in eine herzige Handtasche, sang wieder Wanderlieder, gebärdete mich überhaupt wie ein junges Füllen.

Punkt 6 Uhr am anderen Morgen ließ ich mich wecken.

Fünf Minuten nach sieben war ich am Bahnhof.

Meinen großen Koffer gab ich bis Karlsruhe auf. Die gelbe Leinenhaut meines Rohrplattenkoffers schauderte, als ein herkulischer, bärtiger, wildfremder Mann mit übelriechendem Leim eine Nummer aufklebte. Ich mußte an einem kleinen Fensterchen drei Mark achtzig bezahlen und bekam dafür ein dünnes Papier; dieses so wichtige Dokument nicht zu verlieren war jetzt meine einzige Sorge.

Ich hatte noch eine dick angeschwollene Handtasche zu tragen, einen Regenkragen, einen Paletot, einen Schirm und einen Stock, mit einer Kordel zusammengebunden; der Stock rutschte immer heraus oder stellte sich quer. Dann hatte ich noch bei mir eine photographische Kamera, eine Tüte mit Schinkenbroten und drei weich gekochten Eiern für unterwegs; meinen Fahrplan für Süd-

Wie es kompliziert war ...

deutschland und einen Packen Reiselektüre hielt ich krampfhaft gegen mich gepreßt.

Ich kam an die Sperre. Wo habe ich mein Billett? Billetts habe ich immer in der linken Westentasche. Da ist es nicht. Oder rechts – auch nicht. Ich erbleichte – oder in der Innentasche des Rockes – oder in einer der Seitentaschen oder im Paletot.

»Durchgehen, durchgehen, nicht die Passage versperren!« schrien hinter mir Ungeduldige. Der Mann mit der Zange hielt die Hand gezückt. Ich fand das Billett nicht. Ich stellte meinen ganzen Kram ab und ließ die Hände blitzschnell in allen Taschen herumsausen – zog andere Papiere mit heraus, die zu Boden fielen, bückte mich danach, mein Hut fiel ab, meine Brieftasche rutschte mir aus der Tasche. Der Angstschweiß trat mir auf die Stirn: mein Billett war weg. »Sehen Sie doch einmal ganz ruhig nach. Sie werden es schon finden«, meinte der Bahnsteigschaffner gütig. Das nützte auch nichts, das Billett war und blieb verschwunden. Ich mußte 7 Uhr 20 weg, ich mußte unbedingt weg, dann schon lieber ein neues Billett.

Ich stürzte zum Schalter. Am Schalter stand ein Mann, der nach Stallupönen wollte und sich auseinandersetzen ließ, auf welcher der vielen Routen er am besten dahinkomme. Er war schwerhörig und verstand den Beamten nicht. Ich tanzte von einem Bein auf das andere. Ich stieß und drängte den Mann mit Ellenbogen und rief in das Fensterchen: »Karlsruhe, schnell, schnell!«– »Nach der Reihe, einer nach dem anderen, nicht vordrängen. Sie kommen auch noch dran«, verwies mich der Beamte milde. Der Mann, der nach Stallupönen wollte, schimpfte, legte sich dann extrabreit vor das Fensterchen und ließ sich seinen Reiseweg weiter explizieren. 7 Uhr 15 zeigte die Uhr. Noch fünf Minuten. Ich zitterte vor Aufregung. Daran sollte also die Reise scheitern! Endlich, endlich war der

Mann erledigt. Ich schrie in das Fensterchen: »Karlsruhe, schnell, schnell!« Der Beamte war weggegangen. 7 Uhr 18, noch zwei Minuten. »Karlsruhe, Zweiter, geben Sie mir doch ein Billett nach Karlsruhe!« brüllte ich jetzt in das Fensterchen. Der Beamte kam langsam in den Kartenraum zurück und begann in seinem Fahrkartenschrank zu suchen. Dann mahnte er: »Geld, Geld!«

Ich hatte noch kein Geld ausgepackt. Ich kramte in den Taschen herum, versuchte mit dem Gold und Silber, das ich bei mir führte, zu bezahlen. Es reichte nicht, ich mußte einen Hundertmarkschein wechseln lassen. Das hielt wieder auf.

Auf 7 Uhr 20 schnappte der Zeiger, als ich mit meinem Billett zur Sperre stürzte. Schnell die Handtasche und die übrigen Sachen, die friedlich verstreut auf dem Boden meiner harrten. Ich raste durch den Bahnhofsgang, rannte eine alte Frau um, hinter mir her wurde geschimpft, eilte die Treppe hinauf und erreichte den Bahnsteig, als gerade der Zug langsam die Halle verließ. In einigen gewaltigen Sätzen hatte ich den letzten Wagen erreicht – einen Wagen Vierter Klasse. »Zurückbleiben, wollen Sie wohl zurückbleiben!« schallte es hinter mir energisch. Ich lief noch ein Stückchen neben dem Zug her, dann gelang es mir, den Handgriff zu packen, ich schwang mich auf die Plattform. Stock und Schirm kamen mir zwischen die Beine. Ich kam zu Fall und stieß mir furchtbar das Schienbein an der Plattform. Mein pralles Köfferchen flog in hohem Bogen durch die Luft und platzte auf dem Steinboden des Perrons. Meine teuren Socken, meine Zahnbürste, mein Kamm, meine Seife, meine Pantoffeln, mein Nachthemd und mancherlei andere diskrete Bekleidungsstücke verstreuten sich auf dem Boden und waren den profanen Blicken hämischer Menschen preisgegeben. Mein schöner gelber Paletot war an einem Haken des Waggons hängengeblieben und schleppte über die fettigen Gleise. Meinen Regenkragen hatte ich schon auf der Treppe verloren, gleichzeitig mit dem Fahrplan und den Zeitungen. Die Kamera war mir bei dem Zusammenstoß mit der alten Frau aus der Hand geflogen. Schirm und Stock hingen zerbrochen am Trittbrett. Ich lag auf dem Bauch auf der Plattform mit zerschundenem Schienbein, zerrissener Hose, ohne Hut; nur die Tüte mit den Schinkenbroten hielt ich noch krampfhaft in der Hand. Mit den Eiern schien etwas vor sich gegangen zu sein, es lief mir ein gelbes, nasses Etwas über die Finger. Egal, egal, egal, ging auch alles zum Teufel, ich hatte meinen Zug erreicht.

Ich erhob mich ächzend aus meiner unwürdigen Lage. Was war das? Der Zug fuhr langsamer und immer langsamer, stand dann ganz still und fuhr wieder zu meinem größten Entsetzen in den Bahnhof zurück; er hatte nur rangiert.

Viele energische Hände nahmen mich in Empfang. Man zog mich von der Plattform und schleppte mich in das Büro des Stationsvorstehers. Mein Bein tat mir scheußlich weh, ich konnte kaum gehen. Meine neue Hose hing in Fetzen herunter. Sehr mitgenommen sah ich aus. Alle Leute lachten, stießen meine schönen Sachen, die auf dem Perron herumlagen, mit Füßen und machten häßliche Witze.

»Nein, so was! Nein, so was ist mir nun doch noch nicht vorgekommen«, keuchte wütend neben mir ein Mann mit einer roten Mütze, »das muß exemplarisch bestraft werden, exemplarisch!«

Mir war ganz unklar, warum dieser Mann so wütend war; ich hatte doch das kaputte Schienbein, mein Köfferchen war geplatzt, meine Socken, meine Zahnbürste, meine Seife und so weiter lagen auf dem Boden herum, mein Paletot war verdorben.

Ganz willenlos, völlig gebrochen ließ ich mich in ein unfreundliches Zimmer mit hohen, langweiligen Pulten schieben.

Ganz apathisch antwortete ich auf die seltsamsten Fragen. Dann mußte ich ein Formular unterschreiben und zum Schluß vierzig Mark bezahlen.

Ein Mann, auch in Uniform, hatte Mitleid mit mir. »Wohin wollen Sie denn eigentlich?« erkundigte er sich teilnehmend.

»Nach Karlsruhe mit dem Zug sieben Uhr zwanzig«, schluchzte ich verzweifelt.

»Sieben Uhr zwanzig – sieben Uhr zwanzig – da fährt aber kein Zug nach Karlsruhe. Da müssen Sie sich irren.«

»In meinem Fahrplan steht dieser Zug«, jammerte ich.

»Sieben Uhr zwanzig – warten Sie mal!« Der freundliche Mann nahm ein Kursbuch zur Hand. »Richtig, sieben Uhr zwanzig fährt ein Zug, das ist aber abends. Sie haben den Strich übersehen.«

Ich suchte unter dem Feixen der Menge meine Sachen zusammen, schlich in den Wartesaal und begab mich daran, mich in schweren Dingen furchtbar zu betrinken. Vorher hatte ich den Portier mit heiligen Eiden und fünf Mark verpflichtet, mich, könne kommen, was wolle, in den Zug 7 Uhr 20 abends nach Karlsruhe zu schaffen.

Viele Rotweinflaschen, leere Kognakflaschen, das war meine letzte Vision, dann weiß ich nicht mehr, was mit mir geschehen ist.

Die Sonne schien mir ins Gesicht, als ich wach wurde mit einem furchtbaren Brummschädel, einem entsetzlichen Sodbrennen, eingehüllt in eine dicke Kognakatmosphäre. Ich befand mich in einem fahrenden Zug.

»Billjät vorwiese, biiäh!« hörte ich jemand sagen. Ein Schaffner in einer fremden Uniform stand vor mir. Verstört zog ich aus der linken Westentasche meine Fahrkarte.

»Sie hätten in Karlsruhe aussteigen müssen, wir sind bereits in Basel«, sagte mir der Mann kopfschüttelnd.

Schon fuhr der Zug in den Hauptbahnhof Basel ein.

Wieder längere, kostspielige Erörterungen auf dem Stationsbüro.

Dann folgte eine schreckliche Zeit. Ein gräßlicher Fluch heftete sich an meine Fersen: unstet und flüchtig. Nie, aber auch nie saß ich im rechten Zug. Immer schlief ich ein und versäumte, wo es nötig war, aus- oder umzusteigen.

Ich war während dieser irren Fahrt in Genua, Zürich, München, Leipzig, Breslau, Kattowitz, Wien, Berlin, Hamburg, Königsberg gewesen, hatte vier Tage im Polizeigewahrsam, einen Tag auf dem schwedischen Konsulat, zwei Nächte im Gasthaus Zur Heimat, eine Nacht in einer Wandererarbeitsstelle, drei Tage in einem Trinkerasyl, zwei volle Tage in einer Irrenanstalt, zwei Nächte im Obdach der Inneren Mission und die übrige Zeit auf der Eisenbahn und in Wartesälen und Bahnhofstoiletten zugebracht.

Vier Wochen dauerte diese entsetzliche Kreuzundquerhast.

Nur dem Umstand, daß ich aus Versehen endlich in den richtigen Zug stieg und durch festes Einschlafen verhindert war, irgendwo wieder in einen falschen Zug umzusteigen, hatte ich es zu verdanken, daß ich endlich eines Tages doch die von Edeward gepriesene Sommerfrische erreichte.

Was mir an der Table d'hôte in der Sommerfrische passierte

Ich bin wirklich ein unglücklicher Mensch. Ich leide an Respekt vor anderen Leuten. Ich möchte so gerne imponieren und eine gute Figur abgeben. Ich weiß theoretisch genau, was ich zu tun habe, in der Praxis aber versage ich regelmäßig. Die geringste Kleinigkeit gibt mich der hilflosesten, täppischen Schüchternheit preis.

Gott, ich fürchte mich immer vor dem Augenblick, als Eingeladener, natürlich verspätet, den Empfangssalon, wo schon alle Gäste versammelt sind, zu betreten oder den Speisesaal eines Hotels, wenn die gemeinsame Tafel schon begonnen hat, oder das Theater oder den Konzertsaal. Das Gefühl: jetzt passiert dir etwas Dummes und du bist blamiert, hängt wie ein Damoklesschwert in solchen Augenblicken über mir.

Das Essen hatte schon begonnen, als ich zitternd den Speisesaal des »Goldenen Bären« zu M. im Schwarzwald zum erstenmal betrat.

Ich war am Abend vorher spät angekommen. Ich hatte mich mit besonderer Sorgfalt angezogen, um mich bei der ersten Table d'hôte in günstiger Weise vorzuführen. Von meinen weißen Flanellhosen mit den messerschneideartigen Bügelfalten erhoffte ich eine besondere Wirkung, einen vollen, durchschlagenden Erfolg.

Man war schon an der Suppe.

Das Suppengeschlürfe verstummte plötzlich; alles schaute mir entgegen.

Ganz unten an der Tafel wies man mir einen Platz an.

Ich machte eine Verbeugung nach vorn. Da saß ein Ehepaar mit einem vierjährigen Jungen in einer weißen Matrosenbluse. Nach links gegen einen bärtigen Mann in Wollwäsche und mit einer Troddel am Hals heraus.

Als ich saß, ging das Suppengeschlürfe wieder munter weiter. Ich schaute die Tafel hinauf. Oben am Kopfende saß breit ein dicker Herr mit einem roten Gesicht und einem goldenen Kneifer; der Kneifer war mit einem Kettchen an einem um das Ohr gelegten Haken befestigt. Auch hatte der Herr einen Schmiß auf der Backe. Gleichwohl war er nicht stolz und sprach jovial mit seinen Nachbarn, die sich sichtbar geehrt fühlten und häufig »Herr Rat« sagten.

Dann fielen mir zwei magere Damen auf mit bescheidenen runden Haarknüzchen als Frisur hinten im Nacken und im Rücken abstehenden Korsetts. Die eine mit einer Elfenbeinbrosche, eine Hand mit einem Blumenstrauß. Die andere mit einer großen Kameenbrosche mit dem Bild der Königin Luise. Neben ihren Tellern standen Medizinflaschen und eine Schachtel mit Pillen. Über den Stuhllehnen hingen rote gehäkelte Tücher mit Fransen, die von Zeit zu Zeit auf den Boden fielen. Ein junger Mensch mit Mitessern im Gesicht, der fortwährend um nichts errötete und vor lauter Angst entsetzliche Mengen Brötchen aß, saß neben ihnen.

Einige ältere Damen mit würdigem silberweißem Haar und schwarzen Gardinchen auf dem Kopf guckten streng auf zwei Backfische in frisch gestärkten, abstehenden Kleidern, die fortgesetzt die Köpfe zusammensteckten und kicherten.

Schräg mir gegenüber, neben dem Ehepaar mit dem Jungen, saß eine dicke, gefährlich dicke Dame in einer seidenen Bluse mit Spitzeneinsatz, der man ansah, daß sie viel Geld gekostet hatte, am Hals ein großes, mit Brillanten besetztes Hufeisen. An den dicken Fingern und in den Ohren nochmals Brillanten.

Wer auf meiner Seite saß, konnte ich nicht sehen. Es gab Suppe mit langen Fadennudeln. So lange Nudeln hatte ich noch nie gesehen. Die Dinger mit einer gewissen Grazie zu verschlingen, das ist nicht ganz leicht. Vom Löffel flutschten sie zurück in die Suppe oder auf das Tischtuch oder auf meine Rockaufschläge, viele blieben auch am Kinn und an den Backen hängen und bildeten einen wallenden Bart. Ich wurde nervös. Die Leute guckten schon. Der Junge mir gegenüber lachte laut und stopfte sich mit den Fingern die Nudeln klumpenweise in den Mund. Seine Mutter sagte, das sei ein echtes süddeutsches Gericht. Jetzt war mir ein Nudelwirrwarr auf den Boden gefallen, meine Füße verwickelten sich darin. Ich strampelte mit den Beinen, um mich aus der glitschigen Umschlingung zu befreien, trat dabei unter den Tisch, daß die Teller hochsprangen. Ich wurde immer nervöser. Jetzt hing mir eine lange Nudel am Mund heraus, ich sog, ich sog, sie hatte sich um einen Knopf verschlungen. Plötzlich sprang der Knopf ab, und das Ende der Nudel schnellte mir ins Gesicht.

Die Tränen schossen mir in die Augen. Ich hielt meine Serviette vor das Gesicht.

Von allen Seiten wurden Ratschläge gegeben, wie man etwas aus dem Auge machen müsse. »Schneuzen, stark schneuzen!« erklärte der Mann mit der Troddel kategorisch. »Nach der Nase zu reiben!« hieß es.

»Überhaupt nicht reiben!« widersprach ein anderer.

»Den Augendeckel aufheben!« riet wieder jemand.

Endlich hatte ich die heimtückische Nudel erwischt. Dicke Schweißperlen standen mir auf der Stirn.

Am liebsten wäre ich aufgesprungen und aus dem Saale gelaufen. Mir war das furchtbar peinlich. Die Leute am Tisch lachten verstohlen. Einige fragten, ob es jetzt besser sei.

Plötzlich wandte sich der wollene Mann mit heiserer Stimme an mich: »Gedenken Sie länger hierzubleiben, mein junger Freund?«

Alles am Tisch beugte sich vor und schaute nach mir. Ich war noch immer mit den Füßen in die Nudeln verwikkelt und suchte mich unbemerkt zu befreien. Ich war zu verstört, um etwas zu sagen. Nervös machte ich Pillen aus Brot und bekam einen roten Kopf.

»Wohl nur Passant?« fuhr der Wollmensch hartnäckig fort. Jetzt hatte ich den linken Fuß frei. Die Nudeln hatten sich um das Stuhlbein geschlungen und hielten den rechten Fuß noch fest. Ich starrte, ganz von meinen Befreiungsversuchen unter dem Tisch in Anspruch genommen, vor mich hin und drehte mechanisch Brotpille auf Brotpille.

»Ein entzückendes Plätzchen hier oben« – mein Nachbar war ausdauernd.

Ich hatte nun auch den rechten Fuß frei und atmete erleichtert auf.

»Wie bitte?« wollte ich mich gerade an den Wollenen wenden, als der Junge mir gegenüber anfing, unruhig zu werden.

Auf dem Tisch stand ein Aufbau mit Essig, Öl, Pfeffer, Salz und Senf. In der Essigflasche schwamm eine tote Fliege. In Essigflaschen sind immer tote Fliegen, das muß so sein. Eine wenigstens bestimmt. Der Junge wollte die tote Fliege haben, er wollte sie absolut haben. Der Vater sagte, das gehe nicht, die Fliege gehöre dem Wirt. Erst als die Mutter ihm den Senftopf zum Spielen und ein Glas Rotwein zu trinken gab, war der Junge ruhig. Der Bub langweile sich, erklärte die Mutter. Der Fisch wurde hereingebracht. Als die Reihe an mich kam, lagen auf der Schüssel nur noch einige Scheiben Zitronen und eine Flosse. Von gegenüber reichte man mir eine zweite Schüssel, auf der auch noch ein Kopf lag.

»Schmackhaft, äußerst schmackhaft«, schmatzte der wollene Mann und schob sich ein großes Stück mit dem Messer in den Mund.

Ich sah einmal japanische Jongleure, die mit einer wunderbaren Geschicklichkeit mit Stäbchen und Kugeln balancierten. Der Mann neben mir war ihnen bedeutend über. Es grenzte ans Fabelhafte, mit welcher enormen Sicherheit er alles, aber auch alles mit dem Messer zum Munde führte.

»Ich komme schon zehn Jahre hier herauf«, fing der bärtige Mann noch kauend wieder an, »zehn Jahre, mein junger Freund. Böllerknüz, Böllerknüz ist mein Name!« Er lehnte sich gegen mich und prustete mir ein Stückchen Fisch an die Backe. Wohlerzogen verneigte ich mich: »Schmitz, Herr Schmitz.«

»Dann sind Sie wohl aus Köllen«, rief die dicke Dame mit der teueren Bluse über den Tisch, »in Köllen heißen alle Leute Schmitz!« Sie wackelte wie eine gallertartige Masse vor Lachen auf ihrem Sitz über ihr glänzendes Bonmot. Auch die anderen Leute am Tisch lachten. Nur die Damen mit den Knüzchen und der Elfenbein- und der Kameenbrosche lachten nicht. Sie hatten sich gerade Pillen in den Mund gesteckt und schluckten sie krampfhaft.

»Doch nichts für unjut«, fuhr die seidene Bluse fort, »Spaß muß sein. Wir sind doch nicht umsonst die fidelen Rheinländer.«

»Ich bin nicht aus Köln, ich bin aus Düsseldorf«, klärte ich auf.

»Düsseldorf, das kenne ich auch, gewiß. Ich hab eine Tochter da verheiratet, Frau Neverding. Sie kennen sie sicherlich.«

Bedauernd verneinte ich wohlerzogen.

Das Gespräch wurde unterbrochen. Es wurden große Schüsseln mit seltsamen Dingen hereingebracht.

Was mir an der table d'hôte
in der Sommerfrische
passierte.

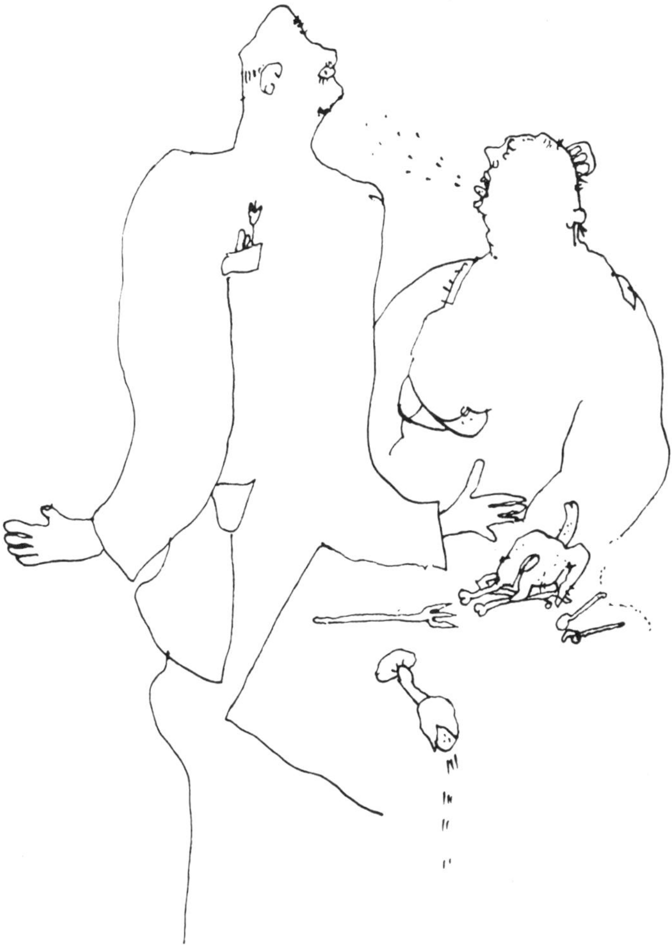

»Ah, Spätzli!« hieß es allgemein.

Man fing bei mir an. Ich hatte noch nie Spätzli gegessen, ich war zu bang, ich wollte mich nicht wieder blamieren wie eben mit den Nudeln, ich dankte.

»Oh, Sie nehmen keine Spätzli?« klang es vorwurfsvoll von allen Seiten.

Der Junge mir gegenüber steckte den Serviettenring in den Senftopf und einen Finger tief in die Nase. Er mopste sich grenzenlos.

»Der Bub langweilt sich«, klagte die Mutter, »sonst ist er aber brav.«

Man brachte das Geflügel. Natürlich kam jetzt die Schüssel wieder zuletzt zu mir. Zwei Ellenbogenstücke und ein Bürzel lagen noch auf der Platte. Ich war zu schüchtern, der Servierfrau etwas zu sagen. Böllerknüz hatte mir die letzten beiden ansehnlichen Stücke vor der Nase weggenommen. Er arbeitete an einem Rumpfstück. Er war wütend, da er merkte, daß er hereingefallen war. Es war nur Knochen. Erregt stach er auf das Stück ein. Es glitschte weg, und der reichlich mit Sauce befeuchtete Rumpf einer guten Ente flog mir in den Schoß. Nicht genug damit, warf Böllerknüz im Eifer, das Stück Vogel zu schnappen, mein gefülltes Rotweinglas um, so daß meine Hose auch hiervon einen guten Genuß mitbekam.

Ich grinste und meinte taktvoll: »Oh, das tut nichts!«

Ein brauner häßlicher Fleck als Insel in einem großen Rotweinmeer auf meiner feinen weißen Hose.

Der Junge mir gegenüber lachte aus vollem Hals und schrie: »Ho, der komische Onkel!«

»Das sagt man nicht«, verwies ihn die Mutter.

»Der Bub ist vorlaut«, ergänzte der Vater.

»Ist mich mal in Luzern im Schweizerhof passiert. Ein Kleid von achthundert Mark vollständig verdorben«, sagte die Kölnerin.

Ich beteuerte fortgesetzt, daß das gar nichts machte. Man konnte fast meinen, es hätte mir nichts Erwünschteres passieren können.

Der Junge langweilte sich schon wieder. Er packte eine tote Eidechse und einen Flaschenkorken aus der Tasche aus und spielte damit. Die Mutter sagte, der Bub langweile sich. Überhaupt sei so eine Table d'hôte eine Geduldsprobe für ein Kind.

Oben am Tisch stritt man sich über einen Weg. Man könne ihn auch von der anderen Seite machen, da sei er lohnender, hörte ich die Pillendamen sagen. Der Blick sei herrlich, lieb, wunderliebentzückend. Die Backfische nahmen verstohlen Mandeln von einem Aufbau, der auf dem Tisch stand, und steckten sie ein.

Jetzt gab es Pudding. Gelatinepudding mit Waldbeerenkompott. Der Junge schrie, er wolle ganz viele haben. Die Mutter packte ihm den Teller hoch voll. Wie es gekommen war, weiß ich nicht. Ich hatte vor mich hingedöst und mit Entsetzen von Zeit zu Zeit einen Blick auf meine Hosen geworfen. Ein Aufschrei! Der Teller des Jungen schlug in hohem Bogen über den Tisch und traf mich mitten in das Gesicht.

Nachgerade fing es nun doch an, mir ernstlich ungemütlich zu werden. Prustend sprang ich auf. Meine Augen waren verklebt mit Waldbeeren. Ich strebte tastend der Tür zu. Eine hinterlistige Nudel, die ich noch am rechten Fuß hinter mir herschleppte, verwickelte sich in einen Schnürhaken des linken Stiefels. Ich geriet ins Stolpern und sauste gegen das Büfett und stieß mir gräßlich den Kopf an der offenen Tür. Ein Bowlenservice geriet ins Wanken und fiel vom Büfett herunter auf mich. Gütige Hände nahmen sich meiner an und führten mich zur Tür.

Aus dem Lachen der Leute am Tisch klang fett und singend die Stimme der Kölnerin.

»So am Tabbeldoh hat man doch immer Unterhaltung. Ich eß immer am Tabbeldoh.«

Das war eine monumentale Blamage. Trotz allen Waschens und Reibens mit Bimsstein, mit Säuren, mit den schärfsten Seifen, trotz Bearbeitung mit der Wurzelbürste, mit der Stahldrahtbürste, mit dem Hobel – die Waldbeerenschwärze ging nicht ab.

Bedeutende Chemiker versuchten ihr Heil, Ärzte mußten ihre Hilflosigkeit eingestehen. Ich blieb blauschwarz wie ein Neger.

Eines Tages fiel ich dem Agenten von Hagenbeck in die Hände, der mich sofort um eine fürstliche Gage als wilden Mann engagierte.

Ich wurde aber, da ich nicht wild genug war, nach kurzer Zeit wieder entlassen.

Ich bin noch immer schwarz im Gesicht. Ich lasse mich aber von Zeit zu Zeit kalken. So geht es.

Als ich gen Italien fuhr

Nachdem ich mein zweites Paar Gummischuhe in diesem Jahr verschlissen hattte, eine Grippe, eine Gesichtsrose und zwei Influenzaanfälle überstanden hatte, erwachte in mir mit aller Macht die alte germanische Sehnsucht nach dem sonnigen Süden, dem ewig blauen Himmel Italiens.

Es ist ein beseligendes Gefühl, bestimmt zu wissen, daß man im richtigen Zug und im richtigen Waggon sitzt.

Amsterdam – Ventimiglia stand auf dem Schild, welches draußen am Waggon angebracht war.

Das war eine Not gewesen, bis ich endlich soweit war.

Erst die nervöse Fragerei bei dem ganzen Bahnhofspersonal, auf welchem Bahnsteig der Zug einliefe, ob ich bis Como, meinem vorläufigen Reiseziel, auch sicher sitzen bleiben könne, ob der direkte Wagen nach Italien vorne oder hinten im Zug sei, ob der Zug voraussichtlich stark besetzt würde, ob Verspätung gemeldet sei, ob er schon Einfahrt habe.

Dann die Angst, der Gepäckträger würde mit meinem Handgepäck nicht rechtzeitig am Zuge sein oder mich nicht finden. Es war eine entsetzliche Hast.

Dabei mußte ich mich fortgesetzt mit Tante Düne Fletschknaster, Tante Brösele Hupebeih und Onkel Dagobert Klabauter, die es sich nicht hatten nehmen lassen, mir das Geleite zu geben, in zuvorkommendster, liebenswürdigster, erbneffenhafter Weise unterhalten.

Es ist ein lieber, sinniger Brauch, jemanden, der eine Reise tut, zum Bahnhof und an den Zug zu begleiten. Worte von Ewigkeitswert werden in diesen letzten Augenblicken getauscht.

»Also schreibe sofort, wenn du ankommst«, bat Tante Düne zum zweiundachtzigsten Male.

»Setze dich rückwärts, lasse das Billett nicht in den Fensterkasten der Coupétür fallen«, riet mir zum wiederholten Male Dagobert.

»Hast du auch alles?« beunruhigte sich fortgesetzt Brösele Hupebeih.

Ängstlich schaute ich nach dem Gepäckträger aus und antwortete auf alle Fragen mit geistesabwesenden Jas.

»Ah so, was ich noch sagen wollte«, erinnnerte sich plötzlich Tante Fletschknaster, »Benders mußt du auch mal schreiben. Vergiß es nicht.«

»Du hättest dir was zum Essen einstecken sollen«, begann Tante Hupebeih wieder, »hast du auch den Kofferschlüssel gut weggetan und den Gepäckschein?«

»Bei Eisenbahnunfällen empfiehlt es sich, die Beine auf den Sitz zu ziehen«, belehrte mich Dagobert.

In fünf Minuten läuft der Zug ein. Wo der Gepäckträger nur bleibt! Angstvoll schaute ich mich um.

»Ja. Benders werde ich selbstverständlich mal schreiben«, murmelte ich, ganz in Anspruch genommen von der Sorge um mein Gepäck. Der Gepäckträger wird mich doch richtig verstanden haben?

»Vergiß also nicht, sofort eine Postkarte zu schreiben!«

Ich grinste Tante Düne an.

»Du hättest dich wärmer anziehen sollen«, bemerkte Tante Hupebeih.

Kein Verlaß ist auf die Gepäckträger!

Ich äuge verzweifelt umher. Ich dränge mich durch die Menschen bis zum Rande des Perrons. Lehne mich hinaus, um zu schauen, ob das Einfahrtsignal schon gezogen ist. »Zurücktreten«, wird gerufen und dazu geschellt. Schon biegt der Zug um die Kurve vor dem Bahnhof und fährt fauchend und knatternd in die Halle ein. Man läuft mit dem Zug. Man ist zu weit nach vorn gelaufen. Man rast zurück. Reckt sich den Hals aus nach dem Gepäckträger. Stürmt auf und ab. Wird gestoßen, gedrängt, beschimpft. Immer gefolgt von den guten Verwandten, im Rücken das Keuchen der kurzatmigen Tanten.

Der Gepäckträger hatte schon lange mein Gepäck im richtigen Wagen untergebracht und einen Platz belegt. Ich fand ihn, als ich schon ganz verzweifelt jede Hoffnung aufgegeben hatte. Ich zahlte ihm vor Freude dreißig Pfennig zuviel. »Hast du auch klein?« mischte sich Tante Fletschknaster, leider erst als ich bereits bezahlt hatte, in diese Angelegenheit.

Nun wurde endgültig Abschied genommen. Zwischen die einzigen noch freien zwei Finger der linken Hand drückte mir Tante Brösele einen dicken, schmerzhaften, mit Draht gebundenen Strauß, den ich bereits vorher mit nicht geringem Mißtrauen betrachtet hatte. Nochmals wurde ich beschworen, das Billett nicht zu verlieren, mich rückwärts zu setzen, sofort zu schreiben, auf den Kofferschlüssel und den Gepäckschein achtzugeben, Benders ja nicht zu vergessen.

Ich versprach alles mit forcierter Herzlichkeit und stieg, vom Schaffner zum letztenmal energisch aufgefordert, ein.

Ich quetschte mich durch den Gang des Zuges, in welchem sich fortgesetzt Leute mit roten, bangen Gesichtern und großen, sich quer stellenden Koffern auf und ab mühten. Ich fand in einem sonst völlig besetzten Abteil auf dem einzigen noch freien Platz meine Handtasche.

Der Zug hielt noch immer. Tante Düne klopfte mit dem Schirm gegen das Fenster und machte mir durch Gesten verständlich, daß sie noch etwas zu sagen habe. Ich stolperte unter Entschuldigungen über die Füße der Coupéinsassen zum Fenster und mühte mich ab, das Fenster zu öffnen. Zerrte, zog, ruckte an dem Fensterriemen. Die Tanten gestikulierten erregter. Es mußte etwas äußerst Wichtiges sein, das man mir zu sagen vergessen hatte.

Ich quälte mich entsetzlich mit dem Fenster, die Leute guckten höhnisch. Ich bekam einen roten Kopf.

Endlich gelang es mir, das Fenster zu öffnen.

»Vergiß nicht, Benders zu schreiben!« Das war es, was Tante Düne noch auf dem Herzen hatte.

Ich stand am Fenster und wiederholte mechanisch, nur um etwas zu sagen: »Grüßt nochmals alle, auch Tante Traudchen!«

Wenn der Zug nur endlich fahren wollte!

Die Tanten und der Onkel schauten am Zuge auf und ab, stellten sich dann auf die Zehen und guckten in mein Coupé. »Der Zug ist gut besetzt«, konstatierten sie dann richtig.

»Hast du auch alles?« Tante Brösele hatte ebenfalls das Bedürfnis, noch etwas zu sagen.

Wenn der Zug nur fahren wollte! Die Situation war zu peinlich. Die Leute im Coupé, denen ich auf den Füßen stand und auf den Knien lag, murrten schon. Andere feixten und hörten interessiert dem angeregten Gespräch zu.

Endlich! Der Zug setzte sich in Bewegung.

»Vergiß nicht, Benders zu schreiben«, mit dem Zuge laufend, stieß es Tante Düne ein letztes Mal keuchend hervor.

Tante Hupebeih verstreute bei dem Versuch, das Taschentuch aus ihrem Pompadour zu zerren, dessen ganzen Inhalt über den Perron: Schlüssel, Pfefferminztabletten, Bleistift, Haarnadeln, Taschenkämmchen, Groschenstücke, Perronkarte.

Onkel Dagobert lief auch noch ein Stück neben dem Zuge her und winkte mit dem Schirm.

Er hatte nur nach dem Zuge gesehen und war mit aller Kraft gegen eine Säule gelaufen. Seit Hut flog in hohem Bogen über den Bahnsteig.

Das war der letzte Eindruck, den ich von meinen Lieben mitnahm in die Fremde.

Meine Handtasche war recht schwer. Ich bin kein Hüne. Ich brauchte lange, bis ich sie im Netz hatte. Die Leute im Coupé grinsten schadenfroh. Ich setzte mich in der Verwirrung auf Tante Bröseles Blumenstrauß, fuhr sofort wieder hoch, da mich ein Drahtende gepitscht hatte. Nun wurde ich aber zornig und warf den Strauß zum Fenster hinaus. Die Leute im Coupé höhnten laut und machten freche Bemerkungen. Ich keilte mich zwischen zwei harte, feindliche Ellenbogen. So sehr bequem saß ich nicht: ich hatte die aufgeklappte Armstütze im Rücken und im Nacken das Kopfpolster. Harte, haßerfüllte Knie und Ellenbogen bedrängten mich mehr und mehr.

Alle Herzensbildung, alles feine, altruistische Empfinden geht auf der Eisenbahn in die Binsen.

Man sehe sich nur in der Reisezeit den Sturm auf einen Zug an. Ein Schulbeispiel des Bankerotts jeglicher Erziehung. Eine Orgie entfesselter Leidenschaften. Die Herrschaft des Bizeps *par excellence.* Glieder werden ausgerenkt, wertvolle Roben zerfetzt, Zigarren in den Hals getrieben, hilflose Greise und Frauen und unmündige Kinder zerstampft.

Die Sieger, das heißt diejenigen, denen es gelungen ist, über Leichen in ein Coupé zu gelangen, begegnen einander mit grenzenlosem Haß und betrachten jeden, der Anspruch erhebt, im gleichen Abteil zu sitzen, als ihren schlimmsten Todfeind. Wagt es dann noch irgendein verhetzter Unglücklicher, der vergeblich im ganzen Zug mit weit heraushängender Zunge und stierem Blick nach einem Platz gesucht hat, einzusteigen, um den letzten theoretisch noch freien Sitz einzunehmen, so trifft ihn der solidarische Zorn sämtlicher Coupéinsassen. Man setzt sich so breit man kann, bläht sich unter Lebensgefahr aggressiv auf, dehnt und streckt die Glieder in dem Bestreben, einen möglichst großen Raum mit seinem Ich auszufüllen.

Erst ganz allmählich besinnt man sich wieder auf seine Erziehung. Die gereizte Stimmung brutalen Egoismus macht langsam milderen Gesinnungen kultivierter Lebensart Platz. Man schämt sich und bereut, daß man dem Flegel, der im Grunde genommen in jedem Menschen steckt, mal wieder die Zügel schießen ließ, und sucht die auf den Kampf ums Dasein gestimmten Gebärden durch eine unterstrichene Höflichkeit zu verwischen, benutzt das geschlossene oder geöffnete Fenster zur Anknüpfung verbindlicher Gespräche.

Natürlich gibt es auch absolute Flegel, die im schlichten Tritt gegen das Schienbein ihres Nächsten überhaupt die einzig mögliche gesellige Verkehrsform sehen.

So einer saß mir gegenüber. Ich wäre zum Krüppel geworden, wenn ich noch länger sitzen geblieben wäre. Vollständig zerknüllt und verbogen rettete ich mich in den Seitengang.

Ich halte die Erfindung des Speisewagens für erheblich wichtiger als die der doppelten Buchführung.

Hören wir, wie der geschickte Sonntagsblattplauderer über diese neuzeitliche Institution in seiner launigen Weise plaudert.

Im eleganten Restaurant sitzend, vor sich auf dem blütenweißen, kokett gedeckten Tisch die erlesensten Gerichte, von flinken Kellnern geräuschlos bedient, durch die Lande dahinzusausen – während des Diners umschmeichelt von dem Zauber des sagenumwobenen Rheines mit seinen burgengekrönten Bergen –, sich angesichts des majestätischen Stolzenfels an Steinbutt à la meunière zu delektieren, die trotzige Marxburg bei Tournedos à la Rossini, das verträumte St. Goar bei französischer Poularde zu erleben – Eiscreme schlürfend zur Loreley hinaufzusinnen –, den Tee mit Petits fours im fruchtbaren Hegau und in den Reichslanden das Souper einzunehmen: das ist Kultur, das ist Fortschritt, das ist das zwanzigste Jahrhundert. Vorbei sind die Zeiten ewiger Schinkenbrote, ewiger Koteletts, aus fettigen Tüten gegessen, oder weißglühender Bouillon, hastig an irgendeiner Station in den Bauch gezischt.

Lassen wir jetzt den geschickten Sonntagsblattplauderer aufhören.

Er hat aber recht, der geschickte Sonntagsblattplauderer.

Ich habe mich im Speisewagen ergiebig gerächt für die im Coupé erlittene Unbill: drei leere Flaschen »Rüdesheimer Berg« standen nachher an meinem Platz.

Wie war es mir auf einmal heiß durchs Herz geschossen, als mir nach aller Hast zum Bewußtsein kam, daß ich morgen unter italienischem Himmel, unter des Südens immer lachender Sonne wandeln würde, daß ich dem Lande meiner Träume von Minute zu Minute näher kam, dem Lande, wo die Zitronen blühen und die Goldorangen glühen. Erst hatte ich der Mignon Lied schüchtern vor mich hin gesummt, war dann aber begeisterter geworden und hatte mit sonorem Organ losgelegt: »Dahiiiiin, dahiiiiin möcht ich mit dir ...« Man war gekommen und hatte gesagt, das ginge nicht.

Rosenfarben lag die Zukunft vor mir. Was scherten mich die Menschen. »Dahiiiiin, dahiiiiin« – Als man aber wiederkam und sagte, das ginge absolut nicht, wurde ich sentimental und kroch in mein Coupé, welches sich mittlerweile bis auf zwei Insassen geleert hatte.

Ich vergrub mich in eine Ecke und entschlummerte sanft.

Von Italien träumte ich. Von tiefblauen Wassern, in denen sich schlanke Pinien und dunkle Zypressen spiegelten. Von Marmorvillen, versteckt zwischen Lorbeer und Orangen. Von glutäugigen Frauen in buntfarbener Tracht, die des Nordländers Herz betören. Von blauen Mondnächten im Nachen, dem fernen Mandolinen- und Gitarrenspiel, den Sängen der Fischer lauschend.

Dann sah ich mich auf einmal auf einem Ruhebett von Jaspis liegen, auf Pfühlen von indischer Seide. In einer Säulenhalle aus schwarzgeädertem Marmor von blendendstem Weiß mit goldenen Kapitellen stand mein Lager. Schlanke Palmen streichelten die Halle. Der Duft von Asphodelos kroch an mein Bett. Ich schaute hinaus in eine weite Ebene, in ein ungeheures Feld dieser Märchenblumen.

Plötzlich begann ein liebliches Klingeln, erst ganz leise, dann lauter und lauter werdend.

Durch die Ebene heran kam ein seltsamer Zug. Schöne Frauen, wie sie Rosetti malte, trugen je zu zwei zwischen sich längliche Streifen Pergamentes. Sie sprachen mit klangvollen Stimmen Verse, die in farbigen Initialen auf diesem Streifen geschrieben standen. Ein Tönen war es. Eine wundersame Sinfonie. Worte wie zarter Harfenklang, Worte wie das Jubilieren erlesener Geigen, Worte auch wie drohendes Getön von Tuben. Über die Purpurlippen der Frauen quoll der Worte zitternde, gleißende Melodie gleich köstlichen Juwelen – Worte gleich Rubinen, voll heißer Sehnsucht, Worte gleich dem Frühlingsahnen des Smaragds, Worte wie Opale schillernd in den Geheimnissen Indiens.

Zwei schöne schlanke Frauen mit Kronen von goldblondem Haar, gehüllt in amethystfarbenen Samt, auf den hohen weißen Stirnen an goldenen Kettchen Skarabäen, traten dicht an mein Lager heran und wiesen mir ihr Pergament, und ich las.

Wort für Wort, erst langsam, stockend, dann hingerissen von der Allgewalt der Musik, der Sprache, ließ ich die Worte wie köstlichen Wein über die Lippen gleiten: Si prega di non sputare nella carrozza ... sputare nella carrozza ...

Ein Rasseln. Ein Pfeifen. Ich werde hin und her geschüttelt. Träume ich oder wache ich? Greifbar sehe ich das Pergament vor meinen Augen. »... non sputare nella carrozza«, wiederhole ich immer und immer wieder.

»Billett vorzeigen!« höre ich dicht neben mir rufen. Man schüttelt mich. Ich springe auf. Wie hypnotisiert hängt mein Blick an dem Pergament dort. Die schönen Frauen sind verschwunden, zerflossen die schöne Vision der Marmorhallen, der Asphodeloswiese – nur das Pergament ist geblieben. Ich spreche die Worte vor mich hin, noch immer im Bann der göttlichen Sprache Dantes.

»Na, wird's bald mit dem Billett«, schnauzt jemand auf mich ein, »hören Sie doch endlich auf, das Spuckverbot aufzusagen!«

Ich rieb mir die Augen. Richtig – ich befand mich in meinem Coupé im durchgehenden Wagen. Nach Italien. Das vermeintliche Pergament war ein Emailleschild, auf welchem in deutsch, französisch und italienisch gebeten wurde, nicht auszuspucken.

Es klang aber doch einfach grandios, in seiner Phonetik geradezu überwältigend: Si prega di non sputare nella carrozza!

Ich hätte die weiteren zwei Flaschen Rüdesheimer nicht trinken sollen, es wäre besser gewesen. Auch die sieben Kognak waren nicht nötig.

In einem dummen Zustand kam ich morgens gegen fünf in Como an.

Ich rate jedem, der einen guten Eindruck von Como haben will, überhaupt nicht hinzugehen oder wenigstens in Como nicht zuerst den geweihten Boden Italiens zu betreten, es überhaupt in allen Dingen nicht zu machen wie ich.

Kennen Sie das Land, wo die Zitronen blühen?

Bei zwei Grad über Null, wenn einem ein scharfer Wind ein Gemisch von Schnee und Regen um die Backen klatscht, in weißen Flanellhosen, Rohseidenjoppe und Panamahut, ohne Paletot draußen herumzulaufen, das ist auch in Italien nicht angebracht.

Ich hatte unbedingt an die immerwährenden Sonnentage jenseits der Alpen geglaubt und mich mit meiner Garderobe dementsprechend eingerichtet. Das war sehr dumm von mir gewesen, darum lag ich auch schon am zweiten Tage mit einer schrecklichen Erkältung in Como im Hotel darnieder und stellte Reflexionen darüber an, daß ich in nasse Umschläge verpackt geradesogut zu Hause im Bett liegen könnte und deshalb nicht nach Como zu reisen brauchte.

Jedem, der im Frühling nach Italien zieht, rate ich, sich so zu kleiden, als ob er zum Wintersport in das Engadin führe. Auf alle Fälle bleibt er so vor unangenehmen Enttäuschungen bewahrt. Auch mag er seinen Bobsleighschlitten und seine Schneeschuhe mitnehmen, denn er hat hierfür im Süden die schönste Verwendung.

Wenngleich offene Kamine, wie man sie in Italien findet, nicht heizen, dafür aber um so ergiebiger qualmen, geben sie einem Zimmer einen unendlich traulichen Charakter. Eingehüllt in Decken, so daß nur die blaurote Nase naiv herausschaut, sitzt der *Fire-place*-Enthusiast vor dem Kamin, läßt die Beine in der flackernden Flamme bruzzeln und freut sich, umschmeichelt von würzigen Schwaden, die anstatt in den Schornstein in das Zimmer kriechen, der heimlichen Märchenstimmung.

Ich schätze Dickens ganz enorm, kann aber seine Verehrung für den altenglischen Kamin, dem er als Stimmungsstimulans in jedem seiner Romane ein begeistertes Lob singt, nicht teilen. Ich betrachte, seitdem meinem alten Freunde Dlany Trainenteer aus dem Staate Illinois am Kamin des Hotels Gletsch am Rhonegletscher die seltsame Sache passiert ist, jeden Kamin mit einem gewissen Grauen. Dem guten, sehr zerstreuten Dlany waren nämlich die Beine, mit denen er ganz in Gedanken in den glimmenden Holzscheiten herumgestochert hatte, angekohlt. Als er sich dann endlich, durch den merkwürdig brenzlichen Geruch aufmerksam gemacht, erhob, war er drei Köpfe kleiner geworden. Er konnte einem leid tun, der brave Bursche; alle Hosen mußte er kürzen lassen.

Sehr ratsam ist es, ein kleines Petroleumöfchen mit sich zu führen. Menschen mit einiger Phantasie werden sich im bitterkalten Hotelzimmer, wenn draußen wenig laue Lüfte die verstörten Zypressen zausen, auf das angezündete Öfchen setzen, zwei aus Deutschland mitgebrachte Apfelsinen vor sich hinlegen, italienische Volkslieder singen und sich so ihre Illusion vom Lande des ewig lachenden Frühlings bewahren.

Ich konnte mich nach meinem kurzen Debüt auf italienischem Boden der Überzeugung nicht mehr verschließen, daß meine Kenntnisse in der von mir begeistert geliebten Sprache Patrarcas, die sich auf die vier Worte: Maccaroni, Bersaglieri, Asti Spumante, Lincrusta beschränkten, für eine angeregte Konversation doch nicht völlig ausreichten. Dazu kam, daß eigentlich nur die ersten drei Wörter meines Sprachschatzes für den regelmäßigen Gebrauch in Frage kamen, da ich das Wort Lincrusta, über dessen Bedeutung ich mir nicht recht klar war, nur mit Vorsicht anzuwenden wagte.

So beschloß ich denn, die Klausur, zu der mich meine

Erkältung verurteilte, nutzbringend zu verwenden, um mit Hilfe einer Grammatik weiter in die Feinheiten der italienischen Sprache einzudringen.

Als besonders wichtig und fördernd empfahl der Verfasser des ausgezeichneten Lehrbuches das Auswendiglernen der jedem Kapitel beigefügten, aus dem Leben gegriffenen Übungssätze und Dialoge.

Die Feinheiten der Sprache erschlossen sich mir in den Sätzen: Hat Emil, der Sohn des emsigen Gärtners, die gute Birne gesehen? Nein, aber Gertraude, die Base des freundlichen Nachbars, hat ein Federmesser. – Hat Hermine, die Muhme des greisen Dichters, das Zobeltier mißachtet? Nein, aber die fröhliche Großmutter des jungen Freundes hat eine Wendeltreppe. – Hat Walter den blinden Pianisten geneckt? Nein, aber die arme Waise hat die dürren Bretter verschmäht.

Ich lernte, daß meine Stirn sichtbar höher und eckiger wurde, und hatte nach kurzer Zeit die Genugtuung, zu konstatieren, in welch fabelhafter Weise ich meine Kenntnisse erweiterte. In welch vollendeter Form schleuderte ich einem angenommenen Gegenüber die Frage nach der guten Birne entgegen, um dann schlagfertig mit dem im Lehrbuch vorgeschriebenen Satz über das Federmesser Gertraudens zu antworten.

Ein besonderer Abschnitt gab den nach Italien Reisenden bemerkenswerte Winke und Musterfragen zur Anknüpfung von schöngeistigen, belehrenden Gesprächen mit gebildeten Italienern. Da fanden sich Sätze: Neigte der ältere Plinius zu Blinddarmaffektionen? – Glauben Sie, daß sich der Schiefe Turm von Pisa als Einfamilienhaus eignet? – Sind Christoph Kolumbus die Impfpocken angegangen? – Welche Halsweite hatte Ariost? – Aß der Herzog Mora gern sehr fett? – War die Prinzessin d'Este eine Freundin von Mehlwürmern? Und noch mancherlei derartige Fragen, die geschickt die seichte konventionelle Art, mit der sonst im allgemeinen Gespräche eingeleitet werden, vermieden und sofort der Unterhaltung eine intellektuelle Note gaben.

Nach acht Tagen war meine Erkältung bis auf eine laufende Nase so ziemlich behoben; ich konnte es wagen, wieder auszugehen.

Ebensosehr gewundert wie verdrossen hatte mich am ersten Tage meines Aufenthaltes in Como der Scharfsinn, mit dem jeder und jede sofort den Ausländer in mir feststellte.

Dreijährige Kinder bewiesen mir, daß es für sie über meine Nationalität keinerlei Zweifel gab.

Das war nicht das Rechte. Untertauchen im italienischen Volksleben wollte ich. Schon der damit verbundenen Ersparnisse halber.

Hauptsächlich war es mein Vier-Wörter-System gewesen, das mich verriet. Aber auch an der Kleidung und dem ganzen Auftreten erkannte das geübte Auge des Eingeborenen den Fremden.

Das sollte nun anders werden. Anpassung hieß meine Parole. *Mimikry!*

Alle Männer trugen hierzulande lange schwarze Pelerinen, deren einer Zipfel malerisch über die Schulter geworfen wurde, dazu verwegene Schlapphüte. Ich mußte mir vor allem eine derartige Pelerine und einen solchen Hut zulegen.

Ich hatte mir in den Kopf gesetzt, dem Besitzer des Ladens, in dem diese Sachen zu haben waren, mein Verlangen ohne Zuhilfenahme von Gebärden in seiner von mir ja jetzt so glänzend beherrschten Muttersprache auseinanderzusetzen.

Es war aber doch verflucht schwer, wie ich bald bemerkte, von Emils Birne ausgehend, über Gertraudens

Italien

Federmesser, über Herminens mißachtetes Zobeltier und der fröhlichen Großmutter Wendeltreppe zu der gewünschten Pelerine zu gelangen.

Die Siegesgewißheit, mit der ich den Laden betreten hatte, war sehr schnell verschwunden. Der Mann im Laden, der auf alles, was ich sagte, nichts erwiderte und sich nur fortwährend verbeugte, hatte mich zuerst nervös gemacht.

Als ich dann, je mehr ich redete, zur Überzeugung kam, daß aber auch kein einziger der auswendig gelernten Sätze den erlösenden Übergang zu bringen vermochte, trat mir der Angstschweiß auf die Stirn. Ich wurde verwirrt und geriet in die zweite Serie von Sätzen, die laut Grammatik eigentlich nur bei schöngeistigen Gesprächen anzuwenden waren. Die Blinddarmaffektionen des älteren Plinius, die Impfpocken des Kolumbus, die Mehlwürmer der Prinzessin d'Este – alles geriet mir durcheinander. Ich begann zu zittern, das Blut stieg mir zu Kopf, Tränen liefen mir über die Backen, die Fontanellen krachten hörbar. Ich wurde immer blöder, konfuser, begann auf einmal, als ich in italienisch nicht mehr weiter wußte, die Zehn Gebote deutsch aufzusagen.

»Oh, Sie sind ein Deutscher«, unterbrach mich der Ladeninhaber im Schweizer Dialekt, »ich hatte Sie für einen Russen gehalten und mich schon gesorgt, wie wir uns verständigen sollten. Womit kann ich Ihnen dienen?«

Gott sei Dank! Der Mann war kein Italiener. Mein bereits völlig erschüttertes Vertrauen auf meine Kenntnisse der italienischen Sprache kehrte langsam zurück.

»Sie sprechen nicht italienisch?« stieß ich hervor.

»Nur wenig, ich kann mir gerade zur Not helfen.«

Dann war es ja auch nicht weiter verwunderlich, daß er mich nicht verstanden hat, daß er als Schweizer nicht das nötige Verständnis für den laut Grammatik speziell auf die italienische Volksseele eingestimmten Ton meiner Unterhaltung entgegenbrachte.

In der Pelerine mit dem kokett über die Schulter geworfenen Zipfel und dem Schlapphut sah ich fabelhaft echt aus. Jetzt noch eine bösartige schwarze Mighetti, wie jeder Italiener sie zwischen den Zähnen hat, angesteckt und eine Nummer des »Corriere della Sera« in die Hand genommen! Nun sollte noch jemand, der mich in den Kolonnaden am Dom herumschlendern sah, in mir einen Nordländer vermuten!

Die Kunst des Flanierens, nach Baudelaire die subtilste Sensation des Dandys, die der Italiener, wie überhaupt jeder Romane, meisterhaft versteht, werden wir nie lernen. Wir haben nie Zeit. Der Beruf, die Pflicht und was derartige unsympathische Worte noch mehr sind, lassen keine halkyonische Beschaulichkeit aufkommen. Und wenn es dann nicht diese Faktoren sind, die unsere Zeit in Anspruch nehmen, so haben wir Kegel- und Skatabend oder eine offizielle Gesellschaft oder sonst irgend etwas, das wir für äußerst wichtig halten. Immer lese ich aus den Gesichtern der Leute bei uns die Unruhe, sie müßten unbedingt gleich irgendwo sein, wo es ohne sie absolut nicht geht, wo sogar, wenn sie nicht rechtzeitig eintreffen, ein Malheur passiert.

Die Kunst zu leben, zu leben um des Lebens willen, kann man in Italien lernen.

Gearbeitet wird dort auch, aber nicht mit der monumentalen Wichtigkeit, die zum Beispiel bei uns ein Büromensch, der eine Rechnung über zwanzig Stück verzinkte Blecheimer oder über zweiunddreißig Meter Gasröhren mit Gewinde und Muffen herauszuschreiben hat, seiner Tätigkeit entgegenbringt.

Viele Geschäfte macht der italienische Kaufmann so nebenbei im Café oder auf der Promenade. Wir hielten es für unwürdig, derartig wichtige und feierliche Dinge irgendwo anders als in dem weihevollen Milieu eines Büros, einander in Denkmalsposen düsterer Gottheiten gegenübersitzend, zu erledigen.

Das Geschick, mit Grazie das Problem der Selbsterhaltung durch eine gewinnbringende, profane Beschäftigung zu lösen und ihr einen erfreulichen, verklärenden Ausblick nach irgendeiner Richtung hin abzugewinnen, fehlt uns.

Solche Gedanken kamen mir, während ich flanierte, den Zipfel der Pelerine über die Schulter geschlagen, völlig überzeugt davon, daß ich mich in nichts mehr von den Eingeborenen unterschied.

Auf dem See herumzufahren, das dünkte mir herrlich.

Die Villa d'Este drüben in Cernobbio lockte mich, in der die Königin Karoline von England ein so entzückend lasterhaftes Leben geführt haben soll. Es sei eine anstößige Geschichte gewesen, die die Königin sehr kompromittierte, stand in meinem Reisebuch.

Leider sollte ich nirgendwohin kommen. Alles geriet mir gründlich vorbei.

Als ich mich nach der Anlegestelle und Abfahrtszeit der Dampfer erkundigen wollte, mußte ich zu meinem größten Leidwesen wieder bemerken, daß ich mit Emils Birne und der Großmutter Wendeltreppe nicht so recht weiterkam.

Die Leute, an die ich mich wandte, schauten mich verwundert an, ließen mich meine Sätze einige Male wiederholen und ergriffen dann plötzlich mit einer seltsamen Hast die Flucht. Von weitem wiesen sie mit den Fingern auf mich und machten andere auf mich aufmerksam.

Was die Leute nur hatten?

Ich näherte mich der Gruppe, um, koste es, was es wolle, Aufklärung über dieses merkwürdige Benehmen zu erhalten und auch endlich herauszubekommen, wie das mit dem Dampfer sei. Scheu wich man vor mir zurück. Was hatte ich denn an mir? Rasch in irgendein Café, wo ich einen Spiegel fand. Ich konnte nichts Außergewöhnliches an mir bemerken. Mein Kostüm war genau das gleiche wie das dieser Leute. Oder war es vielleicht ein mir unbewußter, für ihre Ohren fremd klingender Akzent in meiner Aussprache? Ich hatte mich doch in dieser Hinsicht genau nach meiner Grammatik gerichtet.

Drei vornehm aussehende Herren saßen im Café an einem Tisch und unterhielten sich in der dem Südländer eigenen lebhaften Weise. Es schienen gebildete Leute zu sein. Hier fand ich endlich eine Gelegenheit, meine schöngeistigen Sätze anzubringen und im Laufe des auf dieser Basis angeknüpften Gesprächs vielleicht einen Aufschluß für das mir soeben draußen Geschehene zu erhalten.

Ich nahm am selben Tische Platz. Die Herren waren ganz von ihrem Gespräch in Anspruch genommen und beobachteten mich nicht. Ich hustete laut. Niemand reagierte. Ich nahm einen Anlauf und warf, ein wenig beklommen zwar, die Frage nach den Blinddarmaffektionen des älteren Plinius in das Gespräch der drei. Nur einer, der mir zunächst saß, sah mich flüchtig an, wandte sich dann aber gleich wieder der Unterhaltung zu.

Ich ließ nicht ab und wiederholte mit lauterer Stimme meine Frage. Nun wurde man allgemein auf mich aufmerksam. Die Herren schauten mich fragend an und zuckten verständnislos mit den Achseln. Mit dem verbindlichsten Lächeln, das mir möglich war, versuchte ich mit der Frage: Neigte der ältere Plinius zu Blinddarmaffektionen? ein Gespräch zu erzwingen.

Die Leute sahen sich gegenseitig verwundert an, sprangen dann auf einmal, wie von einer Tarantel gestochen, mit entsetzten Gesichtern auf und zogen sich in den Hintergrund des Lokals zurück. Hier verhandelten sie mit dem Wirt und dem Kellner, die mich nun auch wie ein wildes

Tier anstarrten. Andere Gäste traten zu ihnen und verrieten sofort die gleiche furchtsame Scheu vor mir. Alles rückte von mir ab.

Das wurde mir nun zu dumm. Wütend kaute ich an meiner Zigarre, die ohnehin schon die vom Raucher so ungemein geschätzte Tendenz zur Quaste zeigte.

Ich klopfte energisch mit einem Geldstück auf die Marmorplatte und winkte dem Kellner. Er lief davon. Da packte mich der helle Zorn. Ich warf das Geld auf den Tisch, den Zipfel meiner Pelerine über die Schulter und stürzte hinaus.

Waren denn die Leute hier alle blödsinnig, oder sollte ich wieder an Nichtitaliener geraten sein? Oder sollte vielleicht die in der Grammatik angegebene Art der Anknüpfung von Gesprächen nicht die landesübliche gewesen sein?

Nur Ruhe, Fassung. Nicht verblüffen lassen. Andere Länder, andere Sitten. Anpassung.

Ich befand mich in den Kolonnaden am Dom. Es war zur Zeit der Hauptpromenade. Ich schlenderte durch das Gewühl und versuchte krampfhaft, italienisch sorglos, heiter auszusehen.

Um mich aber auch in keiner Weise von den Eingeborenen zu unterscheiden, hatte ich auch die erfrischende Sitte des häufigen Ausspuckens, die im übrigen durch den Genuß der Zigarre in gewisser Weise bedingt war, adoptiert.

Ich hätte es lieber lassen sollen, denn ich blieb ein Stümper, soviel Mühe ich mir auch gab.

Es ging so lange gut, bis ich die neuen gelben Schuhe eines baumlangen Menschen traf.

Was dann folgte, war häßlich und für mich wenig nett.

Der Mann war ein amerikanischer Preisboxer, und in meinem Militärpaß steht, daß ich zum Dienst in Heer und Marine dauernd untauglich sei. Man vermeide es peinlichst, sich von einem Berufsboxer mehrere Male unter das Kinn boxen zu lassen. Es kommt nichts Erfreuliches dabei heraus, nur Zähne. Ich versuchte zu fliehen, stolperte über den genialen Zipfel meiner Pelerine und schlug hin.

Tritte ins Kreuz sind nur für den, der sie appliziert, eine gesunde Gymnastik.

Ich sah gar nicht mehr schön aus, als der Amerikaner von mir abließ.

Eine riesige Menschenmenge, darunter auch die Leute, die sich im Café und als ich mich nach dem Dampfer erkundigte, so merkwürdig benommen hatten, umringte mich.

Wie alles gekommen war, weiß ich nicht. Ich hatte zuviel mit dem Zusammenlesen meiner Zähne zu tun. Kurz und gut, ich wurde am selben Tage abends in die Irrenanstalt in Mailand eingeliefert, aus der man mich nach zwei Tagen wieder entließ, da ich harmlos sei.

Meine Grammatik habe ich meinem Todfeind geschenkt.

Im Sanatorium

Hat man als Junggeselle sein Leben recht ergötzlich verbracht, so kommt früher oder später der Moment, wo man sich den intensivsten Anstrengungen eines lustigen Lebemanndaseins nicht mehr so recht gewachsen fühlt; da heißt es, entweder heiraten oder auf einige Zeit in ein Sanatorium gehen.

Eine Kur in einem Sanatorium ist einer Heirat unbedingt vorzuziehen, sie verpflichtet zu nichts, ist billiger und gilt, was wohl das wesentlichste ist, heute für schick.

Dieser Ansicht war auch Scharleß Nulpe. Als sich jener kritische Zustand bei ihm mehr und mehr einstellte, dem man mit dem schmerzlichen Seufzer »Ich kann verflucht nichts mehr vertragen« Ausdruck zu geben pflegt, beschloß er, sich auf einige Zeit in ein Sanatorium zurückzuziehen.

Er hatte enorme Sorge um sein Leben; außerdem mußte er als moderner Mensch, der peinlichst in allem *up to date* bleiben wollte, so gut wie man sich in der Saison in Monte Carlo, St. Moritz, Baden-Baden oder Ostende sehen ließ, auch seine Zeit im Sanatorium gesessen haben.

Er empfand dieses Manko schon lange als eine unangenehme Lücke in seinem peinlichst abgestimmten Kavaliersleben.

Zwar hatte ihm ein vernünftiger Arzt geraten, weniger zu bummeln, weniger Burgunder und Sekt zu trinken, seine Nächte in seinem friedlichen, braven Bett anstatt in den Bars, Ballokalen und an derartigen Orten nervenzehrender Tendenzen zu verbringen. Das sei für ihn die einzig richtige Therapie. Er sei kerngesund und litte nur an einem chronischen Kater.

Von dieser uninteressanten Diagnose wollte Scharleß Nulpe indessen nichts wissen. Er hatte sich auf eine regelrechte, zeitgemäße Neurasthenie kapriziert und trug als absoluter Gent diese neueste Note wie seine Londoner Krawatten und seine Schuhe aus Wien.

Wie zu einer schicken Krawatte die gleichfarbigen Strümpfe gehören, so verlangt eine elegante Neurasthenie eine entsprechende Kur.

Er schrieb an unzählige Sanatorien und Heilanstalten, die er in Zeitungen und Almanachen angegeben fand, und ließ sich Prospekte kommen. Ballenweise wurden sie ihm zugeschickt. Er wurde ganz wirr über dem Studium der detaillierten Anpreisungen. Physikalisch-diätetische Heilweisen, Wasserheilverfahren, Trockendiätkuren, Liegekuren, Terrainkuren, orthopädische Behandlungen – der Teufel soll wissen, was nun gerade das Richtigste und zur Zeit das Modernste war.

Er hörte überall bei maßgebenden Bekannten herum und kam zur Erkenntnis, daß der Schrei »Zurück zur Natur« das zeitgemäße Schlagwort einer koketten Morbidezza war.

Also in eine Naturheilanstalt mußte er gehen, um einwandfrei modern zu bleiben.

Dem Prospekt einer Naturheilanstalt in M., die Weltruf genoß und von allerhöchsten Herrschaften frequentiert wurde, war eine Sammlung von Urteilen und Dankschreiben geheilter Patienten beigefügt.

Ein Oberstleutnant von C. in P. schrieb: »Ein langjähriges Nervenleiden ließ mich an meinem Leben verzweifeln. Ich hatte jede Hoffnung einer Heilung bereits aufgegeben, als mich ein glücklicher Zufall in Ihre Anstalt führte. Vier Wochen Ihrer Behandlung haben mich völlig gesund gemacht. Ich bin wie neugeboren. Das Zucken um den Mund, an dem ich jahrelang litt, ist völlig verschwunden.

Meine ganze Konstitution ist so gekräftigt, daß ich kürzlich mit einem vierhundert Pfund schweren Rucksack auf dem Rücken, ohne Führer, den Montblanc bestiegen und dabei noch stundenlang einen großen Bernhardinerhund, der sich in den Bergen verlaufen hatte, getragen habe. Das danke ich alles der Wunderkur des Sanatoriums ›Bizepsheil‹ in M.«

Ein Fräulein F. in L. schrieb: »Ich war jahrelang taubstumm und konnte meinem Beruf als Sängerin nur schlecht nachkommen. Freunde machten mich auf das Sanatorium ›Bizepsheil‹ aufmerksam. Die berühmtesten Spezialärzte hatte ich konsultiert, aber bei keinem Heilung gefunden. Ich verfiel in die tiefste Melancholie und trug mich mit Selbstmordgedanken. Völlig verzweifelt und hoffnungslos kam ich nach ›Bizepsheil‹, und heute komme ich meinem Berufe wieder voll und ganz nach, und mein Ruf erfüllt die Welt. Mein Sprachvermögen hat sich in derartiger Weise entwickelt, daß ich selbst fremde Sprachen, die ich früher nicht beherrschte, jetzt fließend spreche. Ich danke mein Lebensglück der Naturheilanstalt ›Bizepsheil‹.«

Herr D. aus D. schrieb: »Ich hatte seit frühester Jugend keine Beine und nur einen Arm, den linken. Da mich meine Eltern zum Akrobaten bestimmt hatten, so störte mich das Gebrechen sehr an der Ausführung dieses Berufes. Vier Wochen in ›Bizepsheil‹ haben mich zum völlig normalen Menschen mit gesunden, wohlgeformten Gliedmaßen gemacht. Die fehlenden Glieder sind unter der Wunderkur von ›Bizepsheil‹ gewachsen; es war wie ein Zauber. Heute bin ich das gewandteste Mitglied des bekannten Akrobaten-Ensembles ›*The five huit brothers Geschwister fratelli frères Webbers*‹.«

Frau Bierfilzfabrikantengattin A. in N. schrieb: »Ich war etwa neun Jahre tot, als mir der Prospekt des Sanatoriums

›Bizepsheil‹ in die Hände fiel. Heute, nach sechswöchiger Kur, laufe ich wieder gesund, fidel und frisch in der Welt umher und trage mich, da sich mein Gatte in meiner Abwesenheit eine zweite Frau genommen hat, ernstlich mit Heiratsgedanken. Ich bin jederzeit bereit, genaue Auskunft über meine Kur in ›Bizepsheil‹ und über meine persönlichen Verhältnisse und so weiter zu geben.«

Das waren ja ganz außergewöhnliche Erfolge.

Scharleß Nulpe entschied sich für »Bizepsheil«. Hauptbestimmend war für ihn auch der Umstand, daß der Fürst von Printe-Hefeteil-Hubbelrath mit seiner ganzen Familie alljährlich diese Anstalt beehrte.

Scharleß meldete sich in »Bizepsheil« an und bestellte ein Zimmer für dreißig Mark pro Tag. Eigentlich schien ihm der Preis reichlich hoch, zumal in »Bizepsheil« nur mit der Natur als Heilfaktor gearbeitet wurde. Aber Gott ja, Natur war heute eine rare Sache. In den dreißig Mark war ja wohl auch alles inbegriffen. Oh, der Tor!

Er hatte seine Ankunft angemeldet und wurde von dem Wagen der Anstalt vom Bahnhof abgeholt. Gleichzeitig mit ihm waren noch eine uralte Dame, die sehr stark schnaufte, fortwährend Haarnadeln verlor und hinkte, und ein Herr in mittleren Jahren von fahlem Aussehen und mit einem zu kleinen Strohhut angekommen. Mit diesen beiden teilte er den Wagen.

Der fahle Herr stellte sich sofort als Regierungsrat Hifthorn von Hosenboden vor und begann von einer Geschwulst zu reden, die er im Leibe habe. Er habe bereits unzählige Ärzte konsultiert, und alle rieten zu einer Operation. Er wollte aber noch vorher einen letzten Versuch mit »Bizepsheil« machen. Und ob er auch eine Geschwulst im Leibe habe, wandte er sich interessiert an Scharleß Nulpe.

Nulpe bedauerte fast, daß er das nicht bestätigen könne, denn es wäre ohne Zweifel interessanter gewesen als seine einfache Neurasthenie. Aber er gab sich Mühe, sein Leiden in den grellsten Farben auszumalen, so daß er wohl dem Regierungsrat mit der Geschwulst gegenüber bestehen konnte.

Am Portal einer pompösen Villa standen zwanzig Herren in Gehröcken mit Seidenaufschlägen. Sie begrüßten die Ankommenden in englischer Sprache, um diese Leute zu ehren und bei ihnen den Glauben zu erwecken, man hielte sie für Ausländer. Wenn das Echo dann, wie in diesem Falle, verschämt deutsch klang, bequemten sich die zwanzig Gehröcke dazu, auch in diesem Idiom zu reden.

Man wurde in das Büro geführt, einen großen Saal, in dem ein sinnverwirrendes Geräusch herrschte. Schreibmaschinengeklapper, Hin- und Herlaufen von Beamten. Telephongeklingel, Zurufe wie: Nr. 39 Lebergeschwulst, Packung 10 Mark; Nr. 62 Grützebeutel 8 Mark; Nr. 104 70 Mark und so weiter. Unverständliche Bemerkungen für den nicht Eingeweihten.

Man bekam wahnsinnig neugierige Fragebogen, die selbst die Halsweite des Vaters wissen wollten, zum Ausfüllen vorgelegt. Dann erhielt man verschiedene Drucksachen in die Hand gedrückt, unter denen ein dickes Heft als die Hausordnung bezeichnet wurde. Ja, was die Hausordnung nicht alles vorschrieb! Vor allem stand darin, daß man im voraus zu bezahlen habe, und wenn man dann zu diesem Zweck an die Kasse geführt wurde, erfuhr man, daß man für die vereinbarten dreißig Mark lediglich ein Bett zu beanspruchen habe, während die Verpflegung, ärztliche Behandlung, Bedienung, Bäder, Benutzung der Turngeräte, der Gartenanlagen und so weiter besonders verrechnet werden. Das hörte man nicht gern. Aber Gott ja, es war eine *First-class*-Anstalt, und der Fürst von Printe-Hefeteil-Hubbelrath kam alljährlich mit seiner ganzen Familie nach »Bizepsheil«.

Das Zimmer! Man bekam ein Bett in einer sogenannten Lufthütte. Alte, früher wohl zum Selterswasserverkauf benutzte baufällige Bretterbuden, die unschön auf einer Wiese standen, waren die Lufthütten, durch die der Wind pfiff und die außerdem feucht waren, also in jeder Beziehung zur Abhärtung geeignet schienen.

In der Aufnahmeuntersuchung durch den Chefarzt (kostete extra), die in seinem fürstlich eingerichteten Studierzimmer stattfand (alle Räume, die nicht den Patienten dienten, waren äußerst komfortabel eingerichtet), wurde dann der Kurplan festgelegt, die Diät (kostete extra), die Bäder (kosteten extra), die Turnübungen (kosteten extra), Atemgymnastik (kostete extra), Übungen im Zandersaal (kosteten extra), Luftbäder (kosteten extra), Spazierengehen (kostete extra) und so weiter (kostete alles extra) bestimmt.

Scharleß Nulpe schwindelte es, so kam er täglich auf etwa 150 Mark. Wenn auch die Erfolge in »Bizepsheil« außerordentlich waren und Fürst von Printe-Hefeteil-Hubbelrath jährlich hierherkam, das war doch zu toll.

Und wie erstaunt und fassungslos war er, als er am ersten Kurtage auf seinem Platze am Frühstückstisch lediglich zwei Bucheckern, eine rohe Kartoffel und ein Glas Wasser vorfand. An den übrigen Plätzen lagen ähnliche Leckerbissen.

Ein schwacher Trost für Nulpe.

Mittags gab es fünf Bucheckern, eine Haselnuß, etwas Weiches, das aussah wie Stockfarbe und auch so schmeckte, eine Prise Salz und zwei Wiesenschaumkrautblüten. Abends war das Menü ähnlich: nur weniger Bucheckern und keine Stockfarbe und anstatt Wiesenschaumkraut Huflattich.

In dem Riesenspeisesaal – man saß aus hygienischen Gründen auf einfachen Holzbänken – waren die verschiedenen Kranken nach ihren Leiden an einzelnen Tischen sortiert.

So hatte man den Tisch der Magenleidenden, den Tisch der Nierenbankrotteure, den Tisch der Nervösen, den Tisch der stärker Nervösen, den Tisch der schon ein wenig Blöden, den Tisch der absolut Blöden, den Tisch der aussichtslos Blöden (die mußten am meisten bezahlen).

Scharleß Nulpe saß zur Probe an dem Tisch der Nervösen. Nach acht Tagen bat er, ihn an den Tisch der stärker Nervösen zu setzen.

Seine Kur setzte sich aus kombinierten physikalisch-diätetischen Maßregeln zusammen.

Alles, was im Sanatorium mit ihm geschah, bekam ihm schlecht, und er begann, sich ernstlich in seiner Haut unbehaglich zu fühlen. Aber, was so teuer war und von Fürsten in Anspruch genommen wurde, mußte doch Qualität haben. Er litt vielleicht nur unter der anfänglich stets auftretenden Reaktion dieser ungewohnten Lebensweise.

Nach dem Frühstück mußte er vierzig Minuten auf dem Kopf stehen (kostete extra) mit einer Mohrrübe im Mund (kostet extra), dann mußte er, den linken Zeigefinger in der Nase (kostete extra), auf einem Bein umherhopsen (kostete extra). Er wurde dann abwechselnd in kochendes und eiskaltes Wasser getaucht (kostete extra) und mußte sich bis Mittag in der zur Anstalt gehörigen Ökonomie mit Mistabfahren beschäftigen (kostete extra).

Nachmittags wurde geturnt. Zweihundertsechsundachtzig Kniebeugen (kostete extra 5 Mark pro Stück), sechshundertzweiundfünfzig Rumpfbeugen (kosteten extra 5 Mark pro Stück). Mit anderen Leidensgenossen mußte er ein Reservoir leer atmen, das als Vakuumentstauber Verwendung fand (kostete extra). Er mußte die tollsten und ihm gänzlich unverständlichen Verrichtungen machen. Alles drehte sich ihm im Kopf.

Im Sanatorium

Vor dem Abendessen trafen sich die Patienten im Lesezimmer zum Plauschestündchen (kostete extra). Man erzählte sich umständlich von seinen Leiden, und Frohsinn und trautes Behagen herrschte in dem, wie in allen für Gäste bestimmten Räumen, recht ungemütlichen Lesesaal, der aus hygienischen Gründen, um eine radikale Abhärtung durchzusetzen, feucht und zugig war.

Nach einer weiteren Woche bat Nulpe, man möge ihn an den Tisch der ein wenig Blöden setzen.

Es wurde täglich schlimmer mit seinem Zustand. Eine bedenkliche Reizbarkeit zeigte sich bei jeder Gelegenheit.

Eine harmlose Szene hatte schreckliche Folgen. Die taube Witwe eines Schlachtenmalers hatte ihm gegenübergesessen. Er hatte sie in der Unkenntnis ihres Gebrechens so obenhin gefragt, ob sie schon früher in »Bizepsheil« gewesen sei.

»Im vergangenen Jahr stand das Grumt um diese Zeit besser«, bekam er zur Antwort.

»Ich meine, waren Sie schon mal in dieser Anstalt?« wiederholte Scharleß seine Frage.

»Gestern sah es nach Regen aus«, war jetzt die Entgegnung.

»Machen Sie schon lange die Kur hier, und merken Sie einen Erfolg?« brüllte jetzt Scharleß plötzlich los.

»Ja, es ist ein feuchter, ein recht feuchter Sommer«, bekam er zu hören.

Eine wahnsinnige Wut kam über Nulpe. Er sprang auf und boxte der Witwe des Schlachtenmalers in das Auge.

Mit jedem Tag wurde es schlimmer mit ihm. Er litt gräßlich unter der Diät. Seine Seife, zwei Tuben Zahnpasta, ein Paar Glacéhandschuhe, vier Bleistifte, eine Schachtel Heftzwecken und zwei Flaschen Kopiertinte hatte er verstohlen hinuntergeschlungen.

Wäre er bloß nie auf diese Sanatoriumsidee verfallen!

Aber nun hatte er schon für Wochen bezahlt! Und dann galt es doch für schick.

Eines Tages sagte der Chefarzt zu ihm: »Herr Nulpe, mein lieber Herr Nulpe, nur Geduld, nur Geduld. Sie sollen mal sehen, nur Geduld. Morgen wollen wir mal anfangen zu zandern.« (Zandern kostete extra.) Der Doktor hätte Nulpe nicht zandern lassen sollen.

Im Zandersaal. Alle Apparate waren in Bewegung. Es war ein groteskes Bild. Dort hatte eine sehr korpulente Dame die Arme eingespannt und schwenkte sie mit schauerlicher Regelmäßigkeit im Kreise. Einem langen, dürren Herrn wippte ein Apparat die Beine in marionettenhafter Weise hin und her. Ein Mensch, ganz kahlköpfig, wurde durch einen Zandermechanismus veranlaßt, unaufhörlich schauerlich den Kopf zu rollen. Eine Greisin mit einem Eikopf und gallertartigem Wackelkinn saß auf dem Kamelrittapparat und hüpfte, daß ihr die Zähne wie weiße Bohnen aus dem Munde flogen.

Nulpe fühlte sich durch alles dieses Merkwürdige sichtlich beunruhigt.

Nur ungern ließ er sich in einen komplizierten Stuhl drücken. Dieser Apparat hatte den Zweck, bestimmte Stellen im Rücken durch kurzes, regelmäßiges Klopfen eines Gummifingers zu massieren. Das sollte enorm gesund sein.

Plötzlich bekam Nulpe von hinten einen leichten Stoß in den Rücken. Wütend schaute er sich um. Niemand war in seiner Nähe, der ihn gestoßen haben konnte.

Was war das für eine Frozzelei? Da, wieder stieß ihn etwas an dieselbe Stelle. Das war ja eine maßlose Unverschämtheit. Eine tolle Wut packte ihn. Er sprang auf und bemerkte jetzt den Gummifinger, der mit unheimlicher Regelmäßigkeit aus dem Apparat herausschnellte.

Haßerfüllt stürzte sich Scharleß Nulpe auf diesen gespensterhaften Angreifer. Ein entsetzliches Ringen entspann sich zwischen Nulpe und der Maschine. Räder, Haare, Zähne, Schrauben flogen, bis plötzlich Stuhl, Apparat und Nulpe hinfielen und sich in einem wilden Chaos am Boden wälzten.

Nulpe gelang es, wieder auf die Beine zu kommen. Vor sich sah er einen anderen Apparat, der drohend seine Arme gegen ihn schwang. Drauflos! Und ein Rasen packte den Unglücklichen, und in jedem Apparat, der im Zandersaal seine blanken Fühler reckte, wie wenn eigentümliche Untiere ihn zu verhöhnen schienen, erblickte er entsetzliche Feinde. Drauflos! Und er focht einen furchtbaren Kampf, bis er an die Halsmassagemaschine kam. Die kannte keinen Spaß, sie packte ihn mit ihren Fühlern um den Hals und erdrosselte ihn.

Alle Verwandten von Scharleß Nulpe waren bei der Beerdigung, nur Onkel und Tante Siebenborn aus Euskirchen fehlten.

Ja, ja, solche Helden gibt es

Vom treuen Leser

Redakteure sind mutige und unerschrockene Männer. Weiß Gott, ich habe nur solche kennengelernt. Manche fürchten selbst den Teufel nicht, manche zittern selbst nicht vor dem Presseparagraphen 11. Ja, ja, solche Helden gibt es.

Aber jeder Redakteur wird unter allen Umständen erbleichen und von zagender Angst befallen werden, wenn man ihm von einer gewissen Spezies Leser zu reden beginnt. Er wird zaghaft werden, seine Festigkeit wird stürzen, Gruseln wird ihn überlaufen.

Der treue Leser oder der langjährige Abonnent oder der alte Freund des Blattes – das klingt so brav, bieder und unendlich treuherzig, so ganz ohne Falsch, und doch verbirgt sich hinter diesen harmlosen Worten eine entsetzlich unangenehme Art von Menschen, ein quälendes, heimtückisches Ungeziefer, das aus dunklem Versteck heraus das Gift seiner Drüsen auf seine Opfer spritzt.

Vor diesen Menschenseelen hat der heroischste Redakteur eine peinliche Scheu.

Meistens sind es Leute, die nie in ihrem Leben etwas zu sagen gehabt haben, im übrigen auch nicht die Courage besitzen, sich offen gegen irgend jemand, der ihnen vielleicht mal nützen könnte, in Widerspruch zu setzen. Die aber, wenn sie ganz allein sind oder sich ihrer Umgebung völlig sicher fühlen, das Maul weit aufreißen, sich in die Brust werfen und pathetisch erklären, sie würden jetzt mal zeigen, was eine Harke wäre.

Beamte mit strengen, gottähnlichen Vorgesetzten, Leute, die von Verbeugungen und Selbsterniedrigungen leben, pensionierte Beamte, die gewohnt sind, von dem Klempner unten im Hause, dem Gasmann und dem Bezirksschutzmann zuerst gegrüßt zu werden, kleine Rentner, die in ihrer Straße als reich gelten, weil sie mittags Fleisch essen, Nörgelseelen, denen alles im Leben schief ging, die immer zu spät kamen, untergeordnete Angestellte, die höchstens wagen, der Putzfrau gegenüber, die das Bureau zu reinigen hat, ihre Autorität aufzuspielen – das sind so die lieben Menschen, in denen eines Tages der Wille zur Macht erwacht, der ja schließlich in jeder Seele schlummert.

Sie sind Abonnenten des Lokal-Anzeigers, die pünktlich ihre achtzig Pfennig pro Monat entrichten, pünktlich am Ersten. Man kann ihnen in dieser Hinsicht nichts vorwerfen.

Sie sind felsenfest davon überzeugt, daß ihre achtzig Pfennig die Basis des Gedeihens und des gesicherten Bestehens der Zeitung darstellen. Von »ihrem Blatt« reden sie, und die unbedingte Abhängigkeit des Lokal-Anzeigers von ihrem erhabenen Willen ist für sie die ausgemachteste Sache von der Welt. Nach ihrer Ansicht hat ihr Geschmack und ihre Laune für die Redaktion die *suprema lex* zu sein.

Paßt ihnen im Inhalt des Blattes irgend etwas nicht, oder sie verstehen einen Artiekl nicht, weil sie zu dumm sind, oder aber ist man vom Chef angeschnauzt worden, oder man hat überhaupt das Bedürfnis, seine Wut über ein unangenehmes Ereignis in irgendeiner ungefährlichen Weise auszulassen, so setzt man sich schleunigst hin und schreibt einen wütenden Brief an die Redaktion, der in der furchtbaren Drohung gipfelt, das Abonnement auf die Zeitung aufzugeben. Den Zeitungsschmierern will man es mal zeigen! Und man unterschreibt, um die berechtigte Autorität seiner Kritik zu unterstreichen, die Briefe mit »Ein treuer Leser«, »Ein langjähriger Abonnent« oder »Ein alter Freund des Blattes«.

Vom
treuen
Leser

Vom Chefredakteur bis zu Albert, dem Setzerstift, hinab werden alle von einer entsetzlichen Panik ergriffen. Man versammelt sich zitternd und völlig konsterniert im Redaktionsberatungszimmer. Wie ein schwerer, dumpfer Alp liegt es auf den Leuten vom Lokal-Anzeiger. Alle stehen unter dem Drucke dieses schrecklichen Ereignisses.

Was bleibt zum Schluß aber anders übrig, als abzuwarten, ob die grauenhafte Drohung des treuen Lesers sich am Ersten verwirklichen wird?

Immer wieder kommen solche Reklamationen und setzen neue Unruhen in die vom letzten Brief kaum erholten Gemüter.

Ein Arsenal von Damoklesschwertern hängt über dem Lokal-Anzeiger!

Balduin Ohrenschmalz war irgend etwas Geringes bei der Steuerverwaltung gewesen. Man hatte ihn rechtzeitig pensioniert. Seine Pension war klein. Er spielte im Leben eine unbedeutende Rolle. Er war Abonnent des Lokal-Anzeigers. Er war ein eifriger und gründlicher Leser dieses Blattes.

Vom Kopf der Zeitung, wo die Bezugsbedingungen stehen, bis zur letzten Annonce las er jedes Wort. Nach dem Frühstück nahm er täglich das Blatt zur Hand, wohl in der Art, wie ein gewichtiger Professor die Arbeit eines Schülers entgegennimmt. Kritisch und mißtrauisch.

Und bald ging es los.

»So, wenn der Graf von Kehlkopf-Imbiß die Tochter des Fabrikanten Schwungrad nicht bald heiratet, kriegt die Redaktion einen Brief, den sie sich nicht hinter den Spiegel stecken wird. Es ist ja zu albern, dieses Hin und Her. Ich lasse mich von einem solchen Romanschreiber nicht frozzeln für mein gutes Geld«, erboste sich Balduin Ohrenschmalz über den unter dem Strich veröffentlichten Roman »Die Heide klagt's« von Otto Kurt Dagobert von Mostert-Mostert.

»Was, der Graf, dieser Liederjahn, soll die reizende Ilse, die Goldilse, heiraten? Das wird hoffentlich nicht passieren. Dann gönne ich sie schon eher dem schwarzlockigen Maler Hendrik Ewerth«, meinte in erregtem Ton Frau Ohrenschmalz.

»Na, ich werde den Leuten schon die Hölle heiß machen. Für meine achtzig Pfennige pro Monat kann ich einen Roman verlangen, der mich in allen Teilen befriedigt«, schnauzte Ohrenschmalz weiter und warf mit einer großen Kraftgeste den Lokal-Anzeiger klatschend auf den Tisch.

Als sich in den nächsten Tagen die Fortsetzung des Romans in einer anderen als der von dem Ehepaare gewünschten Weise entwickelte, setzte sich Ohrenschmalz wütend hin und schrieb folgenden Brief:

»An die Redaktion des Lokal-Anzeigers.

Wenn Sie darauf Wert legen, Ihren Leserkreis zu erhalten, so möchte ich Ihnen den Rat geben, von der Veröffentlichung solcher Machwerke, ich betone Machwerke, wie des Romans ›Die Heide klagt's‹ in Zukunft absehen zu wollen. Der Graf hätte unbedingt die Tochter des Fabrikanten heiraten müssen, das ist klar. Aber natürlich, diese modernen Dichter! Auch meine Frau ist absolut mit dem Roman nicht zufrieden. Ich werde wohl für meine Person das Abonnement Ihrer Zeitung aufgeben.

Ein treuer Leser.«

Von einer anderen Seite bekam die Redaktion des Lokal-Anzeigers, den Roman betreffend, diesen Brief:

»Sie ruinieren Ihre ganze Zeitung mit solchen absolut verfehlten Romanen wie ›Die Heide klagt's‹. Der Graf muß sich mit Ewerth duellieren und fallen. Das war die einzig mögliche Lösung. Wer ist überhaupt dieser sogenannte Dichter Mostert-Mostert? Ich verzichte in Zukunft auf die Lektüre Ihres Blattes!

Ein langjähriger Abonnent.«

»Was gehen mich Goethe und moderne Reflexionen über seine Farbenlehre an«, giftete sich Herr Balduin Ohrenschmalz wieder an einem Morgen über einen dieses Thema behandelnden Aufsatz im Lokal-Anzeiger. »Goethe ist meines Wissens tot, und dieses Blatt ist doch kein Fachorgan für Anstreicher.«

Wieder setzte sich Balduin Ohrenschmalz schleunigst hin, und ein entsprechendes Protestschreiben ging an die geplagte Redaktion.

»So, das ist ja eine schmachvolle Berichterstattung in diesem Lokal-Anzeiger!« wütete eines Abends bei der Rückkehr vom Stammtisch Herr Balduin Ohrenschmalz. »Ist in Danzig eine alte Frau mit einer Petroleumlampe die Kellertreppe hinuntergefallen und hat den Hals gebrochen. In allen Blättern soll es gestanden haben. Im Lokal-Anzeiger war natürlich nichts darüber zu finden. Es ist eine Schande. Na, denen werde ich einen Brief schreiben.«

Und wieder fiel wie eine Bombe ein anonymer Brief in die Redaktion.

Dann war eines Tages bei Ohrenschmalzens das Tintenfaß umgefallen und hatte seinen Inhalt auf die geblümte Kaffeedecke ergossen.

Wie macht man Tintenflecke aus geblümten Kaffeedecken?

Natürlich, was man wissen möchte, findet man nie in diesem Lokal-Anzeiger. Anstatt dieser törichten Artikel über Goethe und seine Farbenlehre sollte man lieber etwas darüber schreiben, wie Tintenflecke aus geblümten Kaffeedecken zu entfernen sind.

Einen wutschnaubenden Brief mit der Unterschrift »Ein alter Freund des Blattes« schnellte Ohrenschmalz gegen den Lokal-Anzeiger.

Es war eine lustige Geschichte erschienen, in der ein stümperhafter Arzt glossiert wurde. Drohende Briefe, natürlich anonym, von Ärzten aus der Stadt, die sich in ihrer Berufsehre verletzt fühlten, fielen über die Redaktion her.

Als in einer Skizze eine Amme vorgenommen wurde, regnete es wütende Briefe aus Ammenkreisen.

Es war bezeichnend, wie die Achillesfersen aller Berufsklassen prompt bei der geringsten satirischen Spiegelung reagierten, wie die schlechten Gewissen sofort ins Gären gerieten.

Die Redakteure bekamen graue Haare, verloren die Lust am Leben, rauchten nicht mehr und ließen sich bei Regenwetter naß werden.

Mancher mußte ins Sanatorium.

Endlich kam der Lokal-Anzeiger auf die glückliche Idee, jedem Abonnenten vor dem Abdruck sämtliche Beiträge vorzulegen. Fünfhundert Boten gingen zu diesem Zweck von Haus zu Haus. Auf diese Weise kam das Ideal einer Zeitung zusammen.

Als aber trotzdem eines Tages wieder ein Schmähbrief kam, von jemandem, der zwar nicht abonniert war, die Zeitung indessen im Café las und forderte, man müsse eine Rubrik für Scherzrebusse einrichten und für Vexierbilder »Wo ist der Gärtner?«, hat der Chefredakteur mittels Dynamit das ganze Gebäude des Lokal-Anzeigers mit sämtlichen Angestellten in die Luft gesprengt.

Das verliehene Buch

Es war ein prächtiges Buch mit Goldschnitt und Damasteinband, das in der guten Stube auf dem Tisch lag.

Es war ein sehr langweiliges Buch mit schlechten, sehr schlechten Illustrationen.

Es war der Stolz der ganzen Familie.

Nur der Vater durfte das Buch in die Hand nehmen. An Festtagen setzte sich der Vater sonntäglich angezogen in die gute Stube und las der Mutter und den Kindern mit sonorer Stimme und falscher Betonung aus dem feinen Buch vor. Würdevoll und prätentiös wusch er sich vorher die Hände. Häufig unterbrach er das Vorlesen und erklärte die Abbildungen. Die Kinder machten verständige Gesichter und große, kluge Augen; sie kniffen sich heimlich gegenseitig in die Beine.

Herr Mehlenzell war ein Bekannter des Vaters; er hatte einen Kolonialwarenladen und schrieb an.

Man brauchte viel im Haushalt, und das Gehalt des Vaters war klein.

Herr Mehlenzell bat eines Tages den Vater, er möchte ihm das prächtige Buch leihen. Der Vater erbleichte; er konnte nicht gut nein sagen.

»Auf ein paar Tage. Bestimmt, selbstverständlich haben Sie es am nächsten Sonntag zurück«, hatte Herr Mehlenzell gesagt.

Man sprach in der Familie nur über das Buch. Die Mutter meinte, man hätte es ihm nicht geben sollen. Der Vater war sehr ernst. »Bestimmt haben Sie es am Sonntag zurück, hat Herr Mehlenzell gesagt«, verteidigte sich der Vater. »Wir wollen sehen«, brummte die Mutter.

Wo das Buch in der guten Stube gelegen hatte, war ein viereckiger Fleck auf der Tischdecke; der Plüsch war da nicht so verschossen.

Der Sonntag kam. Man war schon sehr früh aufgestanden. Es wurde Mittag; Herr Mehlenzell hatte das Buch nicht gebracht. Der Vater saß mit der Mutter in der guten Stube und war sehr ernst. Keinem hatte das Essen so recht geschmeckt. Um die Kinder kümmerte sich niemand. Man ließ sie im Garten über die Bleiche tollen und ungestört die unreifen Stachelbeeren essen. Der Vater trank eine halbe Flasche Rum. Die Mutter hatte verweinte Augen. Die gute Stube wurde abgeschlossen.

Der Vater mußte Montag und Dienstag im Bett liegen. Die Mutter vernachlässigte den Haushalt. Die Kinder verwilderten.

Hundertundvierzig Mark bekam Herr Mehlenzell noch. Man durfte nicht wagen, ihn an das Buch zu erinnern.

Es war unheimlich zu Hause, als ob jemand gestorben wäre. Den Vater sah man viel mit der Rumflasche hantieren. Mit der Familie ging es zurück.

Der dritte Sonntag kam, und das Buch war noch immer nicht da.

Es konnte so nicht mehr weitergehen.

Nach dem Mittagessen schrie der Vater nach seinem schwarzen Rock und den Manschetten, rasierte sich und ging zu Mehlenzells.

Frau Mehlenzell öffnete selbst.

Er fragte nach Herrn Mehlenzell.

Frau Mehlenzell war mürrisch und fragte, was es sei. Ihr Mann wolle nach dem Essen nicht gestört sein.

Es sei sehr dringend, er müsse mit Herrn Mehlenzell sprechen, beharrte der Vater.

Frau Mehlenzell ging brummend in ein Zimmer und ließ den Vater auf dem Korridor stehen.

Frau Mehlenzell hatte die Tür nicht fest hinter sich zugemacht. Herr Mehlenzell schimpfte, man solle ihn ungeschoren lassen. Was denn der Hungerleider wolle? Dann wurde von innen die Tür zugeschlagen.

Nach einer Weile kam Frau Mehlenzell zurück; ihr Mann hätte nicht viel Zeit, er möge sich kurz fassen.

Herr Mehlenzell lag auf dem Sofa und rauchte eine Zigarre. Er stöhnte den Vater an und blieb ruhig liegen.

Er wolle ihm auf die Rechnung etwas abbezahlen, fing der Vater schüchtern an.

Herr Mehlenzell richtete sich auf und bat den Vater, doch Platz zu nehmen; er schob ihm auch das Zigarrenetui hin.

»Über wieviel darf ich quittieren, bitte?«

»Über zwanzig Mark.«

Herr Mehlenzell nahm das Zigarrenetui wieder an sich.

Im Nebenzimmer übte jemand sehr auf dem Klavier.

»– und dann, was ich sagen wollte«, quetschte der Vater hervor, »ich möchte mal nach dem Buch fragen, ob es Ihnen gefallen hat und ob Sie es vielleicht aushaben?«

»Welches Buch?«

»Sie wissen doch – das Buch von mir, das schöne Buch, das ich Ihnen vor drei Wochen geliehen habe.«

»Ach so, ja. Jetzt fällt es mir ein. Ja, wo habe ich das?«

Dem Vater standen dicke Angstperlen auf der Stirn.

»Warten Sie einmal, da muß ich meine Frau fragen. Haben Sie denn das Buch so nötig?«

Herr Mehlenzell verließ murmelnd das Zimmer.

Im Nebenzimmer spielte man zum siebenten Male »Mädchen, warum weinest du«.

Der Vater ging an die halbgeöffnete Tür und schaute hinein. Lenchen Mehlenzell saß am Klavier.

Man hatte auf einen Stuhl Bücher gelegt, damit Lenchen hoch genug sitzen konnte.

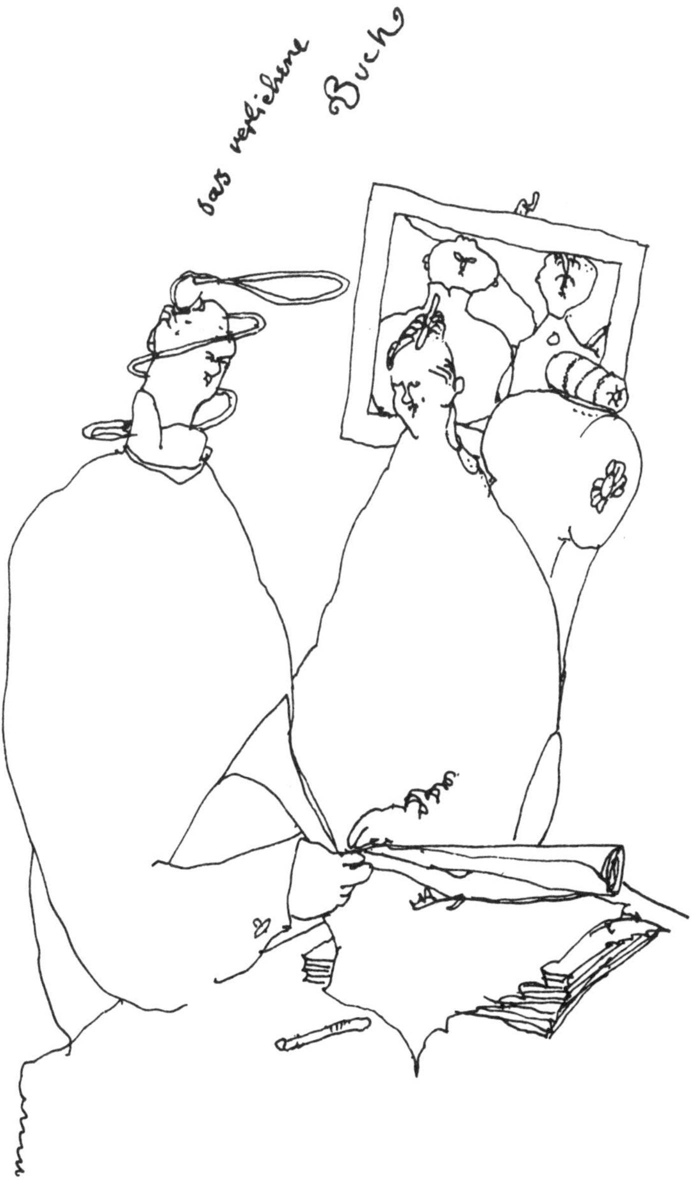
das verliehene Buch

Der Vater war einer Ohnmacht nahe; Lenchen saß auf dem prächtigen Buch!

Der Vater war sonst nicht roh. Er stürzte aus dem Hinterhalt auf das nichtsahnende Kind und warf es von seinem Sitz, ergriff das Buch und floh.

Zu Hause. Das Buch wurde geprüft, es hatte gelitten. Man hatte auf dem Deckel etwas geschnitten, etwas Fettiges, wahrscheinlich Wurst. Es mußte häufig gefallen sein, die Ecken waren verbogen, und die Seiten saßen teilweise lose im Rücken.

Mit zitternder Hand blätterte der Vater in dem Buch.

Seite 1, 2, 3, 4, 5, 6, 7, 8, 9, 10, 11, 12, 40 – der Vater wurde stutzig – 41, 42, 43, 44, 13, 14, 15, 58, 59, 60, 61, 16 – der Vater wurde grün im Gesicht – 17, 18, 19, 20, 21, 22, 23, 24, 25, 105, 106, 107, 108 – dem Vater fiel sein Glasauge aus dem Kopf – 109, 110 – jetzt wurden die Seiten kleiner, sehr seltsam – 111, 112, Seite 110 schloß »Wanderburschen, wandert zu in die weite Welt hinaus«, und es ging weiter auf Seite 111 »mit der weißen, aristokratischen Hand durch das gewellte Haar und ging erregt auf Leonie zu«. In Vaters Buch kam keine Leonie vor. Der Vater bekam einen eiförmigen Kopf.

Der Vater erschlug die Mutter.

Aus dem Buch fiel eine Ansichtskarte an Frau Mehlenzell aus Saarbrücken und ein Zettel mit den denkwürdigen Worten: »2 Paar Socken, 3 Kragen, 1 Taschentuch, 1 Vorhemdchen, 1 Paar Manschetten«.

Der Vater sprang zum Fenster hinaus und brach sich das Genick.

Die Kinder verdarben.

Schauderhaft, höchst schauderhaft.

Lillichens Verlobung

(Aus der Weihnachts-Nummer des guten Familienblattes)

»Papächen, Papächen, Mutti, Mutti!« klang eine helle Stimme aus dem Park herüber zur Terrasse, wo Graf Eberhard Unstrut von Felsenhorst mit seiner Gattin, der Gräfin Hildegard, beim Frühstück saß.

Es war ein wunderbarer Frühlingsmorgen. Die Vöglein zwitscherten, daß es nur so eine Freude war. »Pipipipipi«, klang es von allen Seiten. »Päng, päng«, machte der Buntspecht.

Die altehrwürdige Sandsteinfassade des gewaltigen Baus des Stammschlosses der Felsenhorst erschien in den Strahlen der Morgensonne wie in Gold getaucht.

Es war das erstemal nach den langen Winterwochen, daß das gräfliche Paar auf der Terrasse frühstückte. Das erstemal, ja, ja. Man hatte eine schwere, recht schwere Zeit hinter sich. Gräfin Hildegard hatte wohl an drei Monate an einem furchtbaren Brustübel auf den Tod darniedergelegen. Der alte, treue Hausarzt, Doktor Bimstein, war nicht von ihrer Seite gewichen. Das waren graue Tage gewesen.

Mit dem Scheiden des Winters verzog sich das Leiden mehr und mehr. Die kräftige Natur der Gräfin und warme Flanellunterkleidung trugen den Sieg davon. Nun saß sie zum erstenmal nach langer Zimmerhaft, noch bleich und abgehärmt, aber wieder dreihundert Pfund schwer in ihrem Lehnstuhl, der mit dem gräflichen Wappen geschmückt war, auf der Terrasse.

Sie war eingehüllt in einen roten Plüschmantel mit Pelzbesatz. Über ihre Knie war ein Eisbärfell, das sonst im Salon vor dem Klavier lag, gebreitet.

Die linke Hand, deren bleiches Aussehen noch von den

überstandenen Leiden kündete, streichelte den auf ihrem Knie ruhenden Kopf ihres Lieblingsneufundländers Benno. Die feine, geäderte rechte Hand hielt ein Butterbrot mit Zervelatwurst.

Graf Eberhard Unstrut von Felsenhorst war eine herrliche Reckengestalt und stand da in seinem knapp sitzenden Reitanzug mit langen Stiefeln als der echte Sproß derer von Felsenhorst.

»Hö, hö, hö, hö«, lachte er frisch und klar in den Morgen, daß es nur so von allen Seiten widerhallte.

Dann riß er plötzlich in tollem Übermut, in aller Sonnenfreude seine genesende Gattin aus dem Lehnstuhl und wirbelte sie laut jauchzend in der Luft herum. Sie verlor dabei einen mit Perlen bestickten Plüschpantoffel, den Kneifer und das Zervelatwurstbrot. Auch rutschte der rechte Strumpf herunter.

»Hö, hö, hö, hö«, schrie der herkulische Graf und schleuderte die Gräfin wieder in den Lehnstuhl.

»Oh, du Lieber, Guter! Noch immer der Alte, Wilde! Oh, du mein Gemahl!« stieß die Gräfin nach Atem ringend hervor.

»Man muß sich doch Bewegung machen, alte Schraube«, brüllte der Graf und setzte sich wieder an den Frühstückstisch, um im unterbrochenen Frühstück fortzufahren.

Es war schon eine Pracht, diese beiden Menschen in ihrer Harmonie und Liebe, die sich durch die vielen Jahre der Ehe so fest erhalten hatte, zu sehen.

»Nun, Johann, was hat Er?« rief der Graf einem alten, klapprigen Mann in grüner Livree, der langsam herangehumpelt kam, entgegen. Es war Johann, das alte Faktotum des Hauses. Bereits unter dem Vater des jetzigen Grafen diente er im Schloß. Er hatte Graf Eberhard als Kind auf den Knien geschaukelt, ihm Pfeilbogen und Weidenpfeifen geschnitzt. Er war mit dem Schlosse so verwachsen wie der alte Efeustock an der Westseite des Turmes.

Er brachte auf einer silbernen Platte, die das Wappen der Felsenhorst trug, einen Brief.

Gespannt schaute die Gräfin zu ihrem Gatten hinüber und wetzte erwartungsvoll auf ihrem Sitz hin und her. »Graf Bodo will uns morgen besuchen«, löste Graf Eberhard die Erwartung seiner Gattin.

»Graf Bodo!« wiederholte die Gräfin freudig erregt. »O Gott, mein liebstes Goldlillichen, was würde ich mich freuen, wenn das etwas würde mit dem Grafen!«

»Du denkst an eine Heirat? Topp, das ist ein guter Gedanke!« Der Graf klatschte mit den flachen Händen auf seine Beine. »Graf Bodo ist, wie mir Baron Fettfleck von Deutz damals in Baden-Baden versicherte, von sehr altem Adel. Das genügt mir!« Der Graf trat an die Gräfin heran und schlug ihr vor Freude über den gefaßten Plan mit der geballten Faust auf die Achsel, daß es krachte. »Topp, topp, das wird gemacht!« schrie er laut.

»Du Lieber, Guter«, stöhnte Gräfin Hildegard, die durch den Schlag tief in den Lehnstuhl hineingetrieben worden war.

»Papächen, Papächen, Mutti, Mutti!« klang es jetzt wieder, aber deutlicher als zuerst, aus dem Park herüber, und plötzlich sprang aus dem Schatten der Bäume wie ein junges Reh ein mild-liebliches Mädchen von etwa achtzehn Jahren, mit Grübchen in den Wangen und mit einem weißen Hängekleide angetan. Sie stürmte in graziösen Sprüngen über den Rasen zur Terrasse. In der einen Hand schwang sie einen Strauß würziger Waldblumen, in der anderen hielt sie sorgsam ein mit Wasser gefülltes Einmachglas mit lebenden Kaulquappen.

Es war ein liebreizendes Bild voller Charme und natürlicher Grazie.

Die Eltern schauten sich gegenseitig bewundernd an. Der Mutter lief schleunigst eine Zähre über die Wange auf den Plüschmantel.

»Hier, Papächen, bringe ich dir liebe kleine Kaulquappen für unser Aquarium«, begrüßte das Mädchen stürmisch den Vater und stellte das Glas vor ihn hin. »Und dir, liebe Mutter, zu deiner Genesung diese Blumen.« Sie legte der Gräfin den Strauß auf den Schoß und drückte ihr einen schallenden Kuß auf den Mund. Sie bekam von der Mutter, die noch ein Honigbrot gegessen hatte, ein wenig Klebriges an das Kinn. Aber was kümmert das, wenn sich Menschen liebhaben.

»Nun zugegriffen, du Wildfang. Du wirst Appetit haben nach dem Morgenspaziergang«, meinte die Mutter sorgend. Das ließ sich Lillichen nicht zweimal sagen. Hei, wie lockte der würzige Kaffee, die goldgelbe Butter, die blutroten Wurstscheiben, die duftenden Scheiben frischen Brotes, süßer Honigseim, alles auf blitzblanken Tellern, der Tisch mit weißem köstlichem Linnen überzogen.

Mit Wohlgefallen und Stolz schauten die Eltern auf ihr Kind, das eine Schnitte nach der anderen mit einer außergewöhnlichen Schnelligkeit verschwinden ließ.

Nachdem Lillichen noch ungefähr die ganze Zervelatwurst gegessen hatte, wurde sie auf einmal ernst und nachdenklich. Das lustige Lachen schwand von ihren Zügen. Ihre Augen verschleierten sich, nur ab und zu schaute sie mit einem Blick starker Sehnsucht zum Park hinüber.

»Weißt du, wer morgen kommt?« mischte sich die Gräfin, der die plötzliche merkwürdige Veränderung nicht entgangen war, in das Sinnen ihrer Tochter.

Ja, Mutterauge sieht scharf, sieht verdammt scharf!

Lilli fuhr, wie aus einem Traum geweckt, empor: »Was, wer soll kommen?« fragte sie apathisch.

»Graf Bodo, Graf Bodo!« schrien die Eltern auf sie ein

mit einer Begeisterung, die man bei einem Hoch aufzuwenden pflegt.

»Warum sagt ihr das so laut?« Lillis große, runde Augen starrten verwundert die Eltern an.

»Weil dieser Besuch seine Bedeutung, eine ganz enorme Bedeutung hat. In diesem Besuch liegt dein Glück, deine Zukunft«, deklamierten Vater und Mutter.

»Was aber hat mein Glück mit dem Grafen Bodo zu tun?« meinte Lilli.

»Wir, deine treusorgenden Eltern, haben Graf Bodo, Sproß eines uralten Geschlechtes, dir zum Gatten ausgewählt. Du wirst nächsten Dienstag achtzehn Jahre. Nach dem Felsenhorstschen Hausgesetz müssen die Töchter spätestens mit dem achtzehnten Jahre verlobt sein. Du wirst dich also mit dem Grafen Bodo verloben, wie wir das wünschen!« Die Stimme des Vaters, die vorher so fröhlich geklungen, nahm jetzt einen scharfen, befehlenden Ton an. Wenn es sich um Dinge handelte, die die Tradition seiner Familie berührten, kannte er keinen Spaß. Er war eben dann ein echter Unstrut von Felsenhorst; Herz wie Stahl, Herz wie Stahl.

Wie ein Blitz aus heiterem Himmel traf Lilli diese Eröffnung. Als wohlerzogenes Kind verzichtete sie auf Widerreden, stand verstört vom Tisch auf, nahm ihr Glas mit den Kaulquappen und ging laut schluchzend in das Schloß. Sie sagte fast erstickt von Tränen nur einmal: »Theobald!«

Graf Eberhard packte der Zorn, jener Zorn, der von alters her im Blute der Felsenhorst gärte, schlug mit der Faust auf den Tisch, daß das Kaffeeservice durcheinanderflog und an der Milchkanne der Ausguß abbrach. »Wer hat hier zu bestimmen? Ich bin der Vater, der Vater. Wer ist der Vater? Ich, ich, ich!« schrie er mit aller Kraft. Da das niemand bezweifelte, wurde er noch wütender.

»Was sagte sie noch – Theobald?« Der Vater bekam einen Wutkrampf.

»Laß sie sich ruhig erst mal sammeln, laß sie zu sich kommen. Das ist doch für ein junges Mädchen ein Schritt fürs Leben. Sie wird schon zur richtigen Erkenntnis kommen«, suchte Gräfin Hildegard ihren Gatten zitternd zu beruhigen. »Außerdem ist von der Milchkanne die Schnute abgebrochen. Die wird man vielleicht mit Syntetikon wieder kitten können«, fügte sie zaghaft hinzu.

»Es heißt nicht Schnute, es heißt Ausguß«, brüllte sinnlos vor Wut der Graf. Dann blickte er seiner Gattin starr in die Augen, gab dem Neufundländer einen Tritt in die Weichen und ging mit wuchtigen Schritten, scharf vor sich hinpfeifend, in den Park.

Lilli von Felsenhorst war verliebt, grenzenlos verliebt. Im Walde hatte sie ihn getroffen, den jungen Maler Theobald Rüstig, fast täglich. An schönen Blicken baute er seine Staffelei auf und lag fleißig seiner Kunst ob. Er glich einem Südländer mit seiner braunen Gesichtsfarbe und seinen herrlichen schwarzen Augen. Schwere dichte Locken fielen ihm bis auf die Schultern. Er trug einen kleidsamen schwarzen Samtanzug, der sehr prall saß. Um den Hals hatte er einen buntfarbigen, verwegen flatternden Schlips.

Erst war Lilli bei diesen zufälligen Zusammentreffen stolz wie eben eine echte Felsenhorst an ihm vorübergegangen, kaum seinen höflichen, zurückhaltenden Gruß erwidernd. Dann aber konnte sie ein liebes Lächeln in ihrem Gegengruß nicht mehr zurückhalten. Und eines Tages sprachen sie miteinander. Wie es denn mit jungem Liebesvolk zu gehen pflegt, so geschah es auch hier. Gott, ja. Erst wechselte man nur einige flüchtige Worte, dann setzte man von Tag zu Tag einige Minuten zu, bis man zuletzt manches Stündchen im Wald versteckt plauderte.

Der Maler Theobald Rüstig war ein Ehrenmann durch und durch. Nur ein einziges Mal ließ er sich hinreißen, Lilli einen Kuß auf die Hand zu geben. Sonst blieben ihre Liebkosungen auf einen Händedruck beim Abschied beschränkt. Er war, wie gesagt, ein Ehrenmann vom Scheitel bis zur Sohle. Er hatte seine strengen Grundsätze und hätte sich nie unterfangen, die junge Komtesse ohne Einwilligung der Eltern oder eine offizielle Legitimation auf den Mund zu küssen.

Die beiden liebten sich maßlos und waren sich klar, daß sie füreinander fürs Leben bestimmt waren.

Zwar war der Maler arm wie eine Kirchenmaus, und es fiel ihm schwer, das bißchen für seinen bescheidenen Unterhalt zu erwerben. Dazu kam noch, daß er aus seinen knappen Mitteln die frühere Waschfrau seiner verstorbenen Mutter, die Witwe Bunke, und ihre Kinder unterstützte. Er ließ ihre Jungen studieren, die Witwe alljährlich nach Ostende oder Biarritz zu ihrer Erholung gehen und kaufte den Töchtern Karten für Bayreuth.

Ja, er war ein Ehrenmann, die Seele von einem Menschen. Lilli und Theobald waren übereingekommen, daß Theobald, sobald er sein großes Gemälde »Rübezahl« verkauft hätte, beim alten Grafen um die Hand seiner Tochter anhalten sollte.

An jenem Morgen, an dem sich die Szene auf der Terrasse abspielte, saß Theobald, nachdem ihn Lilli verlassen hatte, stundenlang grübelnd, den Kopf in die Hände vergraben, vor seiner Staffelei. Plötzlich schreckte ihn ein Lärmen und Geschrei in der dichtesten Nähe aus seinen Gedanken auf. Ein Schuß fiel. Es wurde um Hilfe gerufen. Es fiel noch ein Schuß.

Er sprang auf, packte seine Palette, stürzte durch das Gebüsch und fand nach wenigen Sätzen den Grafen Eber-

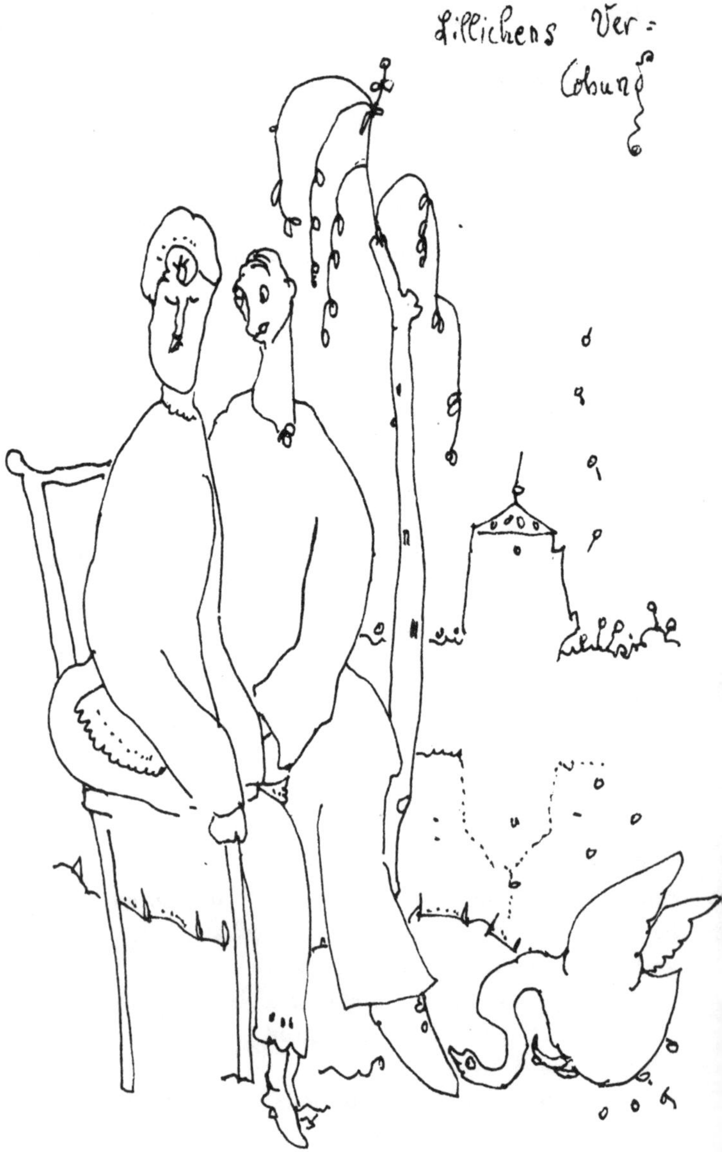
Lillichens Ver=
lobung

hard, überwältigt von zwei Räubern, am Boden liegen, sie waren gerade dabei, ihn zu berauben. Theobald, nicht faul, schleuderte seine Palette und traf den einen Räuber mitten in das Gesicht. Infolge der dick aufgesetzten Farben blieb die Palette fest in dem Gesicht des Räubers kleben. Seinen Spießgesellen brachte der junge wackere Mann mit einem Dschiu-Dschitsu-Schlag zu Fall. Er band die Mordbuben mit ihren Hosenträgern und legte sie nebeneinander.

Er wandte sich nun dem Überfallenen zu, der mit geschlossenen Augen, schwer atmend, dalag. Er hatte eine blutige Wunde an der Stirn. Seit Hut war durchlöchert. Theobald legte ihm sein zufällig nasses Taschentuch auf den Kopf, was zur Folge hatte, daß Graf Eberhard die Augen aufschlug und sich mit aller Energie aufrichtete. Der eine Räuber knirschte vor Wut. Der mit der Palette war an Gummigutt erstickt.

»Seien Sie bedankt, junger Freund«, sagte der Graf sehr edel, »Sie haben den Grafen Felsenhorst gerettet. Wissen Sie das zu würdigen? Es war ja nicht schwer, da ich diese Räuber bereits fast kampfunfähig gemacht hatte. Wie soll ich Sie belohnen? Hier haben Sie meine Pfeife und vier Mark. Dem Samtanzug nach scheinen Sie Maler zu sein. Ich kaufe Ihnen gelegentlich ein Bild ab. Schreiben Sie mir Ihre Adresse auf.«

Völlig fassungslos reichte ihm Theobald seine Visitenkarte.

Gendarmen haben feine Ohren. Welche hörten die Schüsse, folgten zu viert ihrem Schall und tauchten bald an der Stelle der Untat auf. Sie schrieben vor allen Dingen die Namen aller Beteiligten in dicke Bücher, die sie zwischen dem siebenten und zehnten Knopf vorne im Rocke stecken hatten. Dann bemächtigten sie sich der Unholde und zogen ab. Der Erstickte eignete sich nicht zum Marschieren. Er mußte getragen werden. Der andere Räuber knirschte.

Jeder der Gendarmen bekam von dem Grafen eine Zigarre und achtzig Pfennig.

Der Graf schaute flüchtig auf die Karte, die ihm Theobald gab. Seine Augen traten vor den Kopf, die Ader auf der Stirn schwoll an. Er trat mit wutverzerrten Zügen auf den Maler zu und brüllte ihm in das Gesicht: »Theobald? Hüten Sie sich, Mensch!«

Dann drehte er sich um und verschwand im Gebüsch.

Theobald stellte sich an einen Baum und weinte bitterlich.

Graf Bodo war auf dem Schloß Felsenhorst angekommen. Er wurde mit dem größten Aufwand empfangen. Man legte bis zum Automobil rote Läufer, und Lorbeerbäume flankierten den Aufgang. Die Knechte und Mägde in Tirolerkostümen bildeten teilweise Spalier, und teilweise erfreuten sie den hohen Gast durch Reigen und Gesang. Es wurde rotes bengalisches Feuer abgebrannt, obgleich es heller Tag war.

Die markige Natur des Grafen Eberhard hatte die Folgen des gestrigen Überfalls schon völlig überwunden.

Lilli fügte sich in den Befehl des Vaters und die Vorstellungen der Mutter und begrüßte in einem weißen, oben durchlochten Batistkleid, einen radgroßen Blumenkranz auf dem Kopf, in jeder Hand einen Geranientopf, mit einem entzückenden Begrüßungsspruch, der anfing: »Willkomm, willkomm«, den Gast. Sie tat alles mechanisch und schaute in jedem unbewachten Augenblick sehnsüchtig zum Walde hinüber.

Dieser Graf Bodo, in roter Husarenuniform, machte einen wenig Vertrauen erweckenden Eindruck mit seinen unsteten Augen und einem Zug von Brutalität und Verschlagenheit um den Mund. Sein forciert liebenswürdiges Benehmen konnte nicht das Unbehagen, das man in seiner Gegenwart empfand, verscheuchen.

Der Widerwillen und das Mißtrauen gegen den Grafen Bodo wuchs mit jedem Augenblick bei Lilli.

Graf Eberhard nahm nach der Empfangszeremonie seinen Besuch in sein Privatkontor, um die geschäftliche Seite der Verbindung Bodos mit seiner Tochter zu besprechen.

Lilli benutzte diesen Augenblick, um mit ihrem Einmachglas in den Wald zu verschwinden. Es waren wohl nicht die Kaulquappen allein, die sie in den Wald trieben.

Es war ein prächtiges Mahl gerichtet auf Schloß Felsenhorst. Ein Mahl von üppiger Fülle und Verschwendung. Acht Gänge. Ein Fanfarenstoß zeigte den Beginn an. Man versammelte sich in dem Speisesaal im Stile Pipins des Kleinen.

Es war bereits seit dem Fanfarenstoß eine halbe Stunde vergangen. Lilli war noch nicht erschienen. Die Eltern wurden unruhig. Im Grafen Eberhard gärte es. Man sandte Boten im Schloß und im Garten herum. Graf Bodo kaute an seinem schwarzen gewichsten Schnurrbart. Das Roastbeef bekam eine Kruste.

Man fand Lilli nicht, die Sendboten kamen erfolglos zurück.

Die Stimmung wurde gespannt und unheimlich. Graf Eberhard glich einem Vulkan. Graf Bodo war käsebleich. Gräfin Hildegard dachte an das Roastbeef.

Plötzlich öffnete sich die Tür, und herein traten anstatt der Erwarteten die vier Gendarmen aus dem Wald. Zwei postierten sich mit gezogenem Säbel und Revolvern an der Tür, während die anderen mit drohenden Waffen auf den Grafen Bodo zugingen und ihn im Namen des Gesetzes verhafteten.

Die Hand Graf Bodos zuckte nach einer Waffe in der

Tasche, aber schon packten ihn die kräftigen Fäuste der Diener des Gesetzes, und im Augenblick war er gefesselt.

Graf Eberhard war erst völlig fassungslos. Dann tobte er wie ein wildes Tier und verlangte die Freilassung seines Gastes, für den er sich verbürgte.

Einer der Gendarmen reichte ihm ein Schriftstück, den Haftbefehl: Graf Bodo war kein Graf. Er war seines Berufes Kellner. Er war ein gefährlicher Hochstapler und Raubmörder. Die Morde an der Gemüsehändlerin Muffke, an dem Rotundenfräulein Mieze Pflaum und an dem Almosenempfänger Peter Blömmel wurden ihm zugeschrieben. Durch diese Untaten war er in den Besitz enormer Vermögen gekommen. Er war Anführer einer Verbrechergesellschaft.

Der von dem Überfall im Wald übriggebliebene Räuber, der zu Bodos Bande gehörte, hatte ihn bei seiner Vernehmung verraten.

Graf Eberhard schleuderte dem Gefesselten einen verachtungsvollen Blick zu und sagte lediglich: »Pfui, bah. Hinaus, Gezücht, Gezüüüücht!«

Die Gräfin Hildegard war eigentlich in Ohnmacht gefallen, aber, da niemand sich um sie kümmerte, wieder wach geworden. Sie litt unter der Sorge um das schöne Roastbeef.

Der Graf Eberhard alarmierte das ganze Schloß zur Suche nach Lilli. Er voran mit seinen guten Schweißhunden. Zu einem Tümpel führte die Spur der Gesuchten, in welchem sie die Kaulquappen zu fangen pflegte.

O schreckliches Bild! Zwei Menschen in dem Tümpel von zum mindesten einem Meter Tiefe, Theobald und Lilli. Sie war beim Quappenfang in den Tümpel gerutscht. Er, der junge Maler, nicht faul, sofort ihr nach. Er hielt sie fest in seinen Armen, konnte aber nicht loskommen, da er sich in Schlinggewächsen verwickelt hatte. Seine Kräfte drohten zu erlahmen. Lilli benutzte die Gelegenheit, ihn abzuküssen.

Man reichte ihnen Stangen und warf ihnen Seile zu, und es gelang, die beiden aufs Trockene zu ziehen.

»Mein Sohn, mein lieber Schwiegersohn«, sagte der alte Graf mit von Tränen fast erstickter Stimme und umarmte Theobald. Alle Härte war von ihm gewichen. Eine schöne Elternmilde war über ihn gekommen.

»Mein Sohn, mein lieber Schwiegersohn. Mir rettetest du das Leben, meine Tochter bewahrtest du vor dem gräßlichen Tod in dem Tümpel. Werdet Mann und Frau!« Er führte die beiden völlig mit Schlamm bedeckten Liebesleute zusammen und legte ihre Hände ineinander.

Die Knechte und Mägde sangen: »Wer hat dich, du schöner Wald, aufgebaut.«

Das Roastbeef war schon ziemlich verbraten, als man ins Schloß zurückkam, aber die Wiener Schnitzel waren noch zu essen. Gott, was fragen auch glückliche Menschen nach so etwas.

So wurde aus Theobald und Lilli doch ein Paar. Die Liebe siegte über die Tücken des Schicksals und den harten Sinn adelsstolzer Eltern.

Der interessante Kopf

Herr Leobschietz war Reisender in Rüböl und hatte die Gelbsucht. Er war sehr langweilig, weil er immer von Rüböl sprach. Er war erstaunt, daß alle Leute, die er so kennenlernte, ihn bald satt hatten und ihn, wenn sie ihm begegneten, ostentativ schnitten. Das war ihm unerklärlich. Er hielt sich für einen geselligen Menschen, der in jede Gesellschaft paßte und seinen Mann stellte. Seine Sehnsucht war, in guter Gesellschaft zu verkehren.

Vorläufig aber waren sein einziger Umgang die Rübölinteressenten, die jeden Freitag zum Kegeln im Rübölklub zusammenkamen. In diesem Klub drehte sich das Gespräch nur um Rüböl, Rüböl, Rüböl ... Dieses fortwährende Geschwätz über Rüböl hatte zur Folge, daß sich Rüböl an den Wänden niederschlug und in dicken Tropfen über die Tapeten rann.

Infolge der Gelbsucht sah Herr Leobschietz natürlich sehr gelb aus. Die Augen waren gelb, der Anzug gelb, die Schuhe gelb, die Milchfrau gelb, das Klavier gelb, alles war gelb und der Kanarienvogel grün.

Wenn er abends aus dem Bureau kam und sich in den Anlagen spazierend erging, liefen ihm die Kinder nach und riefen: »Postkutsche!«

Passanten schauten sich nach ihm um. Frau Bellhoff sagte: »Das ist ein Schineeß.«

»Wegen dem gelben Gesicht, Mama?« fragte altklug der kleine Bertram.

Diese blöden fortgesetzten Belästigungen verdrossen natürlich Leobschietz ungemein.

Er hatte einmal in einem Buche »Wie werde ich gebildet?« etwas von Atavismus gelesen. So schien ihm auch seine Gelbsucht auf atavistischer Grundlage erstanden zu sein. Sein Onkel Milbenflutsch war nämlich Bahnhofsvorsteher auf der Insel Ju-tschu im Gelben Meer gewesen.

Zwar belehrte ihn der Geheimrat Boorsalbe: »Gelbsucht ist, wenn die Galle in das Blut tritt.«

»Ohne anzuklopfen?« witzelte der fade Rübölerich.

Geheimrat Boorsalbe wies dann noch darauf hin, daß sich das bei dieser Krankheit entstehende Gelb in den Tränensäcken der Augen sammle.

Eines Abends im Juni war Leobschietz gelb wie nie. Falten durchfurchten sein Gesicht, wo eben Platz war.

Er war sehr niedergeschlagen, die unartigen Kinder hatten ihm wieder »Postkutsche!« nachgerufen und Vorbeigehende dumme Bemerkungen gemacht.

Eine stille Wut stieg in ihm auf, was ihn noch gelber machte; eine Verzweiflung kam über ihn. Selbstmordideen quälten ihn. »Bin ich ein gelber Firlefanz?« stöhnte er. »Gerade ich.« Er brach auf einer Bank zusammen, stierte verzweifelt auf die Fußspitzen. Das war ein Leben! Ein Gespött der Leute! Gelbe Tränen flossen ihm durch die Wangenfurchen. Dann lehnte er sich zurück, schlug sich mit der Faust vor den Kopf und setzte sich ganz gerade auf die Bank. Sein Profil stand wie eine scharf geschnittene Silhouette gegen den Abendhimmel. Sein Kinn sprang vor wie ein Fensterbalkon, die Nase ähnelte einem spitzig gebogenen Geierschnabel.

Er hatte nicht bemerkt, daß sich jemand am anderen Ende der Bank niedergelassen hatte.

Plötzlich wurde er aufgeschreckt. Ein alter Herr mit weißem Bart und Schlapphut stand vor ihm: »Verzeihen Sie, daß ich Sie störe.«

»Bitte, bitte«, faßte sich schnell Leobschietz.

»Sie werden meinen Namen kennen, ich bin der be-

Der interessante Kopf

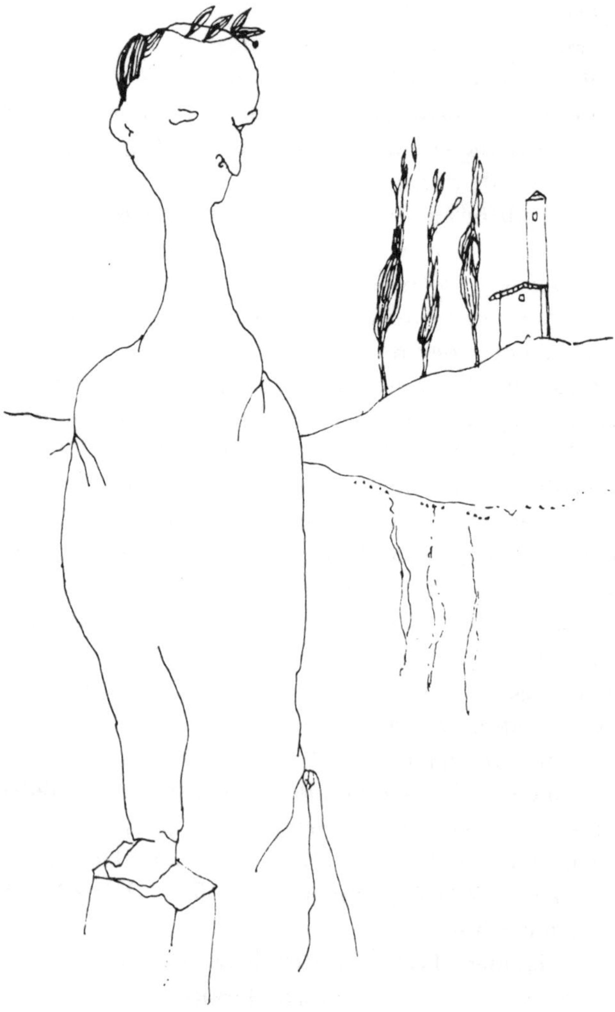

rühmte Kunstmaler Professor Brauntupf.« Der alte Herr schob die linke Hand in den Gehrockaufschlag, reckte sich, daß er zwei Köpfe höher erschien, und drehte den Kopf nach links: so stand er da, der große Mann, wie ein Denkmal. Er sagte noch einmal, daß Leobschietz heiliges Schauern überlief: »Ich bin der berühmte Maler Brauntupf – Brauntupf!« Er guckte stolz um sich.

Leobschietz verneigte sich devot.

Dann nahm Brauntupf die Hand aus dem Gehrockaufschlag, zog die Heldenbrust ein und sagte zu Leobschietz: »Stellen Sie sich mal ins Profil.« Er hielt die halb geöffnete Faust vor das Auge wie ein Fernrohr und brüllte enthusiasmiert: »Herrlich! Herrlich! Sie sind mein Mann!«

Leobschietz wurde noch gelber.

»Ich werde Ihnen erklären, warum Sie mein Mann, ein Geschenk meiner Muse sind!« begann der berühmte Mann pathetisch. »Sehen Sie, ich trage ein Werk in mir seit Jahren: Die Begegnung Dantes mit Beatrice. Ich war in Italien und habe gesucht nach einem Kopf, der mir zu meinem Dante dienen könnte. Hunderte von Modellen habe ich geprüft. Hoffnungslos bin ich zurückgekehrt. Ich habe mich vergeblich seit Monaten hier bemüht, einen Dantekopf zu finden. Und nun in dieser späten Stunde finde ich in Ihnen, was ich gesucht, den Dantekopf, die scharfe Nase, das springende Kinn, die dunkle Gesichtsfarbe – Sie müssen mir sitzen – unbedingt!«

»Dante, Dante, meine Tante, deine Tante«, schwirrte es in Leobschietz' Kopf herum. Er warf einen dankbaren Blick zum Himmel, daß endlich eine Autorität seinen Kopf anerkannte.

»Wann ist es Ihnen genehm, zu kommen? Mein Atelier ist in der Akademie. Im übrigen, wie heißen Sie?«

»Leobschietz, Leobschietz in Rüböl, verehrter Meister!«

»Wo liegt diese Stadt?« fragte ihn Brauntupf.

Leobschietz begann nun des breiteren über Rüböl und so zu reden.

»Also kommen Sie morgen?« sagte der Professor kurz.

Leobschietz überlegte, wie er von seinem Rüböldienst freikommen könnte. Er müßte seinem Chef sagen, er besuche die Kundschaft. Es wäre ihm eine Ehre, morgen um jede Zeit zu erscheinen, entschied er sich.

»Also um zehn Uhr, Herr Rüböl. Guten Abend!« Der Professor ging strammen Schrittes, die Füße nach auswärts gesetzt, in die Stadt zurück.

Leobschietz schwoll der Kamm in dem Gefühl, nun ein berühmter Mann zu sein. Er würde endlich die ersehnte Rolle in der Gesellschaft spielen.

Fünf Wochen arbeitete Professor Brauntupf an seinem Meisterwerk in täglichen Sitzungen. Leobschietz schob beim Chef die westfälische Reisetour vor. Brauntupf verheimlichte seinen Kollegen gegenüber sein Dantemodell. Er lud Leobschietz auch einige Male zum Essen ein. Leobschietz quoll auf. Er hatte erreicht, was er so sehr ersehnt.

Der Tag der großen Kunstausstellung erschien. »Die Begegnung Dantes mit Beatrice« von Professor Brauntupf erregte immenses Aufsehen bei den Künstlern und beim Publikum. Die Kritik nannte das Meisterwerk einen Clou. Namentlich erregte der Kopf des Dante ein ungewöhnliches Interesse, die markanten Gesichtszüge des erhabenen Poeten der Comedia divina wurden besonders gelobt und den besten Dante-Bildern alter Meister gleichgestellt.

Das Bild wurde vom Staate angekauft, und Professor Brauntupf bekam die goldene Medaille. Seine Kollegen bestürmten ihn, ihnen das Modell zu verraten, das ihm zu diesem Dantekopf gestanden hatte. Er schmunzelte und schwieg.

Der Rübölreisende Leobschietz bekam den Größenwahn.

In allen Blättern schrieb man von dem unbekannten Modell. Man behauptete, es sei ein Italiener von adliger Geburt.

Zufällig traf der Bildhauer Klömpke eines Tages Leobschietz auf der Straße. Das war ja der Mann mit dem Dantekopf, fuhr es ihm durch das Hirn. Den mußte er kennenlernen, der kam ihm wohlgelegen. Er arbeitete gerade an einer Büste des Savonarola, und ihm fehlte das passende Modell.

Leobschietz machte wieder die Tour nach Westfalen. Die Büste Savonarolas des Bildhauers Klömpke hatte fast noch mehr Erfolg als das Bild von Professor Brauntupf. Wieder war es der markante Kopf, der es tat, nur war er diesmal hagerer. Das Werk wurde von der italienischen Regierung angekauft.

Man wußte in Künstlerkreisen, daß das Modell Leobschietz hieß, aber nicht, was er war. Er war der bekannteste Mensch in den Künstlerkreisen der Stadt. Das gefiel ihm wohl.

Als er nun noch zu der Gelbsucht einen Bandwurm bekam und er grün und violett im Gesicht wurde, stürzten sich die Neoimpressionisten und Futuristen auf ihn.

Er war überall eingeladen. Wenn er auch langweilig war und fad, man brauchte ihn wegen seiner Gesichtsnuancen.

Eines Tages riet ihm Geheimrat Boorsalbe dringend, da die Gelbsucht und der Bandwurm überhandnahmen, in ein Sanatorium zu gehen. Leobschietz folgte dem Rat des Arztes. Nach vier Wochen kehrte er zurück mit Hängebacken, dickem Schmerbauch, Doppelkinn, abstehenden Schweinsohren. Von einem interessanten Kopf, an dem sich Künstler begeisterten, konnte nicht mehr die Rede sein.

Als er vom Bahnhof kam, begegnete er just dem Professor Brauntupf. Der Maler schaute ihn bei seinem Gruße einen Augenblick an, schüttelte den Kopf und ließ ihn stehen. Ähnlich taten es alle, denen er Modell gestanden hatte und durch die er in die Geselligkeit des Künstlervölkchens eingeführt worden war.

Er interessierte in seiner vulgären Pausbäckigkeit die Künstler nicht mehr, man schnitt ihn allenthalben, das war ihm bitter.

Er verlor dazu seine Stellung in dem Rübölgeschäft. Der Chef hatte die Bummelei während seiner Glanzzeit gemerkt und ihn glatt hinausgeschmissen.

Er kam sehr herunter.

Das ist der Fluch der Gesundheit.

Das Denkmal Noahs

Und es geschah, daß uralte Männer zusammensaßen und tagten. Sie tagten schon viele, viele, viele lange Jahre, und ihre Bärte waren durch den Tisch, sogar bereits durch den Fußboden in den Keller gewachsen.

Urgroßväter hatten bereits in ihrer Jugend in vergilbten Chroniken gelesen von diesen uralten Männern, wie sie von alters her tagten, wie Generationen kamen und gingen, Geschlechter ins Grab sanken und die uralten Männer blieben und tagten.

Und wenn das Volk von den uralten Männern sprach, so wurden die Stimmen leise vor Ehrfurcht, und ein heiliges Schauern überlief die Gesichter.

Und niemand wußte, von wannen die uralten Männer kamen und was ihre Verrichtung und Bestimmung war, und darum nannte man sie das Komitee.

Vor dem Gebäude aber, in welchem die uralten Männer tagten, standen viele Reihen knorriger Bäume. Und an jedem Baum hing ein gebleichtes Skelett, und am Fuße fast jeden Baumes kauerten andere Skelette, große und kleine. Hier vier, dort sechs, an einem andern Baum gar zwölf. Je nachdem. Nur an einigen wenigen Bäumen kauerte nichts.

Und in den gekrampften Händen der aufgehangenen Skelette hatte man vergilbte, beschriebene Papierfetzen gefunden, die von klugen Schriftgelehrten als Pfändungsprotokolle wegen unbezahlter Gipsrechnungen erkannt wurden. Weise Deuter der Kranioskopie hatten die Schädel für die von Bildhauern und Architekten erklärt.

So hatten die Urgroßväter in ihren Chroniken gelesen und es staunenden Urenkeln an manchem Winterabend erzählt, wenn der Sturm um das Haus heulte und mit den Fensterläden und den Dachziegeln spielte.

»Selbstmörder, Selbstmörder, klapper, klapper! Ließen Weib und Kind und Eltern im Stich, mußten verhundern, mußten verhungern, klapper, klapper!« sang es, wenn der Wind die Knochen aneinanderschlug. Und das Volk floh voller Entsetzen diesen gräßlichen Ort.

Die uralten Männer aber tagten unentwegt, unentwegt.

Und über der Zeiten Lauf war der Sekt trocken und wieder süß und wieder trocken geworden vor Langweile.

Neben dem Raum aber, wo die uralten Männer tagten, war ein großer, weiter Saal, wohl etwa fünfhundert Meter im Geviert. Darinnen standen gar seltsame Dinge. Einen überaus eigenartigen Anblick bot dieser Saal.

Aha, ah so, Fachausstellung des Konditorei- und Zukkerbäckergewerbes! würde der oberflächliche Laie sofort gesagt haben. Und nicht mit Unrecht, denn die Gebilde, die hier in Reihen aufgestellt waren, mochten wohl auf den ersten Blick wie große bizarre Torten aus weißem Zuckerguß, wie sie die Festtafel des reichen Mannes zieren, erscheinen.

Aber, o Laie, o Tor! Mitnichten war dieses eine Fachausstellung dieser Art, sondern eine Ausstellung von Denkmalsentwürfen in Gips, Gips, Gips. Es hieß ein Denkmal errichten: das war der uralten Männer Zweck und Sinn.

Aber die Erkenntnis über Zweck und Sinn ihres Sitzens hatte der Strom der Zeiten verwischt.

»Warum sitzen wir uralten Männer hier? Ich weiß nimmermehr, warum ich hier sitze und meinen Bart durch den Tisch wachsen lasse. Ich weiß es nicht!« So hub einer der uralten Männer, nachdem während der letzten hundert Jahre alle brütend geschwiegen hatten, zu klagen an, und eine Träne rann ihm aus dem linken Augenwinkel auf den Gehrockaufschlag.

Das Denkmal

Noaker

»Ja, warum sitzen wir hier unentwegt, wir uralten Männer?« jammerte ein anderer.

»Wir beraten, wir beschließen, wir entscheiden«, klang es dumpf und schwer vom Kopfende des Tisches.

»Wir beraten, wir beschließen, wir entscheiden«, echote das Gemurmel der Versammelten.

Dann tiefes Schweigen wiederum wohl an die hundert Jahre.

»Worüber wollen wir beraten, beschließen, entscheiden?« konnte sich der vorlaute uralte Mann von vorhin nicht enthalten zu fragen. »Worüüüüüber?« Der Arme wand sich in den schrecklichen Qualen einer geängstigten Seele.

Keine Antwort. Und weitere hundert Jahre fraß Kronos.

»Noch immer gab mir keiner Antwort auf meine Frage worüber wir beraten, beschließen, entscheiden wollen!« ließ sich wieder die Stimme des grübelnden, uralten Mannes vernehmen.

»Wir sind das Komitee«, rang es sich einstimmig aus der Runde Mund, und wieder tiefe Stille wie zuvor.

Abermals sanken viele, viele Jahre in das Meer der Ewigkeit.

»Man sollte in den Zeitungen nachschauen, warum wir hier sitzen. In den Zeitungen, den Zeitungen!« Eine hohe zirpende Stimme stach urplötzlich in das dumpfe Grau der Lethargie. Fast wie eine Erlösung war es.

»In den Zeitungen, Zeit... Zeit... Zeit... ungen ... ungen ... ungen .. ungen, Z... Z... Z...«, wisperte, zischte, flüsterte, raunte es durch den Raum.

Aber oh, über die Unwissenden, die Unklugen! Die uralten Männer wußten nicht, daß in der Welt da draußen, in den chaotischen Umwälzungen des Werdens und Vergehens, die Kenntnis der Buchdruckerkunst wieder verlorengegangen war. Wußten nicht, daß der letzte Journalist, natürlich ein Berliner, im britischen Museum in Spiritus aufbewahrt wurde.

Ja, ja, das waren andere Zeiten damals, was, ihr uralten Männer? Als ihr noch Springinsfelde waret, zu beraten begannet und wußtet noch, worüber. Was, ihr uralten Männer?

799 658 317 Journalisten hatten ihre Lebensarbeit der hehren Tätigkeit des Komitees gewidmet und viele weise Worte, die Zeile à 30 Pfennig zum Lobe, etzliche indessen auch zum Unlobe der uralten Männer und ihres Beginnens geschrieben.

»Es müßte einer auf die elektrische Schelle drücken, damit man Zeitungen herbeischafft, schafft, schafft ... afft ... fft ... t«, meinte einer uraltklug.

»Wir sind angewachsen. Niemand von uns kann auf den Knopf drücken«, klang es wie ein hoffnungsloser Jammer aus aller Mund.

Und abermals kroch ein hundertjähriges Schweigen über die uralten Männer.

»Ich muß austreten, austreten«, stöhnte es plötzlich vom unteren Ende des Tisches, und die uralten Männer schreckten auf und schauten ihn an, der also gesprochen und nun verlegen vor sich hin sah. Und wie ein Blitz kam die Erkenntnis über alle, daß sie alle austreten müßten, und es war eine große Not unter den uralten Männern.

Da aber geschah es, daß Genoveva aus Schneidemühl der Verzweiflung der uralten Männer gewahr wurde, und sie kam spornstracks herbei und befreite mit mildem Augenaufschlag und einer Schere, ritsche, ratsch, die Unglücklichen.

Und sie gelangten von ungefähr in den Saal von etwa fünfhundert Metern im Geviert, darinnen die seltsamen Dinge aufgestellt waren, und sie fürchteten sich sehr und gingen scheu wieder zurück und setzten sich an ihren Tisch.

Und der uralte Mann, der zu Häupten des Tisches saß, blätterte verloren in den leeren Konzeptpapierbogen, die vor ihm lagen; doch plötzlich weitete sich sein Blick, seine Brust hob und senkte sich voller Erregung, und er wies stumm in heiligem Erbleichen auf ein Blatt, auf dem die vorgedruckten Karrees mit Bleistift nachgefahren waren, das mit wirren Bleistiftschnörkeln bedeckt war und auf welchem in gesuchter Schönheit viele Male das Wort »Denkmal« geschrieben stand.

»Wir wissen, warum wir sind und was unser Zweck, unsere Bestimmung ist. Das Denkmal, das Denkmal!« schrien wie aus einem Munde die uralten Männer. Und ihre Augen leuchteten, und ihre Gebärden frohlockten.

»Wer war es nun wieder, dessen Gedenken das steinerne Mal geweiht war?« sagte irgend jemand, wie so obenhin. Und alle schauten sich an, und die Gesichter bekamen starre Falten, und sie klappten alle wieder zusammen. Jedoch der, der zu Häupten des Tisches saß, reckte sich plötzlich auf und kehrte zurück in den Saal. Und die anderen uralten Männer folgten ihm nach. Sie zogen umher im Saal und beschauten die Dinge aus Gips und wurden nur wirrer, und die Augen traten ihnen stielförmig vor die Köpfe. Dem einen mehr, dem anderen weniger. Aber niemand wußte, wessen Ruhm das Monument verkünden sollte.

Einer der uralten Männer blieb wie gebannt vor einer gipsernen Festung stehen, streichelte diese ununterbrochen, zärtlich lallend: »Gips, den gibt's, Gips, den gibt's.«

Ein anderer stammelte unsicher: »War es nicht Roda Roda, den wir ehren wollten?«

Ein wirres Stimmendurcheinander erhob sich.

»Schäfer Ast, Kufeke, der Erfinder des Kindermehles«, wurde wild geraten.

»Antonie Bender, die glorreiche Erfinderin der Suppennudeln, war die es nicht, die wir feiern wollten?« reflektierte einer vor einer merkwürdigen Gipstorte.

»Schaut her, ich hab's«, regte sich eine andere Stimme, »das Denkmal ist für Schweppermann, den braven Schweppermann!«

Und alle schlurften herbei. Aber wie immer schüttelten sie nach längerer Betrachtung des betreffenden Entwurfes die Häupter, stierten umher auf die Anhäufung von Gips, und je mehr sie stierten, um so verwirrter wurden sie.

Nur der uralte Mann mit der Schweppermann-Diagnose war auf den Denkmalsentwurf geklettert und brummte fortgesetzt vor sich hin: »Dem braven Schweppermann zwei!«

Sonst war eine tiefe, unheimliche Stille im Saal. Der Krampf des Stumpfsinns hatte die uralten Männer erfaßt.

»Oah, oah«, fiel plötzlich, wie ein Tropfen Schleim, ein tiefes, entsetzliches Stöhnen in den Saal.

»Oah, oah«, antwortete ein anderer.

Und von allen Seiten erhob sich dieses Japsen und Ächzen: »Oah, oah, oah!«

Und der uralte Mann, der zu Häupten des Tisches gesessen hatte und mit schlaffen Gesichtszügen apathisch vor einer Gipsburg stand, reckte sich urplötzlich auf, ein Leuchten kam in seinen Blick, und er schrie gleich einer Fanfare in den Saal: »Richtig, meine Herren, richtig, Noah war es, dem wir ein Denkmal bauen wollten. Schauet alle her. Wer anders ist dieser nackte Jüngling, der vor dem Gewässer hier steht? Noah, vom Künstler in der Glorie der Jugend dargestellt (nach einem Bild kurz nach der Versetzung in Obersekunda). Dort jener Künstler zeigt ihn als bärtigen Alten. Andere Bildner schufen nur die Arche. Wieder andere nur Tempel zu seinem Preis!«

Und alle uralten Männer hoben die Hände hoch und jubelten: »Ja, Noahn, Noahn wollten wir ein Mal errichten!«

Dann gingen sie zurück in den Raum neben dem Saal, um des Rats zu pflegen.

Und der uralte Mann, der zu Häupten des Tisches saß, hub an zu reden: »Meine Herren, wir wissen nun, daß es sich um eine Ehrung Noahs handelt. (Bravo, bravo! Ein uralter Mann erhob sich und sang: *God save the queen.*) Jetzt gilt es, zu entscheiden, wohin mit dem Denkmal und welcher Ausführung der Lorbeer zuzuerkennen ist. Ich glaube, die Platzfrage ist schnell gelöst. Es kann nur ein Platz meines Erachtens in Frage kommen, und das ist der Ort, wo Noahs Arche landete, wo er nach der Sintflut zuerst den Boden betrat, der Ararat. Ich glaube, meine Herren, Sie sind mit mir in diesem Punkte der gleichen Ansicht. (Beifall und Zustimmung.) Dann können wir zum zweiten Punkte übergehen. Daß Denkmal und Landschaft eine rein künstlerische Einheit, ein harmonisches Ganzes bilden, das ist meines Erachtens der Urzweck eines Denkmals. (Stürmischer Beifall. Der uralte Mann mit der Schweppermann-Diagnose rief dazwischen: Dem braven Schweppermann zwei!) Es ist nun die Frage, paßt man die Landschaft dem Denkmal an oder das Denkmal der Landschaft? Wie Sie, meine Herren, wohl eben alle während der Besichtigung der ausgestellten Entwürfe zur Überzeugung gekommen sein werden, werden diese sämtlich die altehrwürdige Silhouette des Ararats erheblich verändern, was natürlich aus Gründen der Pietät unbedingt vermieden werden muß. Ich mache daher den Vorschlag, den Ararat abzutragen und ihn vielleicht in einer Entfernung von einer englischen Meile wieder aufzubauen und dann auf dem historischen Fleck, wo er gestanden, Noahs Denkmal zu errichten. Auf diese Weise ist die Gefahr, daß der Ararat durch seine aufdringliche Monumentalität die Wirkung des Denkmals beeinflußt, auf jeden Fall behoben. Für uns käme also nur Anpassung der Landschaft an das Denkmal in Frage.«

Der uralte Mann, der zuerst hatte austreten müssen, unterbrach den Redner und bat dringend ums Wort, erhob sich, setzte sich aber wieder nach einer Weile, da er vergessen hatte, was er sagen wollte.

Der Redner fuhr fort: »Jetzt käme noch als wesentlichstes in Frage, welchem Projekt der Vorzug zu geben wäre. Ich bin, offen gestanden, der Ansicht, Denkmal ist Denkmal. Ich möchte aber, um allen Teilen gerecht zu werden, dem Schicksal die Entscheidung anheimgeben und schlage vor, einen von uns durch das Los zu bestimmen, als Werkzeug des Fatums zu wirken, und zwar in folgender Weise: Der, auf welchen das Los fällt, wird nach Genuß von zwei Flaschen Kognak, zwei Flaschen Boonekamp, zwei Flaschen Sekt und einer Flasche Chablis auf ein Fahrrad gesetzt und in den Saal gelassen. Dem Modell, welches er zuerst umfährt, soll der Lorbeer zuerkannt werden. Wir lassen auf diese Weise die Vorsehung entscheiden!«

Die uralten Männer, die während der Rede gedöst und erst, als das Wort »Fahrrad« fiel, aufgemerkt hatten, unterbrachen den Redner unter Protestrufen.

Als sich der Lärm ein wenig gelegt hatte, erhob sich der uralte Mann, der schon vorher aufgestanden war, aber nicht gewußt hatte, was er sagen wollte, und hub nun wirklich also an: »Man soll gütig sein, liebe Freunde, gegen sich und gegen andere. Man soll uns uralte Männer nicht auf ein Fahrrad setzen. Nein, das soll man nicht. Und auch, warum wollen wir Mißgunst säen? Warum soll nur einer den Preis haben? Wir wollen alle bedenken, darum bitte ich euch, meine lieben Freunde, lassen wir doch alle Entwürfe, die eingelaufen sind, zur Ausführung bringen. Dann ist die Welt mit Denkmälern für lange Jahre gesegnet, und wir können ruhig von hinnen fahren!«

Und die uralten Männer, die alle nichts mehr vom Fahrradfahren hielten, beschlossen, obgleich der, der zu Häupten des Tisches saß, anfangs noch einige Einwendungen gemacht hatte, alle Entwürfe ausführen zu lassen.

Und so geschah es. Und da für die Menschen kein Platz mehr blieb auf der Erde, zogen sie alle zum Mars.

Nachwort

Katastrophenhumor

Der gewesene Kommis, der Vortragskünstler und Humorschriftsteller Hermann Harry Schmitz, geboren 1880, beging am 10. August 1913 Selbstmord; um es mit Schmitzens Freund Herbert Eulenberg, dem Nestor ambitiösen rheinischen Kleinbürgergeistes, zu sagen: »Er überraschte sich und uns mit seinem Tod.« Ein Humormacher, der sich umbringt, hat sich, sollte man meinen, selber disqualifiziert, es sei denn, er stürbe am Lachen über die eigenen Witze. Als sonderlich gute Pointe wurde dieser Selbstmord nicht angesehen, schon gar nicht von den Sanges-, Kegel-, Schützen- undsoweiter Brüdern, die Schmitz jahrelang mit seinen Geschichten erfreut und verblüfft hatte, bei jeder nur möglichen Zusammenkunft. Ob sie wohl begriffen, was das für ein seltener Vogel war, der sich da vor ihnen produzierte und ein Lachen provozierte, das die Berlocken auf ihren Bäuchen klimpern ließ und doch auch oft ihr Erschrecken überdeckte?

Der Mann hieß Schmitz, und wer am Niederrhein diesen Namen trägt, der hat schon halb gewonnen, dem fliegen Sympathien zu, weil er mit sehr hoher Wahrscheinlichkeit zehn Generationen rhenanischer Vorfahren nachweisen könnte. So etwas zählte und zählt wohl noch immer in dieser Gegend. Und wenn ein Schmitz dazu noch die fiesesten Sachen komisch vortragen kann, dann ist alles in Butter. Mag sein, man hat von ihm als dem »jecken Schmitz« gesprochen, wahrscheinlich auch noch oder vielleicht sogar erst recht, als man von seinem Selbstmord erfuhr. Denn das unübersetzbare Wort »jeck« birgt alle Nuancen des Ausdernormgeratenseins in sich, vom ausgelassenen Unsinn bis zur Unsinnigkeit und Geistesschwäche.

Schmitz, das gilt es zunächst festzuhalten, war zeit seines Lebens ein kränkelnder Mensch, von einer übernervösen psychischen Konstitution geplagt, die ihn für die großen und kleinen Miseren des Alltags und für körperliche Leiden mancher Art besonders empfänglich machte. Also Lachen unter Tränen? Also ein rheinischer Canio, der trotz großen Herzeleids den tölpeligen Bajazzo spielen muß? Oder gar der Außenseiter, der Vagabund, der das kennengelernt hat, was man »die Abgründe des Lebens« zu nennen beliebt? All das wäre Spekulation. Halten wir uns also weiter an die Tatsachen: Schmitz stammte aus gutem, aus bestem Bürgerhaus. Sein Vater war katholisch und Fabrikbesitzer, und der *Hermann* in seinem Namen ist dem zuständigen Kalenderheiligen geschuldet, das *Harry* vermutlich der auch in rheinischen Industriellenkreisen gepflegten Anglomanie. Er hat das Gymnasium in Düsseldorf besucht wie jeder seinesgleichen; allerdings gedieh er nur bis zur Obersekundareife, die ihm, dem preußischen Untertanen, das Privileg eintrug, einjährig freiwillig dienen zu dürfen. Doch er diente nicht im bunten Rock des Königs, eben wegen seiner schwachen Gesundheit. Das Elternhaus schrieb ihm die einzig mögliche Karriere vor: Er sollte von der Pike auf den Kaufmannsberuf erlernen, um einmal die Direktion des väterlichen Betriebs übernehmen zu können.

Aber Schmitz blieb nicht bei der Fahne. Welch ein Schock muß es für die Familie gewesen sein, als er im Jahr 1911 zum professionellen Schreiber hinabsank, indem er begann, in einer Düsseldorfer Zeitung seine verrückten Geschichten zu veröffentlichen, die er – nach Ohrenzeugenberichten – seit Jahren schon in privaten Zirkeln, bei Vereinszusammenkünften oder auf Wohltätigkeitsbasaren improvisiert hatte, unermüdlich, geradezu verschwenderisch.

Gesammelt gab er sie noch im selben Jahr bei Ernst Rowohlt in Leipzig heraus. Titel des Bandes: »Der Säugling und andere Tragikomödien«.

Ein im Februar 1916 – »im neunzehnten Kriegsmonat«, wie der Herausgeber anmerkt – postum erschienener Erzählungsband heißt »Buch der Katastrophen«. Es ist nicht mehr festzustellen, ob der Herausgeber die kleinen Katastrophen des Hermann Harry Schmitz durch den Titel zu der großen Katastrophe in Beziehung setzen wollte. Aber auch wenn hier nicht Absicht am Werk gewesen ist: Die Geschichten von Schmitz haben eine Beziehung zum August 1914, als die Europäer anfingen, zum größeren Ruhm der diversen Vaterländer übereinander herzufallen. Und das vollzog sich für die Masse der deutschen Kleinbürger so unvermittelt, daß sie aus allen Wolken fielen und dann über vier Jahre lang Gelegenheit genug hatten, sich über ein widriges Schicksal zu beklagen.

Hätten doch nur, möchte man ausrufen, die Leute ihrem Schmitz aufmerksamer zugehört; hätten sie nur ernster genommen, was ihnen als belachenswert erschienen war! Dann wäre ihnen unter Umständen zu Bewußtsein gekommen, daß ihr Haus, ihr Wolkenkuckucksheim, ihr »Stumpfsinnshausen«, wie Schmitz in »Feine Gesellschaft« ein Spießer-Kaff benennt, unter Germanias schillernder Wehr gar nicht so fest gegründet und so sicher war, wie sie glaubten, und daß auch die Bartbinde von Haby dem Reich keine Festigkeit verleihen konnte. Schmitz hatte es ihnen vor Augen geführt, wie unsicher die Verhältnisse waren: die neue Kaffeemaschine erhöhte nicht nur die Gemütlichkeit, sondern auch die Gefahr für Leib und Leben, und so ein *fountain-pen* war ein unbeherrschbares Teufelsding, ein Umzug ein Weltuntergang im kleinen. Er hatte es ihnen allen, die es sich an Biertischen, in Ämtern und auf Kathedern wohl ergehen ließen, gesagt: Dieses Leben mit stupidem geselligem Beisammensein und Badekuren, mit Herbstmanövern und Patenthosenträgern ist gefährlicher, als ihr ahnt. Und sie hatten darüber gelacht, vielleicht so, wie man über jemanden lacht, der absonderliche Geschichten erzählt, von denen man so lustige Gruselträume bekommt ...

Nun sollten wir im Ernst nicht den Hermann Harry Schmitz aus Düsseldorf, den »jecken Schmitz«, zum Propheten des Unheils schlechthin machen wollen. Ersprießlicher fürs Verständnis seiner Geschichten ist es da schon, zunächst einmal Fachleute, wenn auch nur fiktive, zu Wort kommen und sie zur Klärung des »Phänomens Schmitz« beitragen zu lassen.

Das Urteil des Psychologen würde etwa lauten: Schmitz war ein durch und durch bresthafter Mensch, seine physische Existenz war täglich bedroht – ein Umstand, der ihn wahrscheinlich auch zum Selbstmord getrieben hat; und am Rand des Untergangs dämonisiert sich einem solchen Individuum alles, auch das Alltägliche, auch das Nebensächliche und Harmlose.

Der Ethnologe könnte anmerken: Der Karneval als Volks- und Kirchenfest ist am Rhein seit alters eine beliebte, von sakralen wie von säkularen Behörden geförderte Gelegenheit, durch derbe, oft rohe Scherze dem Unwillen des Volkes ein Ventil zu schaffen. In dieser Tradition steht Schmitz, was auch der Umstand beweist, daß er seine Geschichten zu öffentlichen Anlässen und zur Belustigung eines Publikums aus dem Stegreif vorgetragen hat, und eine vergleichende Stil- und Strukturanalyse würde die Verwandtschaft seiner Werkchen mit den am Rhein florierenden Büttenreden offenbar werden lassen.

Der Germanist würde anführen: Schmitz ist durchaus nicht traditionslos in der deutschen Literatur. Bei E. T. A. Hoffmann und Christian Dietrich Grabbe ist schon die

Grundstimmung seiner absurden Geschichten vorgezeichnet; und der Ästhetiker Friedrich Theodor Vischer hat bereits in seinem bekannten Roman »Auch einer« aus dem Jahr 1878 den Begriff der »Tücke des Objekts« kreiert, die Tücke eben jenes Gegen-Stands, der sich unter bestimmten Umständen dem Ich entgegenstellt, so harmlos und vertraut er sich ansonsten auch geben mag.

Und der Filmhistoriker würde mit dem Hinweis aufwarten: Die kleinen Katastrophen aus der Feder des Hermann Harry Schmitz haben ihre Entsprechung in den Slapstick-Episoden aus den Kindertagen des Kinos, und er hat womöglich nichts anderes getan, als diese in erzählende Prosa zu transponieren oder sich doch von ihnen stark anregen zu lassen.

Sie alle hätten recht, die Wissenschaftler, und jeder auf seinem Gebiet: Schmitz war krank, und die Krankheit machte ihn unsicher gegenüber der Welt und sensibel zugleich für scheinbar überall lauernde Gefahren; Schmitz stand zweifellos in der Tradition der Büttenrede; Schmitz hatte – er war nämlich, wie Freunde bezeugen, sehr belesen – sicherlich Kenntnis von Hoffmanns Erzählungen und von Grabbes Stück »Scherz, Satire, Ironie und tiefere Bedeutung«, auch von Vischers Roman (und wahrscheinlich auch von Wilhelm Buschs Bildergeschichten mit den grausamen Pointen, von der derben Katastrophenkomik Rabelais' und Swifts bitterer, die Misanthropie streifende Satire); und Schmitz könnte sich, da er in den letzten Jahren seines kurzen Lebens keiner geregelten Tätigkeit im bürgerlichen Sinn nachging, durchaus oft in Kinematographentheatern herumgetrieben und sich der Inspiration durch Slapstick-Szenen hingegeben haben.

Alle hätten sie recht, nur nicht jemand, der daherkäme und sich unterfinge, die eigenwillige Komik des Hermann Harry Schmitz als pervers oder als inhuman beiseite zu schieben, nur nicht jemand, der mit dem Argument aufwartete, in der Literatur habe es gefälligst gesittet zuzugehen, und in ihr sei kein Platz für platzende Ammen, für ehrbare Familienväter, die an riesigen Brandblasen durchs Fenster entschweben, und für harmlose Gäste an einer *table d'hôte*, die sich die Blaubeerfarbe mit dem Hobel von der Haut kratzen müssen. Denn all das ist Groteske und also literarisch legitim.

Groteske, sagt das Lexikon, bezeichnet jene Form des Komischen, die entsteht, wenn sich der Kontrast zwischen Anspruch und Berechtigung, zwischen Widersinn und Vernunft ins Ungeheuerliche, ins Riesenhafte steigert. Sie ist demnach der vom Sprichwort geforderte grobe Keil auf einen groben Klotz.

Und der Klotz, den Schmitz zu bearbeiten sich angeschickt hatte, konnte nicht gröber sein: die preußisch-deutsche Vorkriegsgesellschaft mit ihren mörderischen Vorurteilen und Gedankenlosigkeiten, die das liebe Vaterland in einen Kasernenhof mit dem lieben Gott als Spieß verwandelt hatten. In diesem Leben und in diesem Land schien alles geregelt, schien alles vorzüglich zu funktionieren, schien es nichts Unvorhersehbares zu geben, und selbst die Sozialdemokratie stand in ihrer Mehrheit stramm in Reih und Glied. Viel ist über diese deutsche Gesellschaft am Vorabend des ersten Weltkriegs geschrieben worden, viel auch über das Unbehagen an und in ihr, das Literaten und andere Künstler, überhaupt junge Intellektuelle in ungewöhnlichen Formen ausstellten: über die »Brücke«, den »Blauen Reiter«, über Pfempferts »Aktion« und Bechers »Kleist«-Hymne, über Heyms Gedicht »Der Krieg« und über den Dr. Kafka aus Prag, der die Existenzangst so eindringlich und einmalig Gestalt werden ließ. Über Schmitz hat niemand von Bedeutung Bedeutendes geschrieben, ihn hat keiner als dazugehörig registriert – wohl weil er als zu leichtgewichtig angesehen wurde. Ob das zutrifft, darüber lohnt der Streit nicht nach so vielen Jahren. Man sollte allerdings feststellen: Seine Grotesken wurzeln nicht weniger tief in dem Unbehagen an der Zeit und in dem Gespür für die nahende Katastrophe als etwa Georg Heyms Gedichte; sie geben auf ihre Weise Antwort auf die damaligen Fragwürdigkeiten. Wo ist der deutsche Spießer mit seinem Tick, Prachtausgaben besitzen zu müssen, treffender charakterisiert worden als in der Moritat »Das verliehene Buch«? Wo findet sich in der deutschen Literatur dieser Jahre eine schärfere Satire auf den kommerziell aufgezogenen Baderummel, als die Geschichte »Im Sanatorium« sie bietet? Und wo anders als bei Schmitz begegnet man einem solch hinreißend genau beobachteten »überaus vornehmen Friseur«?

Schmitz arbeitet nicht auf die feine Tour oder nach der intellektuellen Masche, er hat wirklich von den Büttenrednern und vom Filmklamauk gelernt und läßt Häuser zusammenfallen und Hälse brechen, läßt Straßen aufweichen und Tanten in Turbulenzen zugrunde gehen. Und er beschreibt das alles mit dem naiven Charme dessen, der sich nicht scheut, direkt das Zwerchfell seiner Leser zu attackieren – mit ernster Absicht allerdings, und deshalb können die kleinen, grotesken Katastrophen, die er den Leuten damals erzählt hat, auch heute noch wirken.

Mai 1986 Alice und Karl Heinz Berger

Inhaltsverzeichnis

AN DIE SEE MAG ICH ÜBERHAUPT NICHT

JA, JA, SOLCHE HELDEN GIBT ES